大 学 语 文

张靖华　主　编

清华大学出版社
北　京

内容简介

本书围绕学校培养目标，立足社会实际需求，配合落实传承优秀传统文化，致力于提升学生语文综合技能和人文素养。全书分为六个单元，按照"时间为经、主题为纬"的原则，编选古今中外诗词歌赋及戏剧、小说等经典作品，力求兼顾选文的文学性、审美性、启发性和实用性。"时间为经"，编写了从先秦、秦汉魏晋南北朝、唐宋、金元明清直至现当代等五个阶段的文学作品，以及国外文学经典作品；"主题为纬"，则是将全书分为人生况味、情感世界、职场生涯、命运交响、风俗文化、家国情怀、自然魅力、感悟生命八大主题。每篇选文都附有作者简介、题解、正文、注释、译文(古诗文有此项)、阅读提示、思考与练习等板块，既有文学史的宏观视野，又有名篇赏析的微观审视；既有阅读审美的方法介绍，也有为人处世的直观感悟；既适合教师课堂导读，又适合学生课余自学。

本书可作为普通高等院校通识类课程基础教材，也可作为高职高专、电大、网教等选用教材，亦可供社会各界人士自学和阅读赏析之用。

本书封面贴有清华大学出版社防伪标签，无标签者不得销售。
版权所有，侵权必究。举报：010-62782989，beiqinquan@tup.tsinghua.edu.cn。

图书在版编目(CIP)数据

大学语文 / 张靖华 主编. —北京：清华大学出版社，2019(2025.1重印)
ISBN 978-7-302-52982-8

Ⅰ．①大… Ⅱ．①张… Ⅲ．①大学语文课－高等学校－教材 Ⅳ．①H193.9

中国版本图书馆 CIP 数据核字(2019)第 093999 号

责任编辑：王　定
封面设计：周晓亮
版式设计：思创景点
责任校对：牛艳敏
责任印制：曹婉颖

出版发行：清华大学出版社
　　　　网　　址：https://www.tup.com.cn，https://www.wqxuetang.com
　　　　地　　址：北京清华大学学研大厦 A 座　　邮　　编：100084
　　　　社 总 机：010-83470000　　邮　　购：010-62786544
　　　　投稿与读者服务：010-62776969，c-service@tup.tsinghua.edu.cn
　　　　质 量 反 馈：010-62772015，zhiliang@tup.tsinghua.edu.cn
印 装 者：北京嘉实印刷有限公司
经　　销：全国新华书店
开　　本：185mm×260mm　　印　张：18　　字　数：404 千字
版　　次：2019 年 8 月第 1 版　　印　次：2025 年 1 月第 9 次印刷
定　　价：58.00 元

产品编号：083799-01

编委会

主编： 张靖华

编委： (按姓氏笔画为序)

丁桂莲　李秀萍　杨茂义　张冬青

陈小英　黄晓博　彭笑远

前言

文化是民族的血脉，是人民的精神家园。文化自信是更基本、更深层、更持久的力量。党的十九大报告指出："中国特色社会主义文化，源自于中华民族五千多年文明历史所孕育的中华优秀传统文化……" 中华优秀传统文化是中华民族的基因、民族文化的血脉和中华民族的精神命脉，已经成为民族精神的源头和"老根"，根植于中国人内心，潜移默化影响着中国人的思想方式和行为方式。

"大学语文"是一门公共文化基础课，是人文素质教育的重要组成部分，是实现"人文素养、一技之长、社会责任感"三位一体人才培养理念中的"人文素养"的重要支点和抓手。该课程通过对中国优秀传统文化经典作品的讲解、研讨、改编和人文演绎，培养学生的语文综合技能和人文素养，达到写作借鉴、文化濡染、审美陶冶、思想启迪等多方面综合效应，促进中华优秀传统文化的深度认知和有效传承，为学生专业学习和终身教育奠定良好的基础。

本书基本按照"时间为经、主题为纬"的原则，编选古今中外诗词歌赋及戏剧、小说等共计46篇(组)。时间为经，编写了从先秦、秦汉魏晋南北朝、唐宋、金元明清直至现当代等五个阶段的文学作品，以及国外文学经典作品；主题为纬，则是将全书分为人生况味、情感世界、职场生涯、命运交响、风俗文化、家国情怀、自然魅力、感悟生命八大主题。每篇文章基本由作者简介、题解、正文、注释、译文(古诗文有此项)、阅读提示、思考与练习等部分组成。

　　本书是集体编撰之作,具体编写分工如下。①丁桂莲:《河边洗衣服的时光》(节选)、《米龙老爹》《白求恩临终"遗嘱"》《哈佛校长的开学典礼致辞》4篇;②李秀萍:《雪夜访戴》《红楼梦》(节选)、《跑警报》《金锁记》(节选)4篇;③杨茂义:《郑伯克段于鄢》《永遇乐·落日熔金》《幸福的家庭》《像我这样的一个女子》《西西弗的神话》5篇;④张冬青:《诗经》二首、《三王墓》《一只特立独行的猪》《俄狄浦斯王》(节选)、《哈姆雷特》(节选)5篇;⑤张靖华:《白马篇》《鹤冲天·黄金榜上》《临安春雨初霁》《水龙吟·登建康赏心亭》《廉耻》《感激》《苦恼》7篇;⑥陈小英:《摸鱼儿·雁丘词》《浣溪沙·谁念西风独自凉》《我的梦想》《讲故事的人》4篇;⑦黄晓博:《十五从军征》《读〈山海经〉》(其一)、《长干行》(其一)、《新婚别》《终南别业》《无题》《临江仙·夜饮东坡醒复醉》《虞美人·听雨》《苔》(其一)、《听听那冷雨》《钟摆》11篇;⑧彭笑远:《季氏将伐颛臾》《秋水》(节选)、《垓下之围》(节选)、《忆江南》《兔儿爷》《猎人笔记》(节选)6篇。其中,本书节选篇目的完整文章可通过扫描二维码获取阅读。

　　在编写过程中,参考借鉴了国内同类教材、专题网络资源等若干成果,恕不一一注明,在此深表谢意。

　　由于主客观条件限制,书中一定有不足之处,"大端之谬,小节之失",恳请方家、师生批评指正。

编　者
2019年3月

目 录

一、先秦文学 ·· 1
《诗经》二首 ·· 1
季氏将伐颛臾 ·· 7
秋水(节选) ··· 12
郑伯克段于鄢 ··· 17

二、秦汉魏晋南北朝文学 ································ 24
十五从军征 ·· 24
垓下之围(节选) ·· 27
白马篇 ·· 33
读《山海经》(其一) ······································ 38
雪夜访戴 ··· 41
三王墓 ·· 44

三、唐宋文学 ·· 48
长干行(其一) ·· 48
新婚别 ·· 52
终南别业 ··· 56
忆江南 ·· 59
无题 ··· 63
临江仙·夜饮东坡醒复醉 ································· 66
鹤冲天·黄金榜上 ··· 69
永遇乐·落日熔金 ··· 73
临安春雨初霁 ··· 76
水龙吟·登建康赏心亭 ··································· 80
虞美人·听雨 ··· 86

四、金元明清文学 ·····88

摸鱼儿·雁丘词 ·····88
苔(其一) ·····92
红楼梦(节选) ·····94
廉耻 ·····105
浣溪沙·谁念西风独自凉 ·····111

五、现当代文学 ·····113

幸福的家庭 ·····113
跑警报 ·····123
金锁记(节选) ·····132
兔儿爷 ·····140
我的梦想 ·····144
一只特立独行的猪 ·····150
感激 ·····155
讲故事的人 ·····160
听听那冷雨 ·····177
像我这样的一个女子 ·····188
河边洗衣服的时光(节选) ·····205

六、外国文学 ·····209

俄狄浦斯王(节选) ·····209
哈姆雷特(节选) ·····221
西西弗的神话 ·····229
米龙老爹 ·····235
钟摆 ·····245
苦恼 ·····254
猎人笔记(节选) ·····264
白求恩临终"遗嘱" ·····271
哈佛校长的开学典礼致辞 ·····275

先秦文学

《诗经》二首

　　《诗经》是我国最早的一部诗歌总集，收集了西周初年至春秋中叶(前11世纪至前6世纪)的诗歌，共305篇，另有6篇笙诗，即只有标题没有内容的诗(《南陔》《白华》《华黍》《由庚》《崇丘》《由仪》)，反映了周初至周晚期约五百年间的社会风貌。

　　《诗经》在先秦时期称为《诗》，西汉时被尊为儒家经典，始称《诗经》，并沿用至今。《诗经》在内容上分为风、雅、颂三个部分。风是周代各地的歌谣；雅是周人的正声雅乐，又分为"小雅"和"大雅"；颂是周王庭和贵族宗庙祭祀的乐歌，又分为"周颂""鲁颂"和"商颂"。

　　《诗经》有三种修辞手法：赋、比、兴。赋，即平铺直叙，铺陈排比。比，即类比和比喻。兴，即托物起兴，先言他物，然后借以联想，引出诗人所要表达的事物、思想、感情。赋、比、兴与风、雅、颂合称诗经六义。

　　《诗经》内容非常丰富，反映了劳动与爱情、战争与徭役、风俗与婚姻、祭祖与宴会，涉及天象、地貌、动物、植物等方方面面，是周代社会生活的生动写照。

诗经·小雅·蓼莪

蓼蓼者莪[1]，匪莪伊蒿[2]。
哀哀父母，生我劬劳[3]。

蓼蓼者莪，匪莪伊蔚[4]。
哀哀父母，生我劳瘁。

缾之罄矣[5]，维罍之耻[6]。
鲜民之生[7]，不如死之久矣！
无父何怙[8]？无母何恃？
出则衔恤[9]，入则靡至。

父兮生我，母兮鞠我[10]。
拊我畜我[11]，长我育我，
顾我复我[12]，出入腹我[13]。
欲报之德，昊天罔极[14]！

南山烈烈[15]，飘风发发[16]。
民莫不穀[17]，我独何害！

南山律律[18]，飘风弗弗[19]。
民莫不穀，我独不卒[20]！

【选文出处】

诗经译注[M]. 周振甫, 译注. 北京：中华书局，2002.

【注释】

[1] 蓼(lù)：长又大的样子。莪(é)：一种草，即莪蒿。李时珍《本草纲目》："莪抱根丛生，俗谓之抱娘蒿。"

[2] 匪：同"非"。伊：是。

[3] 劬(qú)劳：与下文"劳瘁"皆劳累之意。

[4] 蔚(wèi)：一种草，即牡蒿。

[5] 缾：同"瓶"，汲水器具。罄(qìng)：尽。

[6] 罍(lěi)：盛水器具。

[7] 鲜(xiǎn)：指寡、孤。民：人。

[8] 怙(hù)：依靠。

[9] 衔恤：含忧。

[10] 鞠：养。

[11] 拊：通"抚"。畜：通"慉"，喜爱。

[12] 顾：顾念。复：返回，指不忍离去。

[13] 腹：指怀抱。

[14] 昊(hào)天：广大的天。罔：无。极：准则。

[15] 烈烈：通"颲颲"，山风大的样子。

[16] 飘风：同"飙风"。发发：读如"拨拨"，风声。

[17] 穀(gǔ)：善。

[18] 律律：同上文"烈烈"。

[19] 弗弗：同上文"发发"。

[20] 卒：终，指养老送终。

【译文】

　　看那莪蒿长得高，却非莪蒿是散蒿。可怜我的爹与妈，抚养我大太辛劳！

　　看那莪蒿相依偎，却非莪蒿只是蔚。可怜我的爹与妈，抚养我大太劳累！

　　汲水瓶儿空了底，装水坛子真羞耻。孤独活着没意思，不如早点就去死。没有亲爹何所靠？没有亲妈何所恃？出门行走心含悲，入门茫然不知止。

　　爹爹呀你生下我，妈妈呀你喂养我。你们护我疼爱我，养我长大培育我，想我不愿离开我，出入家门怀抱我。想报爹妈大恩德，老天降祸难预测！

　　南山高峻难逾越，飙风凄厉令人怯。大家没有不幸事，独我为何遭此劫？

　　南山高峻难迈过，飙风凄厉人哆嗦。大家没有不幸事，不能终养独是我！

 阅读提示

　　此诗分为六章，是悼念父母的祭歌。孔颖达："亲病将亡，不得扶持左右，孝子之恨，最在此时。"（《孔疏》）此诗表达的便是不得扶持之恨。

全诗分三层意思。首两章是第一层，朱熹："言昔谓之莪，而今非莪也，特蒿而已。以比父母生我以为美材，可赖以终其身，而今乃不得其养以死。于是乃言父母生我之劬劳而重自哀伤也。"（《诗集传》）莪香美可食用，并且环根丛生，故又名抱娘蒿，喻人成材且孝顺；而蒿与蔚，皆散生，粗恶不可食用，喻不成材且不能尽孝。

中间两章是第二层，写儿子失去双亲的痛苦和父母对儿子的深爱。第三章头两句以瓶喻父母，以罍喻子。因瓶从罍中汲水，瓶空是罍无储水可汲，所以为耻。曹粹中说："以无怙恃，故谓之鲜民。孝子出必告，反必面，今出而无所告，故衔恤。上堂入室而不见，故靡至也。"（转引自戴震《毛诗补传》）第四章——叙述父母对"我"的养育抚爱，姚际恒说："勾人眼泪全在此无数'我'字。"（《诗经通论》）最后两句谴责天道变化无常，夺去父母生命。

诗人在第三层以南山的山风呼啸衬托了父母双亡的剧痛与凄凉，四个重叠词：烈烈、发发、律律、弗弗，加重了哀思，读来如呜咽一般。方玉润说："以众衬己，见己之抱恨独深。"（《诗经原始》）

思考与练习

1. 请分析此诗赋、比、兴的用法。
2. 第四章连写九个"我"字，表达了怎样的感情？
3. 请写一篇记叙文记述父母养育你的故事。

诗经·郑风·溱洧

溱与洧[1]，方涣涣兮[2]。

士与女[3]，方秉蕳兮[4]。

女曰："观乎？"

士曰："既且[5]，且[6]往观乎？"

洧之外，洵讦[7]且乐。

维[8]士与女，伊其相谑[9]，赠之以勺药[10]。

溱与洧，浏[11]其清矣。

士与女，殷[12]其盈矣。

女曰："观乎？"

士曰："既且，且往观乎？"

洧之外，洵讦且乐。

维士与女，伊其将[13]谑，赠之以勺药。

【选文出处】

诗经译注[M]. 周振甫，译注. 北京：中华书局，2002.

【注释】

[1] 溱(zhēn)、洧(wěi)：郑国两条河名。

[2] 方：正。涣涣：河水解冻后奔腾貌。

[3] 士与女：此处泛指男男女女。后文"女""士"则特指其中某青年男女。

[4] 秉：执、拿。蕳(jiān)：一种兰草，又名大泽兰，与山兰有别。

[5] 既：已经。且(cú)：同"徂"，去、往。

[6] 且：再。

[7] 洵(xún)讦(xū)：实在宽广。洵，实在、诚然、确实。讦，大、广阔。

[8] 维：发语词。

[9] 伊：发语词。相谑：互相调笑。

[10] 勺药：即"芍药"，一种香草，与今之木芍药不同。《郑笺》："其别则送女以勺药，结恩情也。"马瑞辰《毛诗传笺通释》云："又云'结恩情'者，以勺与约同声，故假借为结约也。"

[11] 浏：水深而清之状。

[12] 殷：众多。

[13] 将：即"相"。

【译文】

  溱水洧水长又长，河水流淌向远方。男男女女城外游，手拿蕑草求吉祥。女说"咱们去看看？"男说"我已去一趟，再去一趟又何妨！"洧水对岸好地方，地方热闹又宽敞。男女结伴一起逛，相互戏谑喜洋洋，赠朵芍药毋相忘。

  溱水洧水长又长，河水洋洋真清亮。男男女女城外游，游人如织闹嚷嚷。女说"咱们去看看？"男说"我已去一趟，再去一趟又何妨！"洧水对岸好地方，地方热闹又宽敞。男女结伴一起逛，相互戏谑喜洋洋，赠朵芍药表情长。

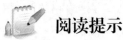

阅读提示

  这是描写郑国三月上巳日青年男女在溱水和洧水岸边游春的诗。当时郑国的风俗，三月上巳日这天，人们要在东流水中洗去宿垢，祓除不祥，祈求幸福和安宁。

  全诗分二章，此诗诗意明朗、欢快、清新，两章词句基本相同，仅换少数几字。这种回环往复的叠章式，是古老民歌的常见形式，有一种纯朴亲切的风味。

  通常我们总是想当然地认为：古代社会的人们恋爱不能自由、婚姻不能自主，压抑人性，男尊女卑。其实，这是我们对历史缺乏常识性了解。从这首诗中，我们就能感受到青年人交往自由，女性与男性平等相处，一方对另一方产生好感，即大方地提出同游的邀请，赠花以表达情意。这里，请大家注意几个细节。其一，是女子主动邀请男子去游玩，可见女子有恋爱的主动权。其二，男子说，已经去过了，但是可以再去，这说明男女可以自由选择，恋爱追求两情相悦。其三，分别时男子赠送花朵给女子，这里包含了几个可能的意思：一是表示定情，以后就该谈婚论嫁了；二是双方互有好感，默认继续交往下去；三是这是一种礼貌，是男子绅士精神的一种显示。这是多么自由的生活啊！

 思考与练习

1. 请从情景交融的角度对全诗进行分析。
2. 请分析士与女对话中的细腻心理。

季氏将伐颛臾

《论语》

孔子，名丘，字仲尼，生于鲁襄公二十一年，即公元前551年，卒于鲁哀公十六年，即公元前479年。终年七十二岁。春秋末期鲁国陬邑(今山东曲阜)人，祖籍宋国栗邑(今河南夏邑)。孔子是我国古代伟大的思想家、教育家，相传有弟子三千，贤人七十二个。他是儒家学说的创始人，被后世尊称为"圣人"。

《论语》是孔子门人及其再传弟子集成的。书中记载着孔子及其弟子的言语行事，是一部儒家学派的经典著作。宋代大儒朱熹将《论语》和《大学》《中庸》(《礼记》中的两篇)、《孟子》合为"四书"，并为其做了集注，称为《四书集注》。明清科举取士以朱熹的《四书集注》为本，《论语》产生了更大的影响。《论语》共二十篇，内容包括政治主张、教育原则、伦理观念、品德修养。语言生动有致，言简意赅，留下了很多格言和成语，对后世的思想文化影响深远。

季氏[1]将伐颛臾[2]。冉有[3]、季路[4]见于孔子曰："季氏将有事[5]于颛臾。"

孔子曰："求[6]！无乃尔是过与[7]？夫颛臾，昔者先王以为东蒙主[8]，且在邦域之中[9]矣，是社稷之臣也。何以伐为[10]？"

冉有曰："夫子[11]欲之，吾二臣者皆不欲也。"

孔子曰："求！周任[12]有言曰：'陈力就列[13]，不能者止。'危而不持[14]，颠[15]而不扶，则将焉用彼相[16]矣？且尔言过矣，虎兕[17]出于柙[18]，龟玉毁于椟[19]中，是谁之过与？"

冉有曰："今夫颛臾，固而近于费[20]。今不取，后世必为子孙忧。"

孔子曰："求！君子疾[21]夫舍[22]曰欲之而必为之辞[23]。丘[24]也闻有国有家[25]者，不患寡而患不均，不患贫而患不安。盖均无贫，和无寡，安无倾。夫如是，故远人不服，则修文德以来之。既来之，则安之。今由与求也，相夫子，远人不服，而不能来也；邦分崩离析，而不能守也；而谋动干戈[26]于邦内。吾恐季孙之忧，不在颛臾，而在萧墙[27]之内也。"

【选文出处】

论语译注[M]. 杨伯峻，译注. 北京：中华书局，1958.

【注释】

[1] 季氏：季孙氏，本文中指季康子，即季孙肥。当时鲁国国室衰弱，以季氏为首的三桓强盛，季康子位高权重，是鲁国的权臣。孟氏、叔氏、季氏，皆为鲁桓公之后，故又称三桓。

[2] 颛臾：鲁国的附属国，现在山东省费县西北八十里有颛臾村。季氏贪慕颛臾，想吞并它。

[3] 冉有：即冉求，字子有，又称冉有，鲁国人，小孔子29岁。名列政事科，担任季康子家宰超过20年。

[4] 季路：即仲由，字子路，又称季路，鲁国人，小孔子9岁，名列政事科。

[5] 有事：采取军事行动的委婉说法。

[6] 求：即冉求(冉有)。因为冉有为季氏家宰，所以孔子质问他。

[7] 无乃尔是过与：无乃，副词，表示"难道不是、岂不是"。尔，你。是，表示倒装之用的词。与，语气助词，表示疑问的"吗"。"无乃……与"是表示一种委婉商量的疑问语气，这一固定结构可以表示"恐怕(只怕、大概)………吧"。

[8] 东蒙：即蒙山，在今山东蒙阴县南，接费县界。主：主持祭祀。

[9] 邦域之中：邦，《释文》引或本作封，邦、封古通。颛臾在鲁国的封土之中，是鲁国的附庸。

[10] 何以伐为：何以，以何，有什么理由。为，语气助词。以什么理由讨伐呢？

[11] 夫子：指季康子。

[12] 周任：古代的一位良史。

[13] 陈力就列：陈，布也。陈力，根据自己的才力。列，位也。就列，走向当官的行列担任职务。

[14] 持：扶持、扶助。

[15] 颠：颠倒、跌倒。

[16] 相：辅佐、帮助。

[17] 兕(sì)：犀牛。

[18] 柙(xiá)：关猛兽的木笼子。

[19] 椟(dú)：木做的匣子、盒子。

[20] 费(bì)：鲁国季氏采邑，今山东费县西南七十里有费城。

[21] 疾：厌恶、痛恨。

[22] 舍：放弃。

[23] 辞：推辞、借口。

[24] 丘：孔子自称。

[25] 有国有家：国，诸侯统治的政治区域；家，卿大夫统治的政治区域。

[26] 干戈：泛指武器，比喻战争。

[27] 萧墙："萧墙"是鲁君所用的屏风。古代臣子进见国君，至屏而肃然起敬，故称之为"肃墙"。"肃""萧"古字通。

【译文】

季氏将要讨伐颛臾。冉有和季路两人拜见孔子，说："季氏将对颛臾有所行动。"

孔子说："冉求，这难道不应该责备你吗？颛臾，以前的先王曾让它主持东蒙的祭祀，而且它还在鲁国的疆域之内，是鲁国的社稷之臣，有什么理由讨伐它呢？"

冉有说："是季孙想这么干，我们两个臣子都不想这么干。"

孔子说："冉求！周任曾经说过：'根据自己的才力担任职务，没有这个才力就不要干了。'出现了危险而不扶助，跌倒了却不搀扶起来，那用你来辅佐有什么用呢？而且你的话错了。老虎和犀牛从关它们的木笼中跑出来，龟甲和玉器在木匣中被毁坏，这是谁的过错呢？"

冉有说："今天的颛臾，城池坚固，而且离费邑很近。今天如果不攻取它，后世必然成为子孙的祸患。"

孔子说："冉求！君子讨厌那种不说自己贪心无厌，却一定另找借口的人。我也听说过，那些诸侯和卿大夫们，他们担心的不是财少而是分配不均；他们担心的不是贫穷而是社会不安定。财富分配均匀了就无所谓贫穷，国内和睦团结了就不显得财少，社会安定了国家就没有倾覆的危险。如果做到了这些，远方的人还不服的话，那么就修文德以吸引他们来。他们既然来了，就让他们安定下来。现在仲由和冉求，你们辅佐季孙，远方的人不归服而不能招徕他们；国家分崩离析而不能保全，反而想在国家内部谋动战争。我恐怕季孙的忧愁不在颛臾，而在萧墙之内呢。"

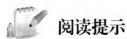

阅读提示

《季氏将伐颛臾》选自《论语·季氏篇第十六》。在《论语》中，多为短小精干的语录，而像《季氏将伐颛臾》这样篇幅较长，且富有论辩色彩的段落较少，它是一篇优秀的驳论文。

文章从"季氏将伐颛臾"开始，写孔子的弟子冉有和季路去见孔子，进而展开师生对话。全文就是在这种对话中一步一步向前推进，同时，也是在这种对话中表达出孔子的思想观点。

本文主要记录了孔子就"季氏将伐颛臾"这件事发表的三段议论。

第一段，针对冉有与季路所说的"季氏将有事于颛臾"，说明了他反对季氏攻打颛臾的理由：一是"昔者先王以为东蒙主"，即颛臾在鲁国一向有名正言顺的政治地位；二是"且在邦域之中矣"，即颛臾的地理位置本就在鲁国境内，对鲁国一向不构成威胁；三是"是社稷之臣也"，意即颛臾素来谨守君臣关系，没有攻打的理由。孔子的上述这些话体现了他治国以礼、为政以德的政治主张，反对强行霸道、诉诸武力。

第二段，针对冉有所说的"夫子欲之，吾二臣者皆不欲也"，孔子引用古代良史周任的名言"陈力就列，不能者止"，同时运用了类比和比喻"危而不持，颠而不扶""虎兕出于柙，龟玉毁于椟中"，认为冉有、季路没有及时劝谏季孙肥，反而推卸自身作为臣下的责任。据此，孔子严肃批评了他的这两个学生。

第三段，针对冉有所说"今夫颛臾，固而近于费。今不取，后世必为子孙忧"，孔子首先批评了冉有的谬论，而后正面阐述自己的政治主张："有国有家者，不患寡而患不均，不患贫而患不安。盖均无贫，和无寡，安无倾"，以及他的国家治理理念："夫如是，故远人不服，则修文德以来之。既来之，则安之"。

最后孔子对他的两个弟子又进行了批评,"今由与求也,相夫子,远人不服,而不能来也;邦分崩离析,而不能守也;而谋动干戈于邦内",指出他们二人辅佐季氏,但却没有为季氏解决内忧与外患,在这种前提下却还想发动内部战争。因此,孔子说:"吾恐季孙之忧,不在颛臾,而在萧墙之内也。"即暗示季孙肥最应该担忧的不是颛臾,而是他与鲁国君主之间的矛盾。

此文是一篇精彩的驳论文,借对话形式展开批驳,破中有立,值得我们学习。

思考与练习

1. 结合《季氏将伐颛臾》一文,进一步阅读《论语》(建议阅读杨伯峻《论语译注》,中华书局版),思考孔子"仁"及"仁政"的思想。

2. 在以往学习的基础上,扩展阅读《孟子》之《梁惠王章句上》,其中孟子发展了孔子的"仁政"思想,进一步提出了很多具体的治国之策,请思考其在今天所具有的现实意义和价值。

3. 学习《季氏将伐颛臾》一文的驳论文写作方法与技巧,写作一篇驳论文,字数不少于600字。

秋水（节选）

《庄子》

庄子，名周，世人称其为"庄子"或"庄周"，曾做过漆园吏这样的小官，但后来辞官不做，一生基本上过着隐士的生活。庄子是战国中期著名的思想家、哲学家和文学家，创立了华夏重要的哲学学派——庄学，是继老子之后，道家学派的主要代表人物。后人常常将他与老子并列，合称老庄。

《庄子》于先秦时期就已成书，最早有五十二篇，十多万字。今天所看到的三十三篇本《庄子》，是经西晋郭象删订而流传下来的。今本《庄子》有内篇七、外篇十五、杂篇十一，这是由郭象所划定的。《秋水》出自《庄子》之"外篇"。

《秋水》

秋水时至，百川灌河；泾流[1]之大，两涘[2]渚崖[3]之间不辩牛马[4]。于是焉河伯[5]欣然自喜，以天下之美为尽在己。顺流而东行，至于北海，东面而视，不见水端，于是焉河伯始旋[6]其面目，望洋[7]向若[8]而叹曰："野语[9]有之曰：'闻道百以为莫己若[10]者'，我之谓也。且夫我尝闻少[11]仲尼[12]之闻而轻伯夷[13]之义者，始吾弗信；今我睹子[14]之难穷也，吾非至于子之门，则殆矣，吾长[15]见[16]笑于大方之家[17]。"

北海若曰："井鼃[18]不可以语于海者，拘于虚[19]也；夏虫[20]不可以语于冰者，笃[21]于时也；曲士[22]不可以语于道者，束于教[23]也。今尔出于崖涘[24]，观于大海，乃知尔丑[25]，尔将可与语大理[26]矣。天下之水，莫大于海，万川归之，不知何时止而不盈，尾闾[27]泄之，不知何时已[28]而不虚；春秋不变，水旱不知。此其过江河之流，不可为量数。而吾未尝以此自多者，自以比[29]形于天地而受气于阴阳，吾在天地之间，犹小石小木之在大山也，方存乎见少，又奚以自多！计四海之在天地之间也，不似礨空[30]之在大泽乎？计中国之在海内，不似稊米[31]之在大仓[32]乎？号物之数谓之万，人处一焉；人卒[33]九州，谷食之所生，舟车之所通，人处一焉；此其比万物也，不似豪末[34]之在于马体乎？五帝[35]之所连[36]，三王[37]之所争，仁人之所忧，任士[38]之所劳，尽此矣。伯夷辞之以为名，仲尼语之以为博。此其自多也，不似尔向之自多于水乎？"

【选文出处】

庄子今注今译[M]. 陈鼓应，注译. 北京：中华书局，2009.

【注释】

[1] 泾(jīng)流：水流。泾，水脉。

[2] 两涘(sì)：两岸。涘，河岸。

[3] 渚(zhǔ)崖：水中小块陆地的边沿。渚，水中的小块陆地。

[4] 不辩牛马：辩，通"辨"。形容河面阔大，两岸景物模糊不清。

[5] 河伯：河神。伯，长者之称。

[6] 旋：转也，改变。

[7] 望洋：有多种解释，此处认为：洋，即海洋，望着海洋。成语"望洋兴叹"本于此。

[8] 若：海神，即下文的"北海若"。

[9] 野语：俗语。

[10] 莫己若：即莫若己，没有谁比得上自己。

[11] 少：以……为少，贬低。

[12] 仲尼：即孔子，名丘，字仲尼。

[13] 伯夷：孤竹君之子，他不受君位，不食周粟，饿死在首阳山。

[14] 子：您，指海神北海若。

[15] 长：长久地。

[16] 见：被。

[17] 大方之家：得大道的人。方，道。

[18] 井䵷：井里的蛙。䵷(wā)，同"蛙"。

[19] 虚：通"墟"，所居之处。

[20] 夏虫：夏天的虫子。

[21] 笃(dǔ)：专守，可引申为拘限。

[22] 曲士：曲见之士，偏执之人。

[23] 教：指不合大道的俗教、俗学。

[24] 崖涘：指受河岸所拘束，代指黄河河岸。

[25] 丑：指思想境界的浅陋。

[26] 大理：大道。

[27] 尾闾(lǘ)：指泄海水之所。

[28] 已：止。

[29] 比：借为"庇"，寄托。"比形于天地"，谓寄形于天地。

[30] 礨(lěi)空：小穴。

[31] 稊(tí)米：一种形似稗的草，果实像小米，故称稊米。

[32] 大(tài)仓：大谷仓。大，通"太"。

[33] 卒：借为"萃"，聚集。

[34] 豪末：豪，通"毫"，毫毛的末端，形容极其微不足道。

[35] 五帝：指黄帝、颛顼、帝喾、唐尧、虞舜。

[36] 所连：指五帝所连续禅让的对象(天下)而言。

[37] 三王：泛指夏、商、周三代的帝王。

[38] 任士：指以救世为己任的贤能之士。

【译文】

秋天河水及时上涨，无数条小河的水都灌入黄河。水流很大，两岸和水中小块陆地之间，连牛马都分辨不清。于是河神欣然自喜，以为天下所有的美都集于自己一身。河神顺着水流一路向东，到达北海后，朝着东面瞭望，看不到水的边际，于是河神开始改变了他本来的面目，望着海洋向海神而感叹道："俗语曾经说过：'听说了很多道理，总以为都不如自己'，这就是说我啊。而且我曾经听说有人小看孔子的见闻而且还轻视伯夷的义行，刚开始的时候我还不相信；现在我看到了您的广大难以穷尽，如果不是到了您的家门口的话，我可就危险了，我会长久地被得到大道的人所耻笑。"

北海神说："同井里的蛙不可以谈论大海的事，因为它局限于所生存的空间。同夏天的虫子不可以谈论冰的事，因为它受了时间的局限。同曲见之士不可以谈论大道理，因为他被不合大道的俗教束缚。

现在你从河边出来，看见了大海，知道了你思想境界的浅陋，将可以与你说大道理了。天下的水，没有更大于海洋的了，所有的河流流向这里，不知道什么时候停止，而大海并不因此而盈满，海水从尾闾流出去，不知道何时停止，而海水并不减少；无论春天还是秋天都不受影响，无论水多还是干旱都不曾感知。海洋的容量超过江河的水量，不可以用数量来计算。而我并没有因此而自满，我自以为从天地那里具有了形体，从阴阳那里获得了生气，而我在天地之间，就好像小石头、小木头在大山里一样，我存了自以为小的念头，又怎么会自满呢！计算四海在天地之间，不就像有小穴在大泽里一样吗？计算中国在四海之内，不就像小米在大仓中吗？物类名称的数目有万种之多，而人类只是万物中的一种；大众汇聚在九州，粮食所生长的地方，舟车所通行的地方，个人只是人类中的一份子；个人和万物比起来，不就像一根毫毛在马身上一样吗？凡是五帝所运筹的，三王所争夺的，仁人所忧虑的，能士所勤劳的，不过如此而已。伯夷辞让以取得名声，孔子游谈以显示渊博，他们这样的自夸，不就像你过去对于河水的自夸一样吗？"

 阅读提示

　　《秋水》，主要讨论价值判断的无穷相对性。"秋水"即秋天雨水，取篇首二字作为篇名。

　　本篇以河伯(河神)与海若(海神)的对话为主要内容，其中河伯与海若共七问七答。本文主要选自这"七问七答"中的第一个"一问一答"。第一番问答，主要描写河伯在百川灌河之后，以自我为中心，产生了"欣然自喜，以天下之美为尽在己"的骄傲自满心态。当河伯奔流到北海后，面对海若的广阔无穷，又产生了自卑心态。海若根据河伯眼界和心态的变化，开始对其进行教育引导，描述了海的广大无穷与天地的无穷，同时，在事物的对比中显示出大与小的相对性。

　　除了七问七答外，还有数节内容，疑是散段混入，《秋水》最末一段是庄子与惠子游于濠梁之上论辩鱼乐一节。

　　《庄子》除了思想独特外，其艺术风格亦富有个性色彩，想象力丰富，语言汪洋恣肆，多用寓言故事来讲述抽象的道理，这些特点在《秋水》中均有充分的体现。如关于"小大之辩"这一抽象的哲理，庄子即通过虚构的河伯与海若之间的对话展开，生动而又深刻。此外，《秋水》中还产生了很多对后世影响深远的成语和习语，如"望洋兴叹""见笑于大方之家""夏虫不可语冰"等，均丰富和提升了汉语的表达水平。

 思考与练习

1. 对于河伯与海若的对话，你怎么理解？
2. 请在阅读《秋水》(节选)的基础上，课外阅读《秋水》全篇，进一步理解庄子的思想。
3. 在阅读《秋水》的基础上，撰写一篇读后感。

郑伯克段于鄢[1]

《左传》

《左传》又名《春秋左氏传》《左氏春秋》,相传是与孔子同时代的鲁国太史左丘明为解释孔子修订的《春秋》而作,与《公羊传》《谷梁传》合称"春秋三传"。《左传》以鲁国纪年为线索,记录了从鲁隐公元年到鲁哀公十七年(即公元前722年至公元前468年)共254年间春秋列国政治、军事及社会生活中的重大事件。该书语言流畅,记事完整、生动,善于刻画人物,将《春秋》简短的叙事发展为成熟的编年史著作,对后世的历史著作和文学创作都有深远的影响。

  初[2],郑武公娶于申[3],曰武姜,生庄公及共叔段。庄公寤生[4],惊姜氏,故名曰"寤生",遂恶之。爱共叔段,欲立之。亟[5]请于武公,公弗许。

  及庄公即位,为之请制[6]。公曰:"制,岩邑[7]也。虢叔死焉[8]。佗[9]邑唯命。"请京,使居之,谓之京城大叔[10]。

  祭仲[11]曰:"都城过百雉[12],国之害也。先王之制:大都,不过参国之一[13];中,五之一;小,九之一。今京不度[14],非制也,君将不堪。"公曰:"姜氏欲之,焉辟害!"对曰:"姜氏何厌之有!不如早为之所,无使滋蔓。蔓,难图也。蔓草犹不可除,况君之宠弟乎!"公曰:"多行不义,必自毙,子姑待之。"

  既而大叔命西鄙[15]、北鄙贰于己[16]。公子吕曰:"国不堪贰,君将若之何?欲与大叔,臣请事之;若弗与,则请除之。无生民心。"公曰:"无庸[17],将自及。"大叔又收贰以为己邑[18],至于廪延[19]。子封曰:"可矣,厚[20]将得众。"公曰:"不义不暱[21],厚将崩。"

大叔完聚[22]，缮[23]甲兵，具卒乘[24]，将袭[25]郑，夫人将启之。公闻其期，曰："可矣！"命子封帅车二百乘以伐京。京叛大叔段。段入于鄢，公伐诸鄢。五月辛丑[26]，大叔出奔共[27]。

书曰："郑伯克段于鄢。"段不弟，故不言弟；如二君，故曰克；称郑伯，讥失教也；谓之郑志，不言出奔，难之也。

遂置姜氏于城颍[28]，而誓之曰："不及黄泉[29]，无相见也。"既而悔之。颍考叔为颍谷封人[30]，闻之，有献于公。公赐之食，食舍肉。公问之，对曰："小人有母，皆尝小人之食矣，未尝君之羹[31]，请以遗[32]之。"公曰："尔有母遗，繄[33]我独无！"颍考叔曰："敢问何谓也？"公语之故，且告之悔。对曰："君何患焉！若阙[34]地及泉，隧而相见[35]，其谁曰不然？"公从之。公入而赋："大隧之中，其乐也融融[36]！"姜出而赋："大隧之外，其乐也洩洩[37]！"遂为母子如初。

君子曰[38]："颍考叔，纯孝也。爱其母，施[39]及庄公。《诗》曰：'孝子不匮，永锡[40]尔类。'其是之谓乎！"

【选文出处】

左传[M]. 郭丹，译. 北京：中华书局，2014.

【注释】

[1] 郑伯：即郑庄公，郑国国君的爵位为"伯"，故称郑伯。段：庄公的弟弟，后又出奔共，故称叔段、共叔段。鄢：郑国地名，在今河南省鄢陵一带。

[2] 初：最初，原先。

[3] 郑武公：姬姓，名掘突，郑国第二代君主。申：国名，姜姓，在今河南省南阳一带。

[4] 寤(wù)生：逆生，指婴儿出生时脚先下，即难产。

[5] 亟(qì)：屡次。

[6] 制：地名，在今河南巩义市，原名虎牢关。

[7] 岩邑：险要的城池。邑，城邑。《左传·庄公二十八年》："凡邑有宗庙先宗之主曰都，无曰邑。"

[8] 虢叔：虢为东虢，周文王之弟虢仲的封国。虢叔为虢仲之后。郑国原在今陕西关中一带，后东迁借东虢之地，继而灭掉东虢，虢叔因此而死。

[9] 佗，同"他"，其他。

[10] 大叔：读为太叔。

[11] 祭(zhài)仲：郑大夫，又称祭足。

[12] 雉：墙的丈量单位。一雉为三堵，一丈长一丈高为一堵。

[13] 参国之一：国都的三分之一。参，同"三"。国，指都城。

[14] 不度：不符合制度。

[15] 既而：不久。鄙：边境。

[16] 贰：指既属于郑庄公也属于自己。

[17] 庸：用也。无庸，犹言用不着。

[18] 收贰以为己邑：将原来既属于自己也属于郑庄公的城邑收为自己的城邑。

[19] 廪延：郑邑，在今河南延津县北。

[20] 厚：实力雄厚。

[21] 暱(nì)：亲近。

[22] 完聚：完，修筑好城郭；聚，积聚粮食。

[23] 缮：修缮。

[24] 具卒乘：具，准备。卒，步兵。乘(shèng)，古时一车四马为一乘。

[25] 袭：偷袭。行军不用钟鼓曰袭。

[26] 辛丑：古代天干地支纪年法。年月日皆以干支表示，辛丑为二十三日。

[27] 共(gōng)：古国名，在今河南辉县。

[28] 城颍：在今河南临颍县西北。

[29] 黄泉：地下接近水的地方。古时土葬往往深挖至此，黄泉因此也代指墓穴、冥间。

[30] 封人：管理疆界及土地的官吏。

[31] 羹：肉汁，这里泛指肉食。

[32] 遗(wèi)：赠予，送给。

[33] 繄(yì)：发语词，相当于"唯""只"。

[34] 阙：通"掘"。

[35] 隧而相见：在洞穴里相见。隧，洞。

[36] 融融：和谐温暖的样子。

[37] 洩(yì)洩：同"泄泄"，舒畅快乐的样子。

[38] 君子曰：表示作者以君子的口吻评述历史事件、历史人物。

[39] 施(yì)：延，扩展。

[40] 锡：同"赐"。

【译文】

  从前，郑武公在申国娶了一妻子，叫武姜，她生下庄公和共叔段。庄公出生时脚先出来，武姜受到惊吓，因此给他取名叫"寤生"，所以很厌恶他。武姜偏爱共叔段，想立共叔段为世子，多次向武公请求，武公都不答应。

  到庄公即位的时候，武姜就替共叔段请求分封到制邑去。庄公说："制邑是个险要的地方，从前虢叔就死在那里。若是封给共叔段其他城邑，我都可以照吩咐办。"武姜便请求封给太叔京邑，庄公答应了，让他住在那里，称他为京城太叔。

  大夫祭仲说："分封的都城，如果城墙超过三百方丈长，那就会成为国家的祸害。先王的制度规定，国内最大的城邑不能超过国都的三分之一，中等的不得超过它的五分之一，小的不能超过它的九分之一。京邑的城墙不合法度，非法制所许，恐怕对您有所不利。"庄公说："姜氏想要这样，我怎能躲开这种祸害呢？"祭仲回答说："姜氏哪有满足的时候！不如及早处置，别让祸根滋长蔓延，一滋长蔓延就难办了。蔓延开来的野草还不能铲除干净，何况是您受宠爱的弟弟呢？"庄公说："多做不义的事情，必定会自己垮台，你姑且等着瞧吧。"

  过了不久，太叔段把郑国西边和北边的边邑变为既属庄公也属自己的城邑。公子吕说："国家不能有两个国君，现在您打算怎么办？您如果打算把郑国交给太叔，那么我就去服侍他；如果不给，那么就请除掉他，不要使百姓们产生疑虑。"庄公说："不用除掉他，他自己将要遭到灾祸的。"太叔又把两属的边邑改为自己统辖的地方，一直扩展到廪延。公子吕说："可以行动了！土地扩大了，他将得到老百姓的拥护。"庄公说："对君主不义，对兄长不亲，土地虽然扩大了，他也会垮台的。"

  太叔修治城郭，积聚粮食，修整盔甲武器，准备好兵马战车，将要偷袭郑国国都。武姜打算开城门作内应。庄公打听到共叔段偷袭的时候，说："可以出击了！"他命令子封率领车二百乘，去讨伐京邑。京邑的人民背叛共叔段，共叔段于是逃到鄢城。庄公又追到鄢城讨伐他。五月二十三日，太叔段逃到共国。

《春秋》记载道："郑伯克段于鄢。"意思是说共叔段不遵守做弟弟的本分，所以不说他是庄公的弟弟；兄弟俩如同两个国君一样争斗，所以用"克"字；称庄公为"郑伯"，是讥讽他对弟弟失教；赶走共叔段是出于郑庄公的本意，不写共叔段自动出奔，是史官下笔有为难之处。

庄公就把武姜安置在城颍，并且发誓说："不到黄泉(不到死后埋在地下)，不再见面！"过了些时候，庄公又后悔了。有个叫颍考叔的人，是颍谷管理疆界的官吏，听到这件事，有东西献给郑庄公。庄公赐给他饭食，颍考叔在吃饭的时候，把肉留着。庄公问他为什么这样。颍考叔答道："小人有个老娘，我吃的东西她都尝过，只是从未尝过君王的肉羹，请让我带回去送给她吃。"庄公说："你有个老娘可以孝敬，唉，唯独我就没有！"颍考叔说："请问您这是什么意思？"庄公把原因告诉了他，还告诉他后悔的心情。颍考叔答道："您有什么担心的！只要挖一条地道，挖出了泉水，在地道中相见，谁还说您违背了誓言呢？"庄公依了他的话。庄公走进地道去见武姜，赋诗道："大隧之中相见啊，多么和乐相得啊！"武姜走出地道，赋诗道："大隧之外相见啊，多么舒畅快乐啊！"从此，他们恢复了从前的母子关系。

君子说："颍考叔是位真正的孝子，他不仅孝顺自己的母亲，而且把这种孝心推广到郑伯身上。《诗经·大雅·既醉》篇说：'孝子不断地推行孝道，永远能感化你的同类。'大概就是对颍考叔这类纯孝而说的吧！"

 阅读提示

本篇选自《左传·隐公元年》，记述了郑庄公与其弟共叔段为了争夺君权而骨肉相残的历史事件，从中可以窥见春秋时期诸侯国内部统治者之间的矛盾斗争的复杂性与尖锐性，反映了春秋时期礼崩乐坏的社会现实。

《左传》长于记事，记事又以人物为中心，以人物带动事件，又以事件表现人物。郑伯克段是中国历史上最早详尽记录宫廷矛盾的历史片段。这样复杂的历史事件必然头绪众多,但是,作者选取最能反映历史真相和人物精神的几个重大事件,清晰地描述了这一历史事件的发展过程及历史人物的精神风貌。

本篇可分为"郑伯克段"和"母子如初"两部分,两部分相互联系。郑伯克段最终结局是郑庄公战胜了共叔段,但是,关于矛盾的幕后制造者姜氏的结局还没有交代,母子如初的故事为整个事件做了了结。同时,郑伯克段是一个骨肉相残的不温暖的故事,母子如初则是一个温暖的故事。对母子如初的详尽记述,也反映了作者回归伦理温情的渴望。本文在叙事上不仅能抓住重点,而且有效地使用了多种叙事手段。作者善于利用矛盾冲突反映历史和表现人物,善于通过对比烘托表现人物,善于通过人物语言表现人物性格、交代事件发展。郑伯克段写权力斗争,线索简单分明,一方面是共叔段在母亲支持下的咄咄逼人,另一方面是郑庄公以守为攻,以退为进,矛盾冲突鲜明。作者先将事件延伸到历史深处,从郑庄公难产引发母亲厌恶写起,将权力斗争的原因归结到人性的弱点。这一弱点使得姜氏偏爱共叔段,在庄公即位后依然不肯罢休,得寸进尺地为共叔段夺权积累资本:先是向庄公要地盘;得到京邑以后,又扩大城池;此后又分割边境地区管理权;既而又将边境地区完全归于自己名下。郑庄公看似无可奈何,对弟弟的胡作非为没有公开制止,以至于幕僚们不断为他出主意,令人感到庄公的软弱。但他实际上胸有成竹。他时刻关注事态发展,用"多行不义,必自毙""无庸,将自及""不义不暱,厚将崩"来表明他对事件前景的判断。原来他是心中有数,故意让共叔段把事情闹大,给自己反击找到借口。果然,当共叔段开始和母亲里应外合,企图置郑庄公于死地时,郑庄公的反击是无情彻底的,直至将共叔段赶出郑国。针锋相对的矛盾,显示了权力斗争的无情,而共叔段狂妄自大、有勇无谋的性格也得到充分表现。在以退为进的防范反击过程中,郑庄公能稳、能忍、能隐、能狠,显示出政治家的手段、魄力和阴险狠毒。郑庄公话虽不多,但是,每句话都显示出其深谋远虑、后发制人的性格。而幕僚们不断的建议和共叔段毫无隐藏的进攻就变成了烘托和对比。母子如初一段故事向柔软的方向发展。郑庄公痛恨母亲,报复出自内心。但是,当惩罚过后,亲情开始占上风,重回母子情感成为渴望。作者让颍考叔出场,利用为母亲留饭的细节打动郑庄公,并通过"隧而相见"为郑庄公的誓言解套,使母子仇恨化解,亲情回归。一顿饭,一个主意,成为故事的转折力量,显示了作者刻意呼唤伦理温情的强烈意愿,也将不温暖的故事转向温暖。

　　尾声之前"书曰"一段是解经文字。《春秋》记述此事只有"夏,五月,郑伯克段于鄢"数字,而《左传》则延伸出洋洋洒洒的一篇文章,因此可以看到《左传》的叙事成就。《春秋》往往通过选词用字暗寓褒贬。通过这段文字对"克""伯"以及"不言弟""不言出奔"等的解释,我们也可体会到这种"春秋笔法"。因为《春秋》只写了"克段",没写后面的尾声,所以作者把"书曰"一段插在事件的尾声之前。

思考与练习

　　1. 搜集春秋初年与郑国有关的资料,分析"郑伯克段"的历史原因。

　　2. 本文既写了"郑伯克段"的残酷,也写了"母子如初"的温暖,这样的叙事安排表达了怎样的思想倾向?

　　3. 分析本文组织安排矛盾冲突的手法。

　　4. 对比分析郑庄公和共叔段的形象。

　　5. 关于"母子如初"的意图有不同说法,请搜集有关观点,并谈谈你自己的看法。

秦汉魏晋南北朝文学

十五从军征[1]

汉乐府

乐府是指两汉时期掌管音乐的政府机构,负责到民间搜集诗歌或者负责创作粉饰太平的作品并为其谱曲编舞。在汉武帝时期,乐府规模达到顶峰,人数达到八百多人。魏晋六朝时期,乐府成为一种诗歌体裁的名称。到了唐代,因注重诗歌的内容而忽略音乐的形式,乐府逐渐成为一种讽刺现实的诗歌体式。

北宋郭茂倩把汉魏晋到唐五代的乐府诗辑录、编纂成《乐府诗集》,把乐府诗分为郊庙歌辞、燕射歌辞、鼓吹曲辞、横吹曲辞、相和歌辞、清商曲辞、舞曲歌辞、琴曲歌辞、杂曲歌辞、近代曲辞、杂歌谣辞和新乐府辞等12大类。乐府诗具有"感于哀乐、缘事而发"的特点;多是底层劳动人民创作,反映社会的现实生活;语言质朴,人物形象生动,具有很高的艺术价值。

本篇揭露了封建社会残酷的兵役制度,充满了底层小人物的辛酸和痛苦,作品真实、深刻,催人泪下。

十五从军征,八十始得归[2]。
道逢[3]乡里人:"家中有阿谁[4]?"
"遥望[5]是君家,松柏冢[6]累累[7]。"
兔从狗窦[8]入,雉[9]从梁上飞。

中庭[10]生旅谷[11]，井上生旅葵[12]。

春[13]谷持作饭，采葵持作羹[14]。

羹饭一时熟，不知贻[15]阿谁。

出门东向看，泪落沾我衣。

【选文出处】

先秦魏晋南北朝诗[M]. 逯钦立, 辑校. 北京：中华书局，2006.

【注释】

[1] 选自《乐府诗集·横吹曲辞》，题为《紫骝马歌辞》。

[2] 始：才。归：回家。

[3] 道逢：在路上遇到。

[4] 阿谁：谁。"阿"为语气助词，无实际意义。

[5] 遥望：远远地望去。

[6] 冢：高高隆起的坟墓。

[7] 累累：通"垒垒"，一个挨着一个的样子。

[8] 狗窦：狗洞。

[9] 雉：野鸡。

[10] 中庭：庭前的院子。

[11] 旅：未经人工播种而自然生长的。旅谷：野生的谷子。

[12] 葵：冬葵，叶子可食用。

[13] 春：把东西放在石臼或乳钵里捣掉皮壳或捣碎。

[14] 羹：菜汤。

[15] 贻：送给。

【译文】

刚满十五岁的少年就出去打仗，到了八十岁才回来。
路遇一个乡下的邻居，问："我家里还有什么人？"
"你看你家那个地方，现在已是松树、柏树林中的一片坟墓。"
走进家门看见野兔从狗洞进出，野鸡在屋梁上飞来飞去。
院子里长着野生的谷子，野生的葵菜环绕着井台。
用捣掉壳的野谷来做饭，摘下葵叶来煮汤。

汤和饭一会儿都做好了，却不知送给谁吃。

走出大门向着东方张望，老泪纵横，洒落在征衣上。

 阅读提示

这是一首叙事诗，描绘了一个"少小离家老大回"的老兵返乡还家的情景。首句，对老兵这几十年间的生活并未交待，给人以想象的空间。"八十"与"十五"相对照，突出其"从军征"时间之久；"始得归"与"从军征"相呼应，则表明他中途一直未能回来。

老兵急切地想知道家中的情况，而"乡里人"没有明言直说老兵家中还有谁，而只是用手指着远处长满松柏的众多的高坟说："那儿就是您的家。"此句是以哀景写哀情。

老兵到家后所目睹的景象是：兔子从狗洞进进出出，野鸡在梁上飞来飞去；庭院中长出了"旅谷"，井台上也长出了"旅葵"，构成了一幅凄惨悲凉的景象。仍然是以哀景写哀情，以悲凉的景象烘托老兵心中的悲哀。

他以"旅谷"煮饭，以"旅葵"做羹，未用多少时间就做好了，却不知道将饭与羹送给谁吃，也就是无亲人与之共享了。老兵孤身一人回家，家中也无亲人了，到头来还是他孤身一人。此处继续以哀景写哀情。

最后两句在对老兵的动作描绘中进一步抒发老兵心中的悲哀。这里突出老兵出门张望与老泪纵横这一细节，将举目无亲、孤身一人的老兵形象刻画得栩栩如生，将其悲痛欲绝的茫然之情抒发得淋漓尽致。

全诗运用白描手法绘景写人，层次分明，语言质朴，且以哀景写哀情，情真意切，颇具特色，也颇能体现汉乐府即景抒情的艺术特点。

 思考与练习

1. 请深刻体会老兵心情的变化，以朗诵的形式表现出来。
2. 结合本文内容，思考"宁为太平犬，莫为乱离人"这句话的内涵。
3. 背诵全诗，体会诗歌中浓烈的情感。

垓下之围（节选）

汉·司马迁

　　司马迁(前145—？)，字子长，西汉龙门(今陕西韩城市北)人，是伟大的史学家、文学家、思想家。司马迁家学渊源，其本人读书刻苦且有机会游历各地。元封三年(前108)，司马迁继承其父司马谈之职，任太史令，掌管天文历法及皇家图籍，因而得以有机会广泛阅读史官所藏图书，这些均为其之后写作《史记》奠定基础。天汉二年(前99)，司马迁因替投降匈奴的李陵辩护，获罪下狱，受腐刑。出狱后任中书令，继续发愤著书，在征和初年(前92)最终完成《史记》的撰写。

　　《史记》为我国第一部纪传体通史，建立起以纪传为主，兼具书、表形式的史学体例。全书共一百三十篇，包括"本纪"十二篇、"表"十篇、"书"八篇、"世家"三十篇、"列传"七十篇，对后世史学影响深远。《史记》主要记载了上自传说中的黄帝，下至汉武帝太初(前104—前101)年间的历史。后来的史学著作写作体例主要以司马迁开创的"纪传体"为主，如正史"二十四史"。

　　司马迁的《史记》因其突出的史学成就和文学成就，被鲁迅先生誉为"史家之绝唱，无韵之离骚"(《汉文学史稿》)。

　　项王军壁[1]垓下，兵少食尽，汉军及诸侯兵围之数重[2]。夜闻汉军四面皆楚歌，项王乃大惊曰："汉皆已得楚乎？是何楚人之多也！"项王则夜起，饮帐中。有美人名虞，常幸从；骏马名骓，常骑之。于是项王乃悲歌慷慨，自为诗曰："力拔山兮气盖世，时不利兮骓不逝[3]。骓不逝兮可奈何，虞兮虞兮奈若何！"歌数阕，美人和[4]之。项王泣数行下，左右皆泣，莫能仰视。

　　于是项王乃上马骑，麾下壮士骑从者八百余人，直夜[5]溃[6]围南出，驰走。平明[7]，汉军乃觉之，令骑将灌婴以五

《史记·项羽本纪》

千骑追之。项王渡淮，骑能属[8]者百余人耳。项王至阴陵，迷失道，问一田父[9]，田父绐[10]曰："左。"左，乃陷大泽中。以故汉追及之。项王乃复引兵而东，至东城，乃有二十八骑。汉骑追者数千人。项王自度不得脱，谓其骑曰："吾起兵至今八岁矣，身[11]七十余战，所当者破，所击者服，未尝败北，遂霸有天下。然今卒[12]困于此，此天之亡我，非战之罪也。今日固决死，愿为诸君快战[13]，必三胜之，为诸君溃围，斩将，刈[14]旗，令诸君知天亡我，非战之罪也。"乃分其骑以为四队，四向。汉军围之数重。项王谓其骑曰："吾为公取彼一将。"令四面骑驰下，期山东为三处[15]。于是项王大呼驰下，汉军皆披靡[16]，遂斩汉一将。是时，赤泉侯为骑将，追项王，项王瞋[17]目而叱[18]之，赤泉侯人马俱惊，辟易[19]数里。与其骑会为三处。汉军不知项王所在，乃分军为三，复围之。项王乃驰，复斩汉一都尉，杀数十百人，复聚其骑，亡其两骑耳。乃谓其骑曰："何如？"骑皆伏曰："如大王言！"

于是项王乃欲东渡乌江。乌江亭长檥船待，谓项王曰："江东虽小，地方千里，众数十万人，亦足王也。愿大王急渡。今独臣有船，汉军至，无以渡。"项王笑曰："天之亡我，我何渡为！且籍与江东子弟八千人渡江而西，今无一人还，纵[20]江东父兄怜而王我，我何面目见之？纵彼不言，籍独不愧于心乎？"乃谓亭长曰："吾知公长者。吾骑此马五岁，所当无敌，尝一日行千里，不忍杀之，以赐公。"乃令骑皆下马步行，持短兵接战。独籍所杀汉军数百人。项王身亦被十余创，顾见[21]汉骑司马吕马童，曰："若非吾故人乎？"马童面之，指王翳曰："此项王也。"项王乃曰："吾闻汉购我头千金，邑万户，吾为若德[22]。"乃自刎而死。

【选文出处】

司马迁. 史记[M]. 裴骃，集解；司马贞，索隐；张守节，正义. 北京：中华书局，2013.

【注释】

[1] 壁：名词，军营的围墙，此处名词用作动词，在……安营扎寨。

[2] 重(chóng)：量词，层。

[3] 逝：去、离去，引申为跑。

[4] 和(hè)：跟着唱。

[5] 直夜：当夜。

[6] 溃：决也，突破。

[7] 平明：天亮时。

[8] 属(shǔ)：跟着，随从。

[9] 田父(fǔ)：父，称从事某种职业的老年男子。田夫，即种田的老人。

[10] 绐(dài)：哄骗，欺骗。

[11] 身：亲身。

[12] 卒：最终。

[13] 快战：但求取快活一时，痛痛快快打一仗。

[14] 刈(yì)：割.

[15] 期山东为三处：约定冲过山的东面，分做三处集合。

[16] 披靡：本草木随风偃仆之貌，此处比喻汉军惊溃，像草那样随风而倒。

[17] 瞋(chēn)：发怒时睁大眼睛。

[18] 叱(chì)：大声呵斥。

[19] 辟易：吓退，倒退。

[20] 纵：即使。

[21] 顾见：回头看见。

[22] 吾为若德：我就送给你这个人情吧。

【译文】

项王的军队在垓下安营扎寨，士兵少了且粮食没了，汉军和诸侯军队将项王的军队层层包围。晚上听到四面汉军都唱起楚歌，项王于是大惊,说:"汉都已经得到楚了吗?为什么楚人这么多!"项王晚上起来,在帐中饮酒。有一个美人叫虞姬,一直受到宠幸,跟从于项王左右;骏马叫作骓,项王常常骑着它。于是项王悲歌慷慨,自己作了一首诗道:"力拔山兮气盖世,时不利兮骓不逝。骓不逝兮可奈何,虞兮虞兮奈若何!"唱了一遍又一遍,美人也跟着唱了一遍又一遍。项王泪流数行,左右的侍卫都哭了,不能抬头看项王。

于是项王跨上战马,部下八百多壮士骑着战马随从,当晚从南边突破重围,使劲赶马奔逃。天亮时,汉军才发觉这个情况,命令骑将灌婴率领五千骑兵追击项王。项王渡过淮河,能跟着项王的骑兵仅有一百余人。项王到了阴陵,迷了路,问一个种田老人,种田老人欺骗项王说:"向左走。"向左走,项王和随从陷在了大的洼地里。因为这个原因,他们又被汉军追上了。项王于是再次带领士兵向东奔逃,到了东城,只有二十八个骑兵了。汉军骑兵追击的有数千人。项王自己估计不能逃脱,他对自己的骑兵说:"我起兵至今已经八年了,亲身参与了七十余次战斗,所抵挡的敌人都被击破,所攻击的敌人都已臣服,从没有失败过,于是能够称霸天下。然而今天最终被困于此地,这是老天要亡我,不是我用兵打仗的错误。我今天本来是要决一死战的,愿意为大家痛痛快快打一仗,定要打胜三次,为大家突破重围,斩落敌将,砍掉汉军旗帜,让大家知道是老天要灭亡我,不是我打仗用兵的错误。"于是划分他的骑兵为四队人马,朝向四个方向。汉军将其重重包围。项王对他的骑兵说:"我为你们拿下一个汉军将领。"命令骑兵四面奔驰而下,约定在山的东面分三处汇合。于是项王大声呼喊着奔驰而下,汉军溃败,项王斩杀汉军一位将领。这时赤泉侯为骑将,追赶项王,项王瞪眼对他大喝,赤泉侯人和马都受了惊,倒退了好几里。项王与他的骑兵在约定的三处汇合。汉军不知项王在哪里,于是分出三路军队,再次包围项王的三支队伍。项王于是策马奔驰,再次斩杀汉军一个都尉,杀了汉军百余人,再次聚集起他的骑兵,发现只少了两个骑兵。项王于是对他的骑兵说:"怎么样?"骑兵们都佩服地说:"正如大王您所言。"

于是项王想要东渡乌江。乌江亭长撑船靠岸等待项王,对项王说:"江东虽小,但也有地方数千里、人民数十万,也足以让您称王了。希望大王赶快渡河。现在只有臣下有船，汉军到了，没有船能渡河。"项王笑着说："老天要亡我，我为什么要渡河呢！况且我项羽与江东子弟八千人渡江向西，今天没有一个人生还，即使江东的父老兄弟可怜我而拥戴我为王，我有什么面目见他们呢？即使他们不说，我项羽难道不感到内心有愧疚吗？"于是对亭长说："我知道您是长者。我骑这匹马已经五年了，所向无敌，曾经一日行了千里，不忍心杀它，把它赐给您吧。"于是命令骑兵都下马步行，手持短兵器交战。光是项羽所杀的汉军就数百人。项王身上也受伤十余处，回头看见汉军骑兵司马吕马童，说："你不是我的老朋友吗？"吕马童当面细看项王，指项羽给王翳说："这就是项王。"项王于是说："我听说汉王花千金买我的人头，还封为万户侯，我就送你这个人情吧。"于是自刎而死。

阅读提示

《垓下之围》节选自《史记》中的《项羽本纪》。《项羽本纪》是《史记》中非常重要也非常精彩的篇章之一，主要通过叙述项羽一生的经历故事，反映出秦末及楚汉相争的历史画卷。

《垓下之围》主要表现了项羽一生中的最后一段时光，主要包括"四面楚歌""霸王别姬""东城快战"和"乌江自刎"等历史片段，通过这些栩栩如生的历史描述，刻画出一位儿女情长、英勇善战、寡谋无助、知耻重义的末路英雄的形象。正是因为司马迁出色的史实和文笔，才引得后世对于项羽长久的惋惜与感叹，如唐代诗人杜牧就曾经在《题乌江亭》中咏诗曰："胜败兵家事不期，包羞忍耻是男儿。江东子弟多才俊，卷土重来未可知。"既对项羽提出了批评，也为项羽而深深惋惜，认为其不能包羞忍耻，及时东渡乌江，而是选择了自刎乌江，断送了性命，失去了东山再起的可能性。针对杜牧的这一观点，宋代王安石在《乌江亭》中提出了不同的观点："百战疲劳壮士哀，中原一败势难回。江东子弟今虽在，肯为君王卷土来？"认为项羽的失败是无法挽回的。因为项羽自矜功伐，失掉人心，江东子弟不会跟着他再次起兵，从人心向背的历史趋势说出项羽失败的根本原因。

因为司马迁本人的遭遇和其浪漫的、英雄主义的性格，所以他对项羽的描述中多慷慨悲歌之语，尤其是最后的"垓下之围"中的描写，刻画出项羽英勇无敌、气贯山河的英雄形象，引得后世无数人为项羽唏嘘感慨。因此，宋代女词人李清照在《夏日绝句》中赞颂项羽："生当作人杰，死亦为鬼雄。至今思项羽，不肯过江东。"表达了女词人对于英雄的崇仰和赞美，也让无数人为贵族英雄的末路而留下同情的泪水。

 思考与练习

1. 在阅读过《垓下之围》后，延伸阅读《史记》之《项羽本纪》，谈谈你对项王——项羽的理解和认识。

2. 杜牧的《题乌江亭》和王安石的《乌江亭》都是关于项羽的诗，但其观点完全不同，你同意谁的观点？请说出你的理由。如果不同意上述两个观点，请有理有据地说出你的观点。

3. 课外阅读《史记》之《高祖本纪》，了解汉高祖刘邦的生平故事，并撰写读后感。

白 马 篇[1]

魏·曹植

曹植(192—232)，字子建，沛国谯县(今安徽省亳州市)人，生于东武阳(今山东莘县，一说鄄城)，是曹操与武宣下皇后所生第三子，生前曾为陈王，去世后谥号"思"，因此又称陈思王。曹植是三国时期著名文学家，作为建安文学的代表人物之一与集大成者，他在两晋南北朝时期被推尊到文章典范的地位。其代表作有《洛神赋》《白马篇》《七哀诗》等。后人因其文学上的造诣而将他与曹操、曹丕合称为"三曹"。其诗以笔力雄健和词采华茂见长，留有集三十卷，已佚，今存《曹子建集》为宋人所编。曹植的散文同样亦很有特色，加上其品种的丰富多样，使他在这方面取得了卓越的成就。南朝宋文学家谢灵运有"天下才有一石，曹子建独占八斗"的评价。文学批评家钟嵘亦赞曹植"骨气奇高，词采华茂，情兼雅怨，体被文质，粲溢今古，卓尔不群"，并在《诗品》中把他列为品第最高的诗人。王士祯尝论汉魏以来二千年间诗家堪称"仙才"者，曹植、李白、苏轼三人耳。

白马饰金羁[2]，连翩西北驰[3]。
借问谁家子？幽并游侠儿[4]。
少小去乡邑[5]，扬声沙漠垂[6]。
宿昔秉良弓[7]，楛矢何参差[8]！
控弦破左的[9]，右发摧月支[10]。
仰手接飞猱[11]，俯身散马蹄[12]。
狡捷过猴猿[13]，勇剽若豹螭[14]。
边城多警急，虏骑数迁移[15]。
羽檄从北来[16]，厉马登高堤[17]。
长驱蹈匈奴[18]，左顾陵鲜卑[19]。

弃身锋刃端[20],性命安可怀[21]?
父母且不顾,何言子与妻?
名在壮士籍[22],不得中顾私[23]。
捐躯赴国难[24],视死忽如归。

【文献来源】

朱东润. 中国历代文学作品选:上编:第二册[M]. 上海:上海古籍出版社,1979.

【注释】

[1] 白马篇:又名"游侠篇",是曹植创作的乐府新题,属《杂曲歌·齐瑟行》,以开头二字名篇。

[2] 金羁(jī):金饰的马笼头。

[3] 连翩(piān):连续不断,原指鸟飞的样子,这里用来形容白马奔驰的俊逸形象。

[4] 幽并:幽州和并州,在今河北、山西、陕西一带。

[5] 去乡邑:离开家乡。

[6] 扬声:扬名。垂:同"陲",边境。

[7] 宿昔:早晚。秉:执、持。

[8] 楛(hù)矢:用楛木做成的箭。何:多么。参差(cēncī):长短不齐的样子。

[9] 控弦:开弓。的:箭靶。

[10] 摧:毁坏。月支:箭靶的名称。左、右是互文见义。

[11] 接:接射飞驰而来的东西。飞猱(náo):飞奔的猿猴。猱,猿的一种,行动轻捷,攀缘树木,上下如飞。

[12] 散:射碎。马蹄:箭靶的名称。

[13] 狡捷:灵活敏捷。

[14] 勇剽(piāo):勇敢剽悍。螭(chī):传说中形状如龙的黄色猛兽。

[15] 虏骑(jì):指匈奴、鲜卑的骑兵。数(shuò)迁移:指经常进兵入侵。数,经常。

[16] 羽檄(xí):军事文书,插鸟羽以示紧急,必须迅速传递。

[17] 厉马:扬鞭策马。

[18] 长驱:向前奔驰不止。蹈:践踏。

[19] 顾：看。陵：同"凌"，压制。鲜卑：中国东北方的少数民族，东汉末成为北方强族。

[20] 弃身：舍身。

[21] 怀：爱惜。

[22] 籍：名册。

[23] 中顾私：心里想着个人的私事。中，内心。

[24] 捐躯：献身。赴：奔赴。

【译文】

驾驭着白马向西北驰去，马上佩戴着金色的马具。有人问他是谁家的孩子，边塞的好男儿游侠骑士。年纪轻轻就离别了家乡，到边塞显身手建立功勋。楛木箭和强弓从不离身，下苦功练就了一身武艺。拉开弓如满月左右射击，一箭箭中靶心不差毫厘。飞骑射裂了箭靶"月支"，转身又射碎箭靶"马蹄"。他灵巧敏捷赛过猿猴，又勇猛轻疾如同豹螭。听说国家边境军情紧急，侵略者一次又一次进犯内地。告急信从北方频频传来，游侠儿催战马跃上高堤。随大军平匈奴直捣故巢，再回师扫鲜卑驱逐敌骑。上战场面对着刀山剑树，从不将安和危放在心里。连父母也不能孝顺服侍，更不能顾念那儿女妻子。名和姓既列上战士名册，早已经忘掉了个人私利。为国家解危难奋勇献身，看死亡就好像回归故里。

 阅读提示

从汉献帝建安到魏文帝黄初年间(196—226)，是中国诗歌史上的一个黄金时代。由于曹氏父子的提倡，汉乐府诗"感于哀乐，缘事而发"的现实主义精神得到了继承和发扬。一批身经乱离、目击苦难而又肯正视现实的诗人，不但把社会真相摄入笔底，而且注入自己的真切感情。这一时期，最有价值的文学作品，除了那些反映战乱和人民苦难的篇什外，就是抒发渴望为国家建功立业的理想抱负的篇章。这方面的代表作当属曹操的《龟虽寿》和曹植的《白马篇》。如果说《龟虽寿》是一位"幽燕老将"的"壮士之歌"的话，那么《白马篇》则是一位英雄少年的"理想之歌"。

《白马篇》是曹植前期诗歌中的名作，它在写法上显然受到汉乐府的影响。此诗以曲折动人的情节描写边塞游侠儿捐躯赴难、奋不顾身的英勇行为，塑造了边疆地区一位武艺高超、渴望卫国立功甚至不惜牺牲生命的游侠少年形象，歌颂了他的为国献身、视死如归的高尚精神，寄托了诗人为国建功立业的雄心壮志。

开头两句"白马饰金羁，连翩西北驰"，以奇警飞动之笔，描绘出驰马奔赴西北战场的英雄身影，显示出军情紧急，扣动读者心弦。"白马""金羁"，色彩鲜明。从表面看，只见马，不见人，其实这里写马，正是为了写人，用的是烘云托月的手法。这不仅写出了壮士骑术娴熟，而且也表现了边情的紧急。这好像是一个电影特写镜头，表现出壮士豪迈的气概。清代沈德潜说，曹植诗"极工起调"，这两句就是一例。这样的开头是喷薄而出，笼罩全篇。

接着以"借问"领起，以铺陈的笔墨补叙英雄的来历，说明他是一个什么样的英雄形象。诗人故设问答，补叙来历。关于游侠，司马迁《太史公自序》中记载其品质为：游侠"救人于厄，振人不赡，仁者有乎；不既信，不倍言，义者有取焉。"可见那些救人于患难、助人于穷困、不失信、不背言的人，才能具备"游侠"的条件。而曹植笔下的游侠与此不同，成了为国家效力的爱国壮士。"借问"四句紧承前二句，诗人没有继续写骑白马的壮士在边塞如何冲锋陷阵，为国立功，而是一笔宕开，补叙壮士的来历，使诗歌气势变化，富于波澜。

"宿昔"八句刻意铺陈"游侠儿"超群的武艺，这是补叙的继续。诗人使用了一连串的对偶句使诗歌语言显得铿锵有力，富于气势。"控弦"四句，选用"破""摧""接""散"四个动词，从左、右、上、下不同方位表现游侠儿的高超武艺。"狡捷"二句，以形象的比喻描写游侠儿的敏捷灵巧，勇猛轻疾，都很生动。这些描写说明了游侠儿"扬声沙漠垂"的重要原因，也为后面所写的游侠儿为国效力的英勇行为做好铺垫。

"边城"六句，遥接篇首，具体说明游侠儿驰骋沙场的原因、英勇杀敌的情景。因为游侠儿的武艺高超，前面已详写，这里只用"长驱蹈匈奴，左顾陵鲜卑"二句，就十分精练地把游侠儿的英雄业绩表现出来了。这种有详有略的写法，不仅节省了笔墨，而且突出了重点，可见其剪裁的恰当。

末八句揭示游侠儿的内心世界。游侠儿之所以能够克敌制胜,不仅是由于他武艺高超,更重要的具有捐躯为国、视死如归的崇高精神境界。这种崇高精神和他的高超武艺结合起来,使这个英雄形象有血有肉、栩栩如生,给人以深刻的印象。

这一时期,曹植还没有经历打击和迫害,在政治上抱负远大,所以这个阶段的作品以慷慨激昂、"任气""使才"为主,常常表现出一种慷慨激昂的热情。他的诗"赡丽""尚工""致饰""雅好慷慨""骨气奇高",其诗歌的思想感情高迈不凡。从《白马篇》来看,全诗风格雄放,气氛热烈,语言精美,称得上是情调兼胜。诗中的英雄形象,既是诗人的自我写照,又凝聚和闪耀着时代的光辉。

自东汉末年分裂割据以来,为国家的统一和社会的安定而献身一直是时代的最强音。曹植生于乱世,自幼即随父四方征战,"南极赤岸,东临沧海,西望玉门,北出玄塞"。时代的这种召唤,加上为国家统一而南征北战的曹操那"烈士暮年,壮心不已"的豪情壮志的熏陶,培养了曹植"戮力上国,流惠下民"的理想,铸成了他心中的既有爱国之德又有爱国之才的英雄形象。金代作家元好问说过,真实的诗篇应该是诗人的"心画心声"。可以说,《白马篇》就是曹植的"心画心声",寄托了诗人为国家建功立业的渴望和憧憬。

 思考与练习

1. 请简要分析《白马篇》中的游侠形象。
2. 请你结合中国侠文化,谈谈身边同学的"侠义"行为。

读《山海经》（其一）

东晋·陶渊明

　　陶渊明(365—427)，名潜，字元亮，号五柳先生。伟大的田园诗人、辞赋家、散文家，死后谥靖节，浔阳柴桑(今江西九江)人。曾祖陶侃是东晋开国元勋，祖父做过太守，父亲早亡。后寄居在外祖父家，外祖父为东晋名士孟嘉。陶渊明所处时代为晋宋易代之际，社会极为黑暗动乱。他怀着"大济苍生"的愿望，出任江州祭酒。但他的理想根本无法实现，所以他屡次进入官场，又屡次归隐。最终不愿为五斗米折腰，辞官彭泽令，彻底归隐田园。

　　陶渊明的思想主要是受到儒道两家的影响，即儒家的安贫乐道与道家的崇尚自然。他是中国田园诗的开山鼻祖，被钟嵘《诗品》称为"古今隐逸诗人之宗"。他的散文辞赋如《桃花源记》《五柳先生传》《归去来兮辞》等，是历来传颂的名篇。他的作品感情真挚、朴素自然，对后来众多作家产生了广泛的影响。著有《陶渊明集》。

　　《读〈山海经〉》是一组组诗，共十三首，本诗为第一首。《山海经》是一部记叙古代山川异物、神话传说的书，也是我国古代神话传说资料保存最多的著作。这组诗是在陶渊明归隐之后，读《山海经》的奇思异想及对人生和政治的感慨。

孟夏草木长[1]，绕屋树扶疏[2]。
众鸟欣有托[3]，吾亦爱吾庐[4]。
既耕亦已种，时还读我书[5]。
穷巷隔深辙[6]，颇回故人车[7]。
欢然酌春酒，摘我园中蔬。
微雨从东来，好风与之俱。
泛览周王传[8]，流观山海图[9]。
俯仰终宇宙[10]，不乐复何如？

【选文出处】

陶渊明集[M]. 陈庆元，邵长满，注评. 南京：凤凰出版社，2011.

【注释】

[1] 孟夏：初夏。

[2] 扶疏：枝叶繁茂的样子。

[3] 欣有托：因为有了依托而高兴。托，依托。

[4] 庐：住所。

[5] 时：经常，时常。

[6] 穷巷：陋巷。隔：隔绝。深辙：大车所轧的痕迹。

[7] 回：转回，调转。此句意思是居住在偏僻简陋的巷子里，少有故人来往。

[8] 周王传：指《穆天子传》，写有关周穆王的传说。

[9] 山海图：依照《山海经》所画的图。

[10] 俯仰终宇宙：短时间内即可神游遍及宇宙。俯仰，指时间短。

【译文】

孟夏时节的草木茂盛，绿树围绕着我的房屋。众鸟快乐地好像有所寄托，我也喜爱我的茅庐。耕种过之后，我时常返回来读我喜爱的书。居住在僻静的村巷中远离喧嚣，即使是老朋友也难驾车来探望。我欢快地酌饮春酒，采摘园中的蔬菜。细雨从东方而来，夹杂着清爽的风。泛读着《周王传》，浏览着《山海经》中的图。在俯仰之间纵览宇宙，还有什么比这个更快乐呢？

阅读提示

前六句向人们描述：初夏之际，草木茂盛，鸟托身丛林而自有其乐，诗人寓居在绿树环绕的草庐，也自寻其趣，耕作之余悠闲地读起书来。情调显得是那样的安雅清闲，自然平和，体现出世间万物，包括诗人自身各得其所之妙。

接下来描写读书处所的环境。诗人居住在幽深僻远的村巷，与外界不相往来，即使是前来探访的老朋友，也只好驾车掉转而去。

他独自高兴地酌酒而饮,采摘园中的蔬菜而食。没有了人世间的喧闹和干扰,是多么的自在与自得啊!初夏的阵阵和风伴着一场小雨从东而至,更使诗人享受到自然的清新与惬意。

诗的最后四句概述读书活动,抒发读书所感。诗人在如此清幽绝俗的草庐之中,一边泛读《周王传》,一边浏览《山海经》中的图。从这里的"泛览""流观"的读书方式可以看出,陶渊明并不是为了读书而读书,而只是把读书作为隐居的一种乐趣、一种精神寄托。所以诗人最后说,在读书的顷刻之间,就能凭借着两本书纵览宇宙的种种奥妙,这难道还不快乐吗?难道还有比这更快乐的吗?

 思考与练习

1. 结合学过的作品,并查阅资料,谈谈陶渊明对后世的影响。

2. 陶渊明是中国第一个大量写酒的诗人,本诗中是如何体现陶渊明爱喝酒的?

3. 背诵全诗。

雪 夜 访 戴

南朝·刘义庆

刘义庆(403—444)，南朝宋文学家，彭城(今江苏徐州)人。宋宗室，武帝时袭封临川王。曾任荆州刺史、江州刺史。官至兖州刺史、都督加开府仪同三司。《宋书·刘道规传》说他"为性简素，寡嗜欲，爱好文义""招聚文学之士，近远必至"。著有志人小说《世说新语》、志怪小说《幽明录》等。

王子猷[1]居山阴[2]。夜大雪，眠觉[3]，开室，命酌酒，四望皎然[4]。因[5]起彷徨，咏左思《招隐》[6]诗，忽忆戴安道[7]。时戴在剡[8]，即便夜乘小舟就之[9]。经宿方至[10]，造门不前而返[11]。人问其故[12]，王曰："吾本乘兴而行，兴尽而返，何必见戴？"

【选文出处】

刘义庆. 世说新语译注：图文本[M]. 张㧑之，译注. 上海：上海古籍出版社，2007.

【注释】

[1] 王子猷：名徽之，字子猷，晋代大书法家王羲之的儿子。

[2] 山阴：今浙江省绍兴市。

[3] 眠觉：睡醒。

[4] 皎然：洁白光明的样子。

[5] 因：于是。

[6] 左思：西晋文学家。《招隐》：凡二首，歌咏隐居乐趣。

[7] 戴安道：即戴逵，安道是他的字，谯国(今安徽省北部)人，学问广博，隐居不仕。

[8] 时：当时。剡(shàn)：指剡县，古县名，治所在今浙江嵊州。

[9] 即：即刻。便：就。就：到、去。

[10] 经宿方至：经过一宿的功夫才到达。

[11] 造门不前而返：到了门前不进去就返回了。造，到、至。

[12] 故：原因。

【译文】

王子猷，居住在山阴。一次，夜里大雪纷飞，他一觉醒来，打开窗户，命令仆人上酒，四处望去，一片洁白银亮。于是起身，慢步徘徊，吟诵着左思的《招隐》诗，忽然间想到了戴逵。当时戴逵远在曹娥江上游的剡县，即刻连夜乘小船前往。经过一夜才到，到了戴逵家门前却又转身返回。有人问他为何这样，王子猷说："我本来是乘着兴致前往，兴致已尽，自然返回，为何一定要见戴逵呢？"

 阅读提示

《雪夜访戴》是南朝文学家刘义庆的作品，选自《世说新语·任诞》，是一篇记述日常生活小事的精致小品，通过写王子猷雪夜访戴安道兴尽而返的故事，体现了王子猷率真、任性张扬的个性，追求事实的过程而并非结果，是一个性情潇洒的人，也反映了当时士族知识分子任性放达的精神风貌。文章语言简练隽永，人物刻画形神毕现，气韵生动。

王子猷是王羲之的儿子，有其父必有其子。王子猷在一个雪夜醒来，突然想起了老朋友戴安道，便连夜乘舟前往。这已是一个不寻常的举动了。小船行了一个晚上，天亮时到达朋友的门前，他却又掉头回去了，这就更令人莫名惊诧了。但王子猷有自己的说法："乘兴而行，兴尽而返。"这个"兴"字用得好，它是这篇文章之魂，也是王子猷行为的重要依据。只要"乘兴"与"兴尽"了，见不见戴安道已经不重要了。完全按照自己的兴致、兴趣、兴味行事，不遵循生活的既定规范和常理常情，这是一种非常自由舒展的人生态度和生命状态。它不仅体现出当时士人所崇尚的任诞放浪、不拘形迹的"魏晋风度"，而且具有超越时空的永恒价值与魅力。

王子猷这种不讲实务效果、但凭兴之所至的惊俗行为，十分鲜明地体现出当时士人所崇尚的"魏晋风度"的任诞放浪、不拘形迹，有窥一斑而见全豹之效。文章语言简练隽永，能紧紧抓住主旨，极省笔墨地叙写故事，刻画人物。全文仅百来字，却几经转折。眠觉、开室、命酒、赏雪、咏诗、乘船、造门、突返、答问，王子猷一连串的动态细节均历历在目，虽言简文约，却形神毕现，气韵生动。

 思考与练习

1. 你如何看待王子猷的这种行为？
2. 请联系文中细节简述雪夜访戴全过程，并作出适当点评。

三 王 墓

晋·干宝

《三王墓》，出自晋代干宝的志怪小说集《搜神记》卷十一。《搜神记》是一部辑录古代民间传说中神奇怪异的小说集。此篇故事在《列士传》《吴越春秋》《越绝书》《博物志》《列异传》等书中均有记载，文字各异。诸书记载中，以《搜神记》所记最详，文辞亦最佳。

楚干将莫邪为楚王作剑[1]，三年乃成。王怒，欲杀之。剑有雌雄。其妻重身当产[2]。夫语妻曰："吾为王作剑，三年乃成。王怒，往必杀我。汝若生子是男，大，告之曰：'出户望南山，松生石上，剑在其背。'"于是即将雌剑往见楚王[3]。王大怒，使相之[4]。剑有二，一雄一雌，雌来雄不来。王怒，即杀之。

莫邪子名赤，比后壮[5]，乃问其母曰："吾父所在？"母曰："汝父为楚王作剑，三年乃成。王怒，杀之。去时嘱我：'语汝子，出户望南山，松生石上，剑在其背。'"于是子出户南望，不见有山，但睹堂前松柱下石低之上[6]。即以斧破其背，得剑，日夜思欲报楚王[7]。

王梦见一儿眉间广尺[8]，言欲报仇。王即购之千金[9]。儿闻之亡去[10]，入山行歌[11]。客有逢者，谓："子年少，何哭之甚悲耶？"曰："吾干将莫邪子也，楚王杀吾父，吾欲报之。"客曰："闻王购子头千金。将子头与剑来，为子报之。"儿曰："幸甚[12]！"即自刎[13]，两手捧头及剑奉之，立僵[14]。客曰："不负子也。"于是尸乃仆[15]。

客持头往见楚王，王大喜。客曰："此乃勇士头也，当于汤镬[16]煮之。"王如其言煮头，三日三夕不烂。头踔[17]出汤中，踬目[18]大怒。客曰："此儿头不烂，愿王自往临视[19]之，是必烂也。"王即临之。客以剑拟[20]王，王头随堕汤中，客亦自拟己头，头复堕汤中。三首俱烂，不可识别。乃分其汤肉葬之，故通名三王墓。今在汝南北宜春县界[21]。

【选文出处】

朱东润. 中国历代文学作品选：上编：第二册[M]. 上海：上海古籍出版社，1979.

【注释】

[1] 楚干将莫邪，古代著名的铸剑师，姓干将，名莫邪。一说，干将、莫邪是夫妻两人：干将是夫，莫邪是妻。《孝子传》："父干将，母莫邪。"《吴越春秋》卷四《阖闾内传》："莫邪，干将之妻也。"《博物志》卷六："莫邪，干将妻也。"而《汉书·贾谊传》："莫邪为钝兮。"颜师古注引应劭曰："莫邪，吴大夫也。"李剑国在《新辑搜神记》中认为莫邪为干将之名，干将则姓也。

[2] 重身：有身孕，因怀孕是身中身，故名重身。当产：临产，将要生产。

[3] 将：带。往：去。

[4] 相：察看。

[5] 比后壮：等到后来长大了。比，等到。

[6] 石低："低"疑应作"砥"。石砥，柱下基石。

[7] 报楚王：寻楚王报仇。

[8] 眉间广尺：两眉相间宽达一尺。广，宽。

[9] 购之千金：悬赏千金捉拿他。购，悬赏。

[10] 亡去：逃离。

[11] 行歌：且走且唱。

[12] 幸甚：太好了。

[13] 刿：割，谓以剑割头。

[14] 立僵：谓尸体僵硬，直立不倒。

[15] 仆：向前倒下。

[16] 镬(huò)：形似鼎而无足，秦汉时用作烹人刑具。

[17] 踔(chuō)：跳跃。

[18] 瞋目：疑应作"瞋目"，睁大眼睛瞪人。

[19] 临视：近看。

[20] 拟：以刀剑对准人作砍杀状。此处有砍、割之意。

[21] 汝南：汉郡名，治所在上蔡(今河南省上蔡西南)。北宜春县：在今河南省汝南县西南，西汉时名宜春，东汉时改名北宜春。

【译文】

　　楚国干将莫邪替楚王铸剑,过了三年才铸成。楚王发怒,想要杀掉他。铸成的剑有雌雄两柄。干将莫邪的妻子怀有身孕,即将临产。干将莫邪对妻子说:"我替王铸剑,过了三年才铸成。王发怒,我去送剑,王一定会杀我。你生下孩子,假若是个男孩,等他长大成人,告诉他说:'出门望着南山,松树长在石头上,剑就在松树背上。'"于是,干将莫邪就带着雌剑去见楚王。楚王大发脾气,派人察看干将莫邪带来的剑。剑有两柄,一雄一雌。干将莫邪只带来了雌剑,雄剑却没带来。楚王发怒,就把干将莫邪杀了。

　　干将莫邪的儿子名叫赤,等到赤长大成人,就问自己的母亲:"我的父亲在什么地方?"他的母亲说:"你父亲替楚王铸剑,过了三年才铸成,楚王发怒,杀了他。他临离家时嘱咐我:'告诉你的儿子,出门望着南山,松树长在石头上,剑就在松树背上。'"于是赤出门向南望,看不见有山,只看见堂前松木屋柱竖立在石砥之上。赤就用斧头砍开松柱的背面,拿到了剑,日夜想着向楚王报父仇。

　　楚王梦见一年青人眉间广阔,约一尺宽,说是想要报仇。楚王就悬千金重赏,捉拿这年青人。赤听到这个消息就逃走了,逃进山中边走边唱。一个剑客遇见赤,对赤说:"你年纪这么小,为什么哭得这么悲伤呢?"赤回答说:"我是干将莫邪的儿子,楚王杀死了我的父亲,我想给他报仇。"剑客说:"听说楚王悬千金重赏要得到你的头。把你的头和剑拿来,我替你向楚王报仇。"赤说:"好极了!"马上就自杀,割下头,两手捧着头和剑送到剑客面前,身躯直立不倒。剑客说:"我不会辜负你。"于是赤的尸身才倒下。

　　剑客拿着赤的头去见楚王,楚王非常高兴。剑客说:"这是勇士的头,应当在滚烫的镬中把它煮烂。"楚王就按照剑客的话来煮头,煮了三日三夜还没煮烂。头还从滚烫的水中跳起来,瞪大眼睛,显出怒气冲冲的样子。剑客说:"这年青人的头煮不烂,希望大王亲自到镬旁观看,这头就一定会煮烂。"楚王便走向镬旁去看。剑客用剑对准楚王的头砍下去,楚王的头随着剑势掉入沸水中。剑客也对准自己的头砍下,头又坠入沸水中。三个头一起煮烂了,不能识别。人们只好从沸水中分出烂肉一块儿埋葬,所以笼统地称作三王墓。地点现在汝南北面的宜春县。

 **阅读提示**

　　这则故事选自《搜神记》，原无题，后人根据故事内容题为《三王墓》。《三王墓》叙述了楚国工匠干将莫邪为楚王铸剑，反被楚王杀害，其子长大后为父报仇的故事。故事揭露了统治者的凶残面目，反映了劳动人民对残暴统治的刻骨仇恨和顽强反抗的精神，赞扬了助人除暴、勇于牺牲的高尚行为。第一段写干将干将莫邪为楚王铸剑，三年铸成雌雄两剑。因误了时间，干将莫邪被楚王所杀。自知必死，干将莫邪先藏起雄剑，留下隐语，为日后复仇埋下伏笔。第二段写干将莫邪儿子赤长大了，猜破隐语，找到雄剑，决心杀楚王报仇。第三段写楚王悬赏捉拿赤，赤被迫逃亡。赤在山中遇到一剑客，剑客愿意替赤报仇。第四段写剑客带着赤的头和雄剑来见楚王，设计骗楚王，趁机杀死楚王，客也自杀。最后，赤、剑客与楚王同归于尽。

　　全文以"复仇"为线索，内容完整，有起因、发展、高潮、结局，情节曲折，故事性强，初具小说的规模。作品中人物性格鲜明。赤是一个少年，得知父亲被杀真相，就立下替父报仇的决心。但因人小力微，斗不过楚王，只能悲歌山中。当剑客答应替他报仇后，赤立即割下自己的头颅交给剑客，表现出他复仇意志的坚定和顽强的反抗精神。剑客是一个大侠，他同情赤，痛恨楚王。"不负子也"，体现了他讲信用、守诺言。他设计接近并杀死楚王，与楚王同归于尽，完成赤的报仇心愿，张扬了正义必胜的信念。

　　《三王墓》语言干练简洁，不多写一个字，不多说一句话，这样的干脆最恰当地配合了情节的决绝。作品运用了浪漫主义的写作手法。文中赤自刎捧头、尸立不倒、头踔出汤中、瞋目大怒的情节，都富有浪漫色彩，有助于表现作品主题。

 思考与练习

　　1. 请分析赤这一人物的形象及性格。
　　2. 《白马篇》中的"游侠"与《三王墓》中的"客"哪种形象更符合司马迁对于"侠"的定义。

三 唐宋文学

长干行[1]（其一）

唐·李白

李白(701—762)，字太白，号青莲居士。祖籍陇西成纪(今甘肃秦安)，生于唐代碎叶城(今吉尔吉斯斯坦北部)，幼时随父迁居绵州青莲乡。唐朝最伟大的浪漫主义诗人，被誉为"诗仙"，与杜甫并称为"李杜"。

李白青少年时期隐居在大匡山学习，受到了儒家和道家思想的熏陶，又因蜀地豪侠之气的影响，形成了傲岸洒脱的性格。天宝元年受到唐玄宗的召见，供奉翰林。但不久就被赐金放还。安史之乱发生后，加入到永王李璘的幕府，被牵连流放夜郎。后在途中遇赦。病逝于当涂。

他的诗歌想象奇特，情感强烈，意境奇伟瑰丽，语言清新明快，气势雄浑博大，风格豪迈潇洒，达到了我国古代浪漫主义诗歌艺术的高峰。现存诗歌有900多首，辑有《李太白集》。

这首诗大约是唐玄宗开元十三年(725)所作，其时李白漫游到金陵(今南京)。乐府旧题有《长干曲》。和李白同时的崔颢有《长干曲》乐府诗。原诗是写一位驾舟采菱的少女，遇到一位青年的故事。李白把篇幅扩大，加以自己天才的想象，丰富了诗歌的内容。

妾发初覆额[2], 折花门前剧[3]。

郎骑竹马来，绕床弄青梅[4]。

同居长干里，两小无嫌猜[5]，

十四为君妇，羞颜未尝开。

低头向暗壁，千唤不一回[6]。

十五始展眉[7]，愿同尘与灰。

常存抱柱信，岂上望夫台[8]？

十六君远行，瞿塘滟滪堆[9]。

五月不可触，猿声天上哀[10]。

门前迟行迹[11]，一一生绿苔。

苔深不能扫，落叶秋风早。

八月蝴蝶来[12]，双飞西园草。

感此伤妾心，坐愁红颜老[13]。

早晚下三巴[14]，预将书报家。

相迎不道远，直至长风沙[15]。

【选文出处】

李白集校注[M]. 瞿蜕园，朱金城，校注. 上海：上海古籍出版社，2007.

【注释】

[1] 长干行：长干，地名，在今江苏省南京市。长干里分大长干里和小长干里两处。这里的长干里当指秣陵县东里巷。行，是古诗的一种体裁。

[2] 初覆额：头发刚刚能盖住额头。古时女子年十五开始绾起头发，别上簪子，年幼时不束发。

[3] 剧：游戏。

[4] 竹马：竹竿。小孩儿跨着竹竿当马骑，所以叫竹马。床：指庭院里井上的辘轳，架在井上汲水用的工具。在庭院中追逐玩耍，投掷青梅作为游戏。

[5] 无嫌猜：感情融洽，没有猜忌。

[6] 向暗壁：默默无语地向墙角暗处坐着。回：回身答应。

[7] 展眉：不再害羞，可以明显地表现自己的情感。

[8] 抱柱：《庄子·盗跖》篇载，"尾生与女子期于梁下，女子不来，水至不去，抱梁柱而死。"望夫台：即望夫山，望夫石。《幽冥录》："武昌北山上有望夫石，状如人立。俗传云，古者有贞妇，其夫从徭役远征，饯别至此山，望夫而死，化而为石，因以名山。"

[9] 瞿塘：又称广溪峡，三峡之一，在今重庆市奉节县。滟滪堆：一个危险的石滩，在瞿塘峡峡口。民间有首民谣："滟滪大如象，瞿塘不可上。滟滪大如牛，瞿塘不可留。滟滪大如马，瞿塘不可下。滟滪大如袱，瞿塘不可触。滟滪大如龟，瞿塘不可窥。滟滪大如鳖，瞿塘行舟绝。"

[10] 这两句指想象爱人的羁旅之苦和远行之险。夏季，三峡水涨，两岸山高险峻，山中多猿啼。郦道元《水经注》："巴东三峡巫峡长，猿鸣三声泪沾裳。"

[11] 迟行迹：一作"旧行迹"。迟，作动词，等待。

[12] 蝴蝶来：一作"蝴蝶黄"。古人认为秋天的蝴蝶多为黄色。

[13] 坐愁红颜老：因相思愁苦，使得青春的容颜为之憔悴。

[14] 早晚：何时。下三巴：由三巴顺流而下返家。三巴，巴郡、巴东、巴西的总称。巴郡指现在的重庆，巴东指夔州(今奉节)，巴西指合州(今嘉陵江以东)。

[15] 不道远：不嫌路途遥远。长风沙：地名，在今安徽省安庆市怀宁县，位于南京的上游，距南京700里。

【译文】

  我的头发刚刚盖过额头，便同你一起在门前做折花的游戏。你骑着竹马过来，我们一起绕着井栏，互掷青梅为戏。我们同在长干里居住，两个人从小都没什么猜忌。十四岁时嫁给你作妻子，害羞得没有露出过笑脸。低着头对着墙壁的暗处，一再呼唤也不敢回头。十五岁才舒展眉头，愿意永远和你在一起。常抱着至死不渝的信念，怎么能想到会走上望夫台？十六岁时你离家远行，要去瞿塘峡滟滪堆。五月水涨时，滟滪堆不可相触，两岸猿猴凄厉的啼叫声传到天上。门前是你离家时徘徊的足迹，渐渐地长满了绿苔。绿苔太厚，不好清扫，树叶飘落，秋天早早来到。八月里，黄色的蝴蝶飞舞，双双飞到西园草地上。看到这种情景我很伤心，因而忧愁容颜衰老。

无论什么时候你想下三巴回家，请预先把家书捎给我。迎接你不怕道路遥远，一直走到长风沙。

 阅读提示

开头几句是说商妇和她的丈夫在童年时代就有着亲密无间的友谊。用年龄序数法写女子婚后的生活历程。虽然是青梅竹马，从一起游戏的伙伴而结为夫妻，但新婚期内她还是羞答答得难以为情。诗人以真实而细腻的笔法，为我们描画出一个羞涩、天真的少妇形象。即使化为灰烬，也生生死死，永不离分！我们仿佛听到了少男少女海誓山盟的赤诚心声。这位女子热情、坚贞的性格，开始展现在我们眼前。"抱柱信""望夫台"都是古代的传说。丈夫像尾生那样忠诚地爱着她，而她又哪里会登上望夫台，去尝受离别的痛苦呢？这四句诗让我们体会到一对少年夫妇沉浸在热烈、坚贞、专一的爱中的幸福。然而好景不长，他们不久就尝到了离别的痛苦。

古代三峡山上多猿，它们的叫声凄厉，常常牵动旅人的乡愁。我们读到这里，好像听到了咆哮的江声和哀切的猿鸣，也感到了商妇对丈夫安危的深切关怀。从描写节序变换，烘托出女子对丈夫深长的思念。夏天过去了，初秋来临了，她还在默默地盼望、等待。已经到了仲秋时节，她依然在不断地盼望、等待。看着双飞双舞的蝴蝶，心中翻动着的苦味；想到时光在不停地流驶，又悄悄地为青春逝去而忧伤。后两句，商妇实际上不可能真到那么远的地方去迎接丈夫，但这样的夸张对于表现她此时此刻的心情是十分有力的。诗人写出了女子对于会面的渴望，对于丈夫热烈的爱，写出了蕴蓄在她心底奔放的热情。

 思考与练习

1. 本诗是如何体现李白诗歌清新飘逸特点的？
2. 对比崔颢的《长干曲》，说说二者在塑造人物形象上的异同。
3. 请以诗中"思妇"的口吻给丈夫写一封信。

新 婚 别

唐·杜甫

杜甫(712—770),字子美,曾居住在长安城南少陵,自号少陵野老,又曾因官左拾遗和检校工部员外郎,故世称杜少陵、杜拾遗、杜工部等。原籍湖北襄阳,生于河南巩义市。其祖父为武则天时期著名诗人杜审言。他是我国历史上伟大的现实主义诗人。他的诗广泛地反映了安史之乱前后的唐朝社会现实,具有强烈的爱国主义精神,被誉为"诗史"。他也被后人尊称为"诗圣"。他在艺术创作上继承了诗经以来的文学传统,将古典诗歌特别是"律诗"的创造推向成熟。他的诗韵律严谨而富于变化,语言精练,形成了"沉郁顿挫"的艺术风格。现存诗一千四百多首,收录于《杜工部集》。

兔丝附蓬麻,引蔓故不长[1]。
嫁女与征夫,不如弃路旁。
结发为君妻[2],席不暖君床。
暮婚晨告别,无乃太匆忙[3]。
君行虽不远,守边赴河阳[4]。
妾身未分明,何以拜姑嫜[5]?
父母养我时,日夜令我藏[6]。
生女有所归,鸡狗亦得将[7]。
君今往死地,沉痛迫中肠[8]。
誓欲随君去,形势反苍黄[9]。
勿为新婚念,努力事戎行[10]。
妇人在军中,兵气恐不扬。
自嗟贫家女,久致罗襦裳[11]。
罗襦不复施[12],对君洗红妆。

仰视百鸟飞，大小必双翔[13]。

人事多错迕，与君永相望[14]。

【选文出处】

杜诗详注[M]. 仇兆鳌, 注. 北京：中华书局, 1997.

【注释】

[1] 兔丝：菟丝子，一种一年生草本植物，需要依附在别的植物枝干上生长。蓬麻：蒿草和麻，指被菟丝子依附的植物。引蔓：生长出的枝蔓，比喻女子嫁给征夫，难以长久。

[2] 结发：传统婚姻习俗，一种象征夫妻结合的仪式。当夫妻成婚时，各取头上一根头发，合而作一结。

[3] 无乃：岂不是。

[4] 河阳：今河南省孟州市，当时安禄山的叛军和唐军在此对峙。

[5] 身：古代婚礼，新嫁娘过门三天以后，要先告家庙、上祖坟，然后拜见公婆，正名定分，才算成婚。姑嫜：古代妻子对丈夫的母亲和父亲的称呼。丈夫的母亲称"姑"，丈夫的父亲称为"嫜"。

[6] 藏：躲藏，不随便见外人。

[7] 归：古时女子出嫁称"归"。将：跟随，就是俗语所说"嫁鸡随鸡，嫁狗随狗"。

[8] 死地：冒死之地，指征夫所赴的"河阳"。迫：煎熬，压迫。中肠：内心。

[9] 苍黄：苍指黑色，黄指黄色。原指事物变化无定，反复无常。这里指军情变化紧急，形势多变。

[10] 事戎行：从军打仗。戎行，军队。

[11] 久致：许久才制成。罗襦：用丝绸做的短衣。裳：下衣。

[12] 不复施：不再穿。

[13] 双翔：成双成对地一起飞翔。此句写出了女子对那些能够成双成对的鸟儿的羡慕。

[14] 错迕：错杂交迕，就是不如意的意思。永相望：永远盼望重聚，表示对丈夫的爱情始终不渝。

【译文】

　　菟丝把低矮的蓬草和大麻缠绕,它的蔓儿怎么能爬得远!把女儿嫁给就要从军的人,倒不如早先就丢在大路旁边!我和你做了结发夫妻,连床席一次也没能睡暖。昨天晚上草草成亲,今天早晨便匆匆告别,这婚期岂不是太短,太短!你到河阳去作战,离家虽然不远,可已经是边防前线。我们还没有举行拜祭祖先的大礼呀,叫人怎么好去把公婆拜见?我做女儿的时光,不论黑夜还是白天,爹妈从不让我抛头露面。有道是"嫁鸡随鸡,嫁狗随狗",如今我嫁到你家,爹妈盼的是平平安安!你今天就要上战场,我只得把痛苦埋藏在心间。多想跟你一块儿去呀,只怕是形势紧急,军情多变。你不用为新婚离别难过啊,要在战争中为国家多多出力。我不能随你去,妇女跟着军队,恐怕会影响士气。唉!我本是穷人家女儿,好不容易才置办了这套丝绸的嫁衣。可从现在起我就把它脱掉,再当面洗掉脂粉,一心一意等着你!你看,天上的鸟儿都自由自在地飞翔,不论大的小的,全是成对成双。可人世间不如意的事儿本来就多啊,但愿你和我两地同心,永不相忘!

 阅读提示

　　唐玄宗天宝十四载,安史之乱爆发。这场战争强烈地动摇了唐王朝的统治基础,使唐朝迅速地由盛转衰。统治者为了消除叛乱,补充兵源,无限制地采取强征民夫的制度。百姓因此家破人亡,流离失所,生活艰难。杜甫以诗人敏锐的视角,怀着矛盾、痛苦的心情,创作了"三吏三别"的乐府组诗,即《新安吏》《石壕吏》《潼关吏》《新婚别》《无家别》《垂老别》。

　　这组乐府诗是杜甫在唐肃宗乾元二年,春天从东都(今洛阳)回华州(今陕西省渭南市)途中所作。《新婚别》是"三别"中的第一篇。

　　此诗描写了一对新婚夫妻的离别,塑造了一个深明大义的少妇形象。结婚第二天丈夫就要赶赴战场,新娘虽然悲痛得心如刀割,但她同样认识到,丈夫的生死、爱情的存亡与国家民族的命运,是不可分割地联结在一起的,要实现幸福的爱情理想,必须作出牺牲。

于是，她强忍悲痛鼓励丈夫参军，同时坚定地表达至死不渝的爱情誓言。全诗模拟新妇的口吻自诉怨情，写出了当时人民面对战争的态度和复杂的心理，深刻地揭示了战争带给人民的巨大不幸。这是一首高度思想性和完美艺术性结合的作品。实际上，杜甫不可能有这样的生活经历，不可能去偷听新娘子对新郎官说的私房话。本诗在新娘子的身上倾注了作者浪漫主义的理想色彩。此外，在人物塑造上，这首诗又具有现实主义的精雕细琢的特点。诗中主人公形象有血有肉，通过曲折剧烈的痛苦的内心斗争，最后毅然勉励丈夫"努力事戎行"，表现战争环境中人物思想感情的发展变化，丝毫没有给读者勉强和抽象之感，而显得非常自然，符合事件和人物性格发展的逻辑，并且能让读者深受感染。

另外，人物语言的个性化也是本诗的一大艺术特点。用新娘子的口吻说话，非常生动、逼真。而且采用了不少俗语，这也有助于语言的个性化，因为他描写的本来就是一个"贫家女"。诗歌用人物独白的方式，一韵到底，一气呵成，更有利于主人公的诉说，也更便于读者的倾听。

 思考与练习

1. 背诵全诗，并认真学习"三吏三别"的其他诗作。
2. 谈谈杜甫的诗为什么被称为"诗史"？
3. 本诗中的"新妇"形象和以往学过的"思妇"形象有何不同？

终南别业

唐·王维

王维(701—761),字摩诘,号摩诘居士。祖籍为太原祁县,其父迁居于蒲州(今山西永济西),遂为河东人。唐代著名诗人、画家。开元进士,累迁至给事中。"安史之乱"时陷于长安,受伪职。平乱后,降为太子中允。官至尚书右丞。长于五言诗,多咏山水田园之乐,与孟浩然合称"王孟"。著有《王右丞集》。苏轼称赞其为"诗中有画,画中有诗"。

王维晚年居蓝田辋川,信奉佛教,过着半官半隐的生活。此诗大约写于唐乾元元年,为王维晚年的作品,也是王维的代表作之一。把作者退隐后自得其乐的闲适情趣,写得有声有色,惟妙惟肖,突出地表现了退隐者豁达的性格。

中岁颇好道[1],晚家南山陲[2]。
兴来每独往,胜事空自知[3]。
行到水穷处,坐看云起时。
偶然值林叟[4],谈笑无还期[5]。

【选文出处】

王维集校注:修订本[M]. 陈铁民,注. 北京:中华书局,2018.

【注释】

[1] 中岁:指中年。好:喜爱。道:这里指佛教。

[2] 家:安家。陲(chuí):边界。南山陲:指辋川别墅所在地,意思是终南山脚下。

[3] 胜事:快乐高兴的事。

[4] 值:遇到。叟:老翁。

[5] 无还期:没有准确的回去的时间。

【译文】

中年我已有好道之心,晚年迁家到南山脚下。
兴致一来我独自漫游,快意佳趣只有我自知。
闲情漫步到水尽之处,坐下仰望白云的飘动。
偶尔与林中老叟相遇,谈笑不停忘记了归期。

阅读提示

　　开头叙述诗人中年以后即厌尘俗,而信奉佛教。"南山陲"指辋川别墅所在地,此处原为宋之问别墅,王维得到这个地方后,完全被那里秀丽、寂静的田园山水陶醉了。

　　第二联的上一句"独往",写出诗人的勃勃兴致;下一句"自知",又写出诗人欣赏美景时的乐趣。兴致来时,他唯有独自游览,赏景怡情,能自得其乐,随处若有所得,他不求人知,只求自己心会其趣而已。

　　第三联,"行到水穷处",是说随意而行,走到哪里算哪里,然而不知不觉,竟来到流水的尽头,看是无路可走了,于是索性就地坐了下来。"坐看云起时",是心情悠闲到极点的表示。通过这一行、一到、一坐、一看的描写,诗人此时心境的闲适也就明白地揭示出来了。这二句诗是诗中有画,天然便是一幅山水画。

　　最后一联"偶然值林叟,谈笑无还期"突出了"偶然"二字。其实不止遇见这林叟是出于偶然,本来出游便是乘兴而去,带有偶然性。"行到水穷处"又是偶然。"偶然"二字贯穿上下,成为此次出游的一个特色。而且正因处处偶然,所以处处都是"无心的遇合",更显出心中的悠闲。

　　这首诗没有描绘具体的山川景物,而重在表现诗人隐居山间时悠闲自得的心境。诗的前六句自然闲静,诗人的形象如同一位不食人间烟火的世外高人,他不问世事,视山间为乐土;不刻意探幽寻胜,而能随时随处领略到大自然的美好。结尾两句,引入人的活动,带来生活气息,诗人的形象也更为可亲。

思考与练习

1. 诵读诗歌,领会作者的思想感情。在面对困难时,如何理解"行到水穷处,坐看云起时"?
2. 结合以前学过的王维的诗歌,谈谈王维诗歌中的禅意。
3. 请以作者的视角,写一篇游记。

忆 江 南[1]

唐·白居易

白居易(772—846)，字乐天，晚年号香山居士。因曾官太子少傅，世称"白傅"。谥号"文"，又称白文公。白居易是唐代伟大的诗人、文学家，他与元稹并称"元白"，与刘禹锡并称"刘白"。白居易在文学上，主张"文章合为时而著，歌诗合为事而作"，是新乐府运动的倡导者，其代表作有《长恨歌》《卖炭翁》《琵琶行》等。白居易是中唐较早进行词创作的作家，创作了《忆江南》等令词。

《忆江南》是一组词作，共三首：第一首词总写对江南的回忆，选择了江花和春水，生动描绘出江南春意盎然的美好景象。第二首词描绘杭州之美，通过山寺寻桂和钱塘观潮来表达作者对杭州的追忆。第三首词描绘苏州之美，表达出作者对苏州的怀念与向往。

其一

江南好，风景旧曾谙[2]。
日出江花红胜火，春来江水绿如蓝[3]。
能不忆江南？

其二

江南忆，最忆是杭州。
山寺月中寻桂子[4]，郡亭枕上看潮头[5]。
何日更重游？

其三

江南忆，其次忆吴宫[6]。
吴酒一杯春竹叶[7]，吴娃双舞醉芙蓉[8]。
早晚复相逢[9]？

【选文出处】

白居易诗选：插图版[M]. 谢思炜，选注. 北京：中华书局，2009.

【注释】

[1] 忆江南：作者原注："此曲亦名《谢秋娘》，每首五句。"《乐府诗集》卷八三："《忆江南》，一名《望江南》。《乐府杂录》曰：《望江南》，本名《谢秋娘》。李德裕镇浙西，为妾谢秋娘所制，后改为《望江南》。因白氏词，后遂改名《江南好》。"至晚唐、五代成为词牌名。

[2] 谙(ān)：熟悉。

[3] 蓝：蓝靛，用作染料。

[4] 山寺：指杭州灵隐寺。桂子：指桂花。

[5] 郡亭：杭州城东楼。潮头：钱塘江潮。

[6] 吴宫：指吴王夫差为西施所建的馆娃宫，在苏州西南灵岩山上。

[7] 竹叶：竹叶青，酒名。

[8] 吴娃：吴地美女名。醉芙蓉：形容舞伎之美。

[9] 早晚：何时。

【译文】

其一

江南的风景多么美好，风景久已熟悉。春天到来时，太阳从江面升起，把江边的鲜花照得比火红，碧绿的江水绿得胜过蓝草。怎能叫人不怀念江南？

其二

江南的回忆，最能唤起追思的是杭州：游玩天竺寺寻找中秋的桂子，登上郡亭，枕卧其上，欣赏钱塘江大潮。什么时候能够再次去游玩？

其三

江南的回忆，再就是回忆苏州的吴宫，喝一喝吴宫的美酒春竹叶，看一看吴宫的歌女双双起舞像朵朵迷人的芙蓉。什么时候能够再次相逢？

 **阅读提示**

《忆江南》系白居易开成年间在洛阳作。文宗开成元年(836)，当时白居易已经64岁，至武宗会昌元年(841)时，白居易已是69岁高龄。《忆江南》大约作于公元836—841年之间，正是白居易"六十耳顺"之年后的作品。这是一组词作，共三首，记录了作者对江南生活的美好回忆。

白居易曾经担任过杭州刺史，在杭州两年后，又担任过苏州刺史，任期也有一年有余。在他青年时期，也曾漫游江南，旅居苏杭，对江南的风土人情和自然风貌有着切实的体验和感受，因此，江南和苏杭在其心中留下了不可磨灭的印象。在白居易晚年，他运用当时兴起的词这种艺术形式，可以较为自由地运用长短句的笔法，来细致周到地传达出他对于江南和苏杭的追忆。

其中第一首写"江南"，开篇"江南好，风景旧曾谙"，一个"曾"就将时间拉回到过去，形成"追忆"模式，一个"谙"，即熟悉，写出了作者对江南的感受和情感至深。接下来的"日出江花红胜火，春来江水绿如蓝"便是直接描写，运用时间和色彩词汇，细腻描摹出江南的美景。最后一句"能不忆江南？"则是运用反问句，表达出比陈述句更加深情的追问：如此美景，怎能不让我回忆江南呢？

第二首词和第三首词的第一句中均有"忆"，点出是作者的回忆。第二首词中运用叙述手法，写出作者曾经"山寺月中寻桂子，郡亭枕上看潮头"。第三首词中继续运用描写手法，写"吴酒一杯春竹叶，吴娃双舞醉芙蓉"，均点出杭州和苏州的美景。而第二首结尾"何日更重游"表达出作者渴望重游的心愿。第三首结尾"早晚复相逢"则委婉地表达出作者因年老体衰而产生的悲观心态，对于未来能否重游江南和苏杭是持怀疑态度的，因此，令人读来更觉伤感。

思考与练习

1. 在你的家乡，有什么较为别致独特的景物，请列举一下。

2. 请以《忆江南》为出发点，以"江南"为主题，去图书馆查阅相关书籍，了解中国地理文化中的"江南"。

3. 请以你的家乡为对象，从旅游介绍的角度出发，写作一篇创意文书或创意广告。

无题[1]

唐·李商隐

李商隐(813—858),字义山,号玉溪生,怀州(今河南省沁阳)人,晚唐著名诗人。他和杜牧合称"小李杜",与温庭筠合称为"温李"。他的仕途陷入了晚唐时期著名的牛李党争之中,不断受到排挤,一生漂泊,抑郁而终。

他的诗内容以抒写失意伤感为主,首开中国"无题"诗之先河,形式上以格律为主,尤工七律,善于用象征、暗示、比喻及衬托等手法。其诗构思新奇,风格浓丽,尤其是一些爱情诗写得缠绵悱恻,为人传诵。但过于隐晦迷离,难于索解,形成一种深情绵邈、绮丽精工的艺术风格。有《李义山诗集》。

昨夜星辰昨夜风[2],画楼西畔桂堂东[3]。
身无彩凤双飞翼,心有灵犀一点通[4]。
隔座送钩春酒暖[5],分曹射覆蜡灯红[6]。
嗟余听鼓应官去[7],走马兰台类转蓬[8]。

【选文出处】

李商隐诗歌集解:典藏本[M]. 刘学锴,余恕诚,评注. 北京:中华书局,2016.

【注释】

[1] 无题:作者对所写内容有所隐晦,不愿或不便标题。

[2] 昨夜风:指昨晚精彩的宴会。

[3] 画楼、桂堂:指富贵官宦人家的豪奢的阁楼、厅堂。

[4] 灵犀:旧说犀牛有神异,角中有白纹如线,直通两头。借喻相爱双方心灵的感应和暗通。

[5] 送钩:《汉武故事》载,"钩弋夫人少时手拳,帝披其手,得一玉钩,手得展。故因为藏钩之戏"。后人效之,成为酒宴席上一种酒令,藏钩于手中,令人猜,不中饮酒。

[6] 分曹：分组。射覆：《汉书·东方朔传》载，"上尝使诸数家射覆，置守宫盂下，射之，皆不能中"。把东西放在覆盖物下使人猜。

[7] 嗟：感叹词。听鼓应官：到官府上班。古代官府卯刻击鼓，召集僚属，午刻击鼓下班。

[8] 兰台：即秘书省。《旧唐书·职官志》载，"秘书省，龙朔初改为兰台"。类：类似。转蓬：一种草，蓬生如圆球状，秋后干枯，被风吹离根部，随风飘走。当时李商隐在秘书省做校书郎。

【译文】

昨夜的星空与昨夜的春风，在那画楼之西侧桂堂之东。

身虽无彩凤双翅飞到一处，心却有灵犀一点息息相通。

隔着座位送钩春酒多温暖，分开小组射覆蜡灯分外红。

叹我听更鼓要去官署应卯，骑马去兰台心中像转飞蓬。

 阅读提示

首联以曲折的笔墨写昨夜的欢聚。夜幕低垂，星光闪烁，凉风习习。一个春风沉醉的夜晚，萦绕着宁静浪漫的温馨气息。精美画楼的西畔，桂木厅堂的东边。在这样美妙的时刻、旖旎的环境中发生了什么故事，诗人只是独自在心中回味。

颔联写今日的相思。诗人已与意中人分处两拨儿，恨自己身上没有五彩凤凰一样的双翅，可以飞到爱人身边。彼此的心意却像灵异的犀牛角一样，息息相通。痛苦中有甜蜜，寂寞中有期待，相思的苦恼与心心相印的欣慰融合在一起，将那种深深相爱而又不能长相厮守的恋人的复杂微妙的心态刻画得细致入微、惟妙惟肖。

颈联是写宴会上的热闹。这应该是诗人与佳人都参加过的一个聚会。宴席上，人们玩着隔座送钩、分组射覆的游戏，觥筹交错，灯红酒暖，其乐融融。昨日的欢声笑语还在耳畔回响，今日的宴席或许还在继续，但已经没有了诗人的身影。宴席的热烈衬托出诗人的寂寥与凄凉。

尾联写人在江湖身不由己的无奈：可叹我听到更鼓报晓之声就要去当差，在秘书省进进出出，好像蓬草随风飘舞。这句话应是解释离开佳人的原因，同时流露出对所任差事的厌倦，暗含身世飘零的感慨。

全诗以心理活动为出发点，诗人的感受细腻而真切，将一段可意会不可言传的情感描绘得扑朔迷离而又入木三分。

 思考与练习

1. 这首诗用典较多，请查阅资料，分析都用了哪些典故？
2. 将作者另一首《无题》中的"相见时难别亦难"和本诗进行比较，体会作者的感情是否一致。
3. 背诵全诗，并结合李商隐的人生遭遇，谈谈你对"无题"的理解。

临江仙[1]·夜饮东坡醒复醉

宋·苏轼

苏轼(1037—1101),字子瞻,号东坡居士,四川眉山人,北宋著名文学家、书画家、散文家、诗人、词人。与其父苏洵、弟苏辙皆以文学名世,世称"三苏";他的诗与黄庭坚并称为"苏黄",开宋代诗歌之新风;他的词与辛弃疾并称为"苏辛",为豪放派词人代表;为"唐宋八大家"之一。在政治和为人上,苏轼坚持自己的观点,恪守节操,为此他既受到王安石变法新党的打击,又遭到了司马光旧党的排挤,一生坎坷,最后被贬到海南,死于遇赦免北归途中。

夜饮东坡醒复醉[2],归来仿佛三更。家童鼻息已雷鸣。敲门都不应,倚杖听江声[3]。

长恨此身非我有,何时忘却营营[4]?夜阑风静縠纹[5]平。小舟从此逝,江海寄余生。

【选文出处】

苏轼集[M]. 陶文鹏,郑园,编选. 南京:凤凰出版社,2006.

【注释】

[1] 临江仙:词牌名。

[2] 东坡:湖北省黄冈市东。苏轼在这里亲手建造住所,并命名为东坡雪堂,因此自号东坡居士。

[3] 听江声:苏轼所住之地乃在临皋,靠近长江边,因此能听见江涛声声。

[4] 营营:奔走钻营,内心焦虑。这里指奔走钻营,为了追逐功名利禄。

[5] 夜阑:夜尽。縠纹:比喻水波细纹。縠,绉纱。

【译文】

夜里在东坡饮酒,醉而复醒,醒了又饮。归来时好像已经是夜半三更了。家童鼾声如雷，反复叫门也不应。只好拄杖伫立江边，聆听江水奔流的声音。

　　长恨身在宦途，这身子已不是我自己所有。什么时候才能够忘却追逐功名？夜深风静，水波不兴。真想乘上小船从此消逝，在烟波江湖中了却余生。

 **阅读提示**

　　这首词是苏轼因"乌台诗案"被贬到黄州做黄州团练副使时所作。他在住的地方开垦了一块荒地，种上庄稼，起名为东坡。在经受了如此巨大的政治迫害后，他的内心是痛苦的。但他表现出一种超脱俗世的旷达，纵情于山水之间，体味人生的哲理。词的前半部分以动衬静，以有声衬无声，通过写家童鼻息如雷和作者谛听江声，衬托出夜静人寂的境界，从而烘托出历尽宦海浮沉的词人心事之浩茫和心情之孤寂，使人遐思联翩，从而为下片当中作者的人生反思作好了铺垫。

　　下片一开始，词人便慨然长叹道："长恨此身非我有，何时忘却营营？"这奇峰突起的深沉喟叹，既直抒胸臆又充满哲理意味，是全词枢纽。以一种透彻了悟的哲理思辨，发出了对整个存在、宇宙、人生、社会的怀疑、厌倦、无所希冀、无所寄托的深沉喟叹。

　　词人静夜沉思，豁然有悟，既然自己无法掌握命运，就当全身免祸。顾盼眼前江上景致，心与景会，神与物游，为如此静谧美好的大自然深深陶醉了。于是，他情不自禁地产生脱离现实社会的浪漫主义的遐想，唱道："小舟从此逝，江海寄余生。"他要趁此良辰美景，驾一叶扁舟，随波流逝，任意东西，他要将自己有限的生命融化在无限的大自然之中。

　　苏东坡在政治上受到沉重打击之后，思想几度变化，由入世转向出世，追求一种精神自由、合乎自然的人生理想。在他复杂的人生观中，由于杂有某些老庄思想，因而在痛苦的逆境中形成了旷达不羁的性格。"小舟从此逝，江海寄余生"，这余韵深长的歇拍，表达出词人潇洒如仙的旷达襟怀，是他不满世俗、向往自由的心声。

思考与练习

1. 本词与《念奴娇·赤壁怀古》在风格上有什么不同?

2. 结合苏轼坎坷的人生遭遇,谈谈你对这首词中"江海寄余生"的理解。

3. 背诵全文,并结合译文写成一篇散文。

鹤冲天[1]·黄金榜上

宋·柳永

柳永(984—1053),字耆卿,初名三变。祖籍河东(今属山西),后移居崇安(今属福建)。出身官宦之家,为人放荡不羁,流连于秦楼楚馆,仕途坎坷。宋仁宗朝进士,时已年过半百,曾官至屯田员外郎,故世称柳屯田。柳永是婉约派具有代表性的词人之一。他不仅开拓了词的题材内容,而且创作了大量的慢词,发展了铺叙手法,促进了词的通俗化、口语化,词作流传极广,"凡有井水饮处,即能歌柳词"。著有《乐章集》。

黄金榜上[2],偶失龙头望[3]。明代暂遗贤[4],如何向[5]?未遂风云便[6],争不恣狂荡[7]。何须论得丧。才子词人,自是白衣卿相[8]。

烟花巷陌[9],依约丹青屏障[10]。幸有意中人,堪寻访[11]。且恁偎红倚翠[12],风流事,平生畅。青春都一饷[13]。忍把浮名[14],换了浅斟低唱!

【选文出处】

唐宋词鉴赏辞典:唐·五代·北宋卷[M]. 上海:上海辞书出版社,1988.

【注释】

[1] 鹤冲天:词牌名。首见于《乐章集》,应为柳永自创。

[2] 黄金榜:指录取进士的金字题名榜。

[3] 龙头:旧时称状元为龙头。

[4] 明代:圣明、政治清明的时代。遗贤:弃置贤才、抛弃了贤能之士,指自己为仕途所弃。《尚书·大禹谟》载,"嘉言罔攸伏,野无遗贤,万邦咸宁。"

[5] 如何向:怎么办。

[6] 风云便:好机会。风云,指得到好的遭遇。便,指适宜的时机或顺便的机会。

[7] 争不:怎不。恣:放纵、尽情,随心所欲。

[8] 白衣卿相:穿着布衣的卿相,即没有卿相头衔的卿相。白衣,古代平民的服饰。卿相,古代最高的官吏,都穿带颜色的丝织衣服。

[9] 烟花:指妓女。巷陌:指街巷。

[10] 丹青屏障:画着鲜艳图画的屏风。

[11] 堪:能,可以,值得。

[12] 恁(nèn):如此。偎红倚翠:指狎妓。宋陶谷《清异录·释族》载,南唐后主李煜微行娼家,自题为"浅斟低唱,偎红倚翠大师,鸳鸯寺主"。

[13] 一饷:片刻、一会儿,极言青春的短暂。饷,通"晌"。

[14] 忍:忍心、愿意、舍得。浮名:虚名,这里指功名。

【译文】

在金字题名的榜上,我只不过是偶然失去取得状元的机会。即使在政治清明的时代,君王也会一时错失贤能之才,我今后该怎么办呢?既然没有得到好的机遇,为什么不随心所欲地游乐呢!何必为功名患得患失?做一个风流才子为歌姬谱写词章,即使身着白衣,也不亚于公卿将相。

在歌姬居住的街巷里,有摆放着丹青画屏的绣房。幸运的是那里住着我的意中人,值得我细细地追求寻访。与她们依偎,享受这风流的生活,才是我平生最大的欢乐。青春不过是片刻时间,我宁愿把功名,换成手中浅浅的一杯酒和耳畔低回婉转的歌唱。

 ## 阅读提示

《鹤冲天·黄金榜上》是北宋词人柳永早年创作的一首词。据传是青年柳永参加科举考试落榜不第后所作,是柳永进士科考落第之后的一纸"牢骚言"。据南宋人吴曾的《能改斋漫录》记载:(宋)仁宗留意儒雅,而柳永好为淫冶讴歌之曲,传播四方,尝有《鹤冲天》词云:"忍把浮名,换了浅斟低唱。"及皇帝临轩放榜,特落之,曰:"且去浅斟低唱,何要浮名!"宋仁宗故意将其黜落,于是柳永便自称"奉旨填词柳三变"而长期流连于坊曲之间。

全词充分地展示了词人的狂傲性格。"黄金榜上,偶失龙头望",考科举求功名,开口辄言"龙头",词人并不满足于登进士第,而是把夺取殿试头名状元作为目标。落榜只认作"偶然","见遗"只说是"暂",其自负可知。词人把自己称作"明代遗贤",这是颇有讽刺意味的。宋仁宗朝号称清明盛世,却不能做到"野无遗贤",这个自相矛盾的现象就是他所要嘲讽的。"风云际会",施展抱负,是封建时代士子的奋斗目标,既然"未遂风云便",理想落空了,于是词人就转向了另一个极端,"争不恣狂荡",表示要无拘无束地继续过自己那种为一般封建士人所不齿的流连坊曲的狂荡生活。"偎红倚翠""浅斟低唱",就是对"狂荡"的具体说明。词人这样写,是恃才负气的表现,也是表示抗争的一种方式。科举落第,使他产生了一种逆反心理,只有以极端对极端才能求得平衡。他毫不顾忌地把一般封建士人感到刺目的字眼写进词里,恐怕就是故意要造成惊世骇俗的效果以保持自己心理上的优势。还应看到,"烟花巷陌"在封建社会是普遍存在的,这是当时的客观事实,而涉足其间的人们却有着各自不同的情况。柳永与一般"狎客"的不同,主要有两点:一是他保持着清醒的自我意识,只是寄情于声妓,并非沉湎于酒色,他后来登第为官的事实可以证明这一点;二是他尊重"意中人"的人格,同情她们的命运,不是把她们当作玩弄对象,而是与她们结成风尘知己。可见,词人的"狂荡"之中仍然有着严肃的一面,狂荡以傲世,严肃以自律,方能不失为"才子词人"。

  这首词真切细致地表述了词人落第以后的思想活动和心理状态。"何须论得丧。才子词人,自是白衣卿相",言得失何干,虽是白衣未得功名,而实具卿相之质,这是牢骚感慨的顶点,也是自我宽慰的极限。这些话里已经出现了自相矛盾的情况,倘再跨越一步,就会走向反面。"何须论得丧",正是对登第与落第的得与丧进行掂量计较;自称"白衣卿相",也正是不忘朱紫显达的思想流露。词人把他内心深处的矛盾想法抒写出来,说明落第这件事情给他带来了多么深重的苦恼和多么烦杂的困扰,也说明他为了摆脱这种苦恼和困扰曾经进行了多么痛苦的挣扎。写到最后,词人好像得出了结论:"青春都一饷,忍把浮名,换了浅斟低唱!"谓青春短暂,不忍虚掷,为"浮名"而牺牲赏心乐事。其实,这仍然是他一时的负气之言。

  词的上片叙述了词人落第后的失意不满和恃才傲物,下片叙写了词人放浪形骸、出入风月场中的生活。全词表现了词人恃才傲物、狂放不羁的个性与怀才不第的牢骚和感慨。此词率直，有必达之隐，无难显之情，全篇直说，绝少用典，语言质朴，不仅与民间曲子词极为接近，而且还保留了当时的某些口语方言，如"如何向""争不""且恁"等。全词写得自然流畅，平白如话，读来朗朗上口。

 思考与练习

1. 请结合这首词的写作背景、时代背景，理解这首词所表达的思想感情。
2. 你如何理解柳永的这种"叛逆精神"？
3. 请以"伟大的叛逆""叛逆的代价"为题，组织一场辩论赛。

永遇乐·落日熔金

宋·李清照

李清照(1084—1155),号易安居士,山东省济南章丘人。宋代(南北宋之交)女词人,婉约词派代表,有"千古第一才女"之称。所作词,前期多写其悠闲生活,后期多悲叹身世,情调感伤。形式上善用白描手法,自辟蹊径,语言清丽。论词强调协律,崇尚典雅,提出词"别是一家"之说,反对以作诗文之法作词。能诗,留存不多,部分篇章感时咏史,情辞慷慨,与其词风不同。有《易安居士文集》《易安词》,已散佚。后人有《漱玉词》辑本。今有《李清照集校注》。

落日熔金,暮云合璧,人在何处？染柳烟浓,吹梅笛怨[1],春意知几许？元宵佳节,融和天气,次第岂无风雨[2]？来相召、香车宝马,谢他酒朋诗侣[3]。

中州盛日[4],闺门多暇,记得偏重三五[5]。铺翠冠儿[6],捻金雪柳[7],簇带争济楚[8]。如今憔悴,风鬟雾鬓[9],怕见夜间出去。不如向帘儿底下,听人笑语。

【选文出处】

唐宋名家词选[M]. 龙榆生,编选. 上海：上海古籍出版社,2014.

【注释】

[1] 吹梅笛怨：指笛子吹出《梅花落》曲幽怨的声音。李白《与史郎中钦听黄鹤楼上吹笛》诗："黄鹤楼中吹玉笛,江城五月落梅花。"

[2] 次第：接着,转眼。

[3] 谢：谢绝。

[4] 中州：今河南省,此处指北宋都城汴京。

[5] 三五：指元宵节。古人常称阴历十五为三五。

[6] 铺翠冠儿：饰有翠羽的女式帽子。吴自牧《梦粱录》卷一"元宵"载,"戴花朵肩,珠翠冠儿"为元宵应时装饰。

[7] 捻金雪柳：元宵女子头上的装饰，金线捻丝，雪柳以绢或纸制成。

[8] 簇带：妆扮之意。济楚：宋时方言，整齐美丽。周邦彦《红窗迥》词："有个人人，生得济楚。"

[9] 风鬟雾鬓：头发纷乱。李朝威《柳毅传》载，"见大王爱女牧羊于野，风鬟雨鬓，所不忍睹"。

【译文】

　　落日金光灿灿，像熔化的金水一般，暮云色彩斑斓，仿佛碧玉一样晶莹鲜艳。景致如此美好，可我如今又置身于何地哪边？新生的柳叶如绿烟点染，《梅花落》的笛曲中传出声声幽怨。春天的气息已露端倪，但在这元宵佳节融和的天气，又怎能知道不会有风雨出现？那些酒友诗伴驾着华丽的车马前来相召，我只能报以婉言，因为我心中愁闷焦烦。

　　记得汴京繁盛的岁月，闺中有许多闲暇，特别看重这正月十五。帽子镶嵌着翡翠宝珠，身上带着金线捻成的雪柳，个个打扮得俊丽翘楚。如今容颜憔悴，头发蓬松也无心梳理，更怕在夜间出去。不如从帘儿的底下，听一听别人的欢声笑语。

阅读提示

　　通过节日民俗事项抒发情感，是中国古代诗歌的特点。元宵节是春节之后的第一个大型节日，曾经唤起过古往今来众多诗人的情怀。元宵节是热闹的，但是，李清照写元宵却表达了孤独凄清的情感。这是李清照晚年避难江南时的作品，写她在一次元宵节时的感受。此时，她不仅流落江南，而且失去了丈夫，感情生活极不如意，所有美好的景色和节日，唤起的不是快乐，反而勾起满心的凄凉。此词正是表达了这样的心情。

　　整首词以对比手法，写了北宋京城汴京和南宋京城临安元宵节的情景，借以抒发自己的故国之思，并含蓄地表现了对南宋统治者苟且偷安的不满。

　　上片写元宵佳节寓居异乡的悲凉心情，着重对比客观现实的欢快和她主观心情的凄凉。开头写元宵之夜到来时刻的孤单。"人在何处"，点明了自身的处境。佳节没有好心情，因此，宁愿独处，也不想去热闹。"谢他酒朋诗侣",写出了极致的孤独。

下片着重用作者南渡前在汴京过元宵佳节的欢乐心情,来同当前的凄凉景象作对比。今非昔比,美好的年华和时光一去不复返,颜容变老,面目全非,连出去欣赏佳节的勇气也没有。一个人"向帘儿底下,听人笑语",就成了无奈的选择。

全词用语极为平易,化俗为雅,未言哀但哀情溢于言表,委婉含蓄地表达了自己心中的孤独和凄凉。

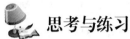

思考与练习

1. 查阅有关资料,了解李清照晚年的生活状况。

2. 这首词是写热闹节日中自己的冷清的,作者是怎样表达这种心情的?

3. 节日是古代诗人创作的重要题材,但不同的人写节日各不相同。写元宵节的诗词有很多,请搜集有关诗词,比较分析其各自特点。

临安春雨初霁[1]

宋·陆游

陆游(1125—1210),南宋诗人,字务观,号放翁,越州山阴(今浙江绍兴)人。陆游具有多方面文学才能,尤以诗的成就为最。其中许多诗篇抒写了抗金杀敌的豪情和对敌人、卖国贼的仇恨,风格雄奇奔放、沉郁悲壮,洋溢着强烈的爱国主义激情,在思想上、艺术上取得了卓越成就,在生前即有"小李白"之称,不仅成为南宋一代诗坛领袖,而且在中国文学史上享有崇高地位。词作量不如诗篇巨大,但和诗同样贯穿了气吞残虏的爱国主义精神。他的作品有《剑南诗稿》《渭南文集》等数十种存世,存诗9300多首,是中国现存诗最多的诗人。

世味年来薄似纱[2],谁令骑马客京华?

小楼一夜听春雨,深巷明朝卖杏花。

矮纸斜行闲作草[3],晴窗细乳戏分茶[4]。

素衣莫起风尘叹[5],犹及清明可到家。

【选文出处】

朱东润. 中国历代文学作品选:中编:第二册[M]. 上海:上海古籍出版社,1980.

【注释】

[1] 霁:雨后或雪后转晴。

[2] 世味:人世滋味,社会人情。

[3] 矮纸:短纸,小纸。斜行:倾斜的行列。草:指草书。

[4] 细乳:沏茶时水面呈白色的小泡沫。宋人饮茶用点茶法,乃将茶置盏中,缓注沸水,以茶筅或茶匙搅动至盏面上出现白色浮沫,即所谓细乳。分茶:宋元时煎茶之法,注汤后用箸搅茶乳,使汤水波纹幻变成种种形状。

[5] 素衣:原指白色的衣服。这里用作代称,是诗人对自己的谦称(类似于

"素士")。风尘叹：因风尘而叹息。暗指不必担心京城的不良风气会污染自己的品质。

【译文】

近年来做官的兴味淡淡得像一层薄纱，谁又让我乘马来到京都作客沾染繁华？住在小楼听尽了一夜的春雨淅沥滴答，清早会听到小巷深处在一声声叫卖杏花。铺开小纸从容地斜写行行草草，字字有章法，晴日窗前细细地煮水、沏茶、撇沫，试着品名茶。呵，不要叹息那京都的尘土会弄脏洁白的衣衫，清明时节还来得及回到镜湖边的山阴故家。

 ## 阅读提示

《临安春雨初霁》是南宋著名爱国诗人陆游晚年时期所作的七言律诗。写这首诗时陆游已62岁，在家乡山阴(今浙江绍兴)赋闲了5年。诗人少年时的意气风发与壮年时的裘马轻狂，都随着岁月的流逝一去不返了。虽然他光复中原的壮志未衰，但对偏安一隅的南宋小朝廷的软弱与黑暗，是日益见得明白了。淳熙十三年(1186)春，作者奉诏入京，接受严州知州的职务，赴任之前，先到临安(今浙江杭州)去觐见皇帝，住在西湖边上的客栈里听候召见。在百无聊赖中，作者写下了这首广泛传诵的名作。

自淳熙五年孝宗召见以来，陆游并未得到重用，之后更是远离政界。但他对于政治舞台上的倾轧变幻，对于世态炎凉，有了更深的体会。所以诗的开头就用了一个独具易动的巧譬，感叹世态人情薄得就像半透明的纱。于是首联开口就言"世味"之"薄"，并惊问"谁令骑马客京华"。陆游时年已62岁，不仅长期宦海沉浮，而且壮志未酬，又兼个人生活的种种不幸，这位命途坎坷的老人发出悲叹，说出对世态炎凉的内心感受。这种悲叹也许在别人身上是无可疑问的，而对于"僵卧孤村不自哀，尚思为国戍轮台"的陆游来说，却显得不尽合乎情理。此奉诏入京，被任命为严州知州。对于一生奋斗不息、始终矢志不渝地实现自己报国理想的陆游来说，授之以权，使之报国有门，竟会引起他"谁"的疑问。

颔联点出"诗眼"，也是陆游的名句，语言清新隽永。诗人只身住在小楼上,彻夜听着春雨的淅沥;次日清晨,深幽的小巷中传来了叫卖杏花的声音,告诉人们春已深了。绵绵的春雨,由诗人的听觉中写出;而淡荡的春光,则在卖花声里透出,写得形象而有深致。传说这两句诗后来传入宫中,深为孝宗所称赏,可见一时传诵之广。历来评此诗的人都以为这两句细致贴切,描绘了一幅明艳生动的春光图,但没有注意到它在全诗中的作用不仅在于刻画春光,而是与前后诗意浑然一体的。其实,"小楼一夜听春雨",正是说绵绵春雨如愁人的思绪。在读这一句诗时,对"一夜"两字不可轻轻放过,它正暗示了诗人一夜未曾入睡,国事家愁,伴着这雨声而涌上了眉间心头。李商隐的"秋阴不散霜飞晚,留得枯荷听雨声",是以枯荷听雨暗寓怀友之相思。陆游这里写得更为含蓄深蕴,他虽然用了比较明快的字眼,但用意还是要表达自己的郁闷与惆怅,而且正是用明媚的春光作为背景,才与自己落寞情怀构成了鲜明的对照。

  接下来的颈联就道出了他的这种心情。在这明艳的春光中,诗人只能做的是"矮纸斜行闲作草"。陆游擅长行草,从现存的陆游手迹看,他的行草疏朗有致,风韵潇洒。这一句实是暗用了张芝的典故。据说张芝擅草书,但平时都写楷字,人问其故,回答说,"匆匆不暇草书",意即写草书太花时间,所以没工夫写。陆游客居京华,闲极无聊,所以以草书消遣。因为是小雨初霁,所以说"晴窗","细乳戏分茶"就是品茶、玩茶道。无事而作草书,晴窗下品着清茗,表面上看是极闲适恬静的境界,然而在这背后正藏着诗人无限的感慨与牢骚。陆游素来有为国家作一番轰轰烈烈事业的宏愿,而严州知府的职位本与他的素志不合,何况觐见一次皇帝,不知要在客舍中等待多久!国家正是多事之秋,而诗人却在以作书品茶消磨时光,真是无聊而可悲!于是再也捺不住心头的怨愤,写下了结尾两句。

  尾联不仅道出了羁旅风霜之苦,又寓有京中恶浊,久居为其所化的意思。诗人声称清明不远,应早日回家,而不愿在所谓"人间天堂"的江南临安久留。诗人应召入京,却只匆匆一过,便拂袖而去。陆游这里反用其意,其实是自我解嘲。

  与作者其他诗篇相比,《临安春雨初霁》没有豪唱,也没有悲鸣，没有愤愤之诗，也没有盈盈酸泪，有的只是结肠难解的郁闷和淡淡然的一声轻叹。可以说《临安春雨初霁》反映了作者内心世界的另一面，作者除了在战场上、幕帐中和夜空下高唱报国之外，偶尔也有惆怅徘徊的时候。

整首诗在情思的气势上由高到低，而又浑然一体。无论是夜不能寐听春雨，天明百无聊赖"作草""分茶"，还是自我安慰说"清明可到家"，都是开篇两句的注脚，都是本已厌倦官场却又客籍京华的无奈之举。

 思考与练习

1. 请结合写作背景、时代背景，理解这首词所表达的思想感情。
2. 本诗的颔联是千古名句，请以第一人称用白话将其改写出来。

水龙吟·登建康赏心亭[1]

宋·辛弃疾

辛弃疾(1140－1207)，字幼安，别号稼轩，历城(今山东济南)人。他出生时，中原已为金兵所占。他在金兵占领区长大。21岁参加抗金义军，不久归南宋。辛弃疾历任湖北、江西、湖南、福建、浙东安抚使等职。一生力主抗金，曾上《美芹十论》与《九议》等，条陈战守之策。他的词主要抒写力图恢复国家统一的爱国热情，倾诉壮志难酬的悲愤，对当时执政者的屈辱求和颇多谴责，也有不少吟咏祖国河山的作品。其词题材广阔又善化用前人典故入词，风格沉雄豪迈又不乏细腻柔媚之处。现存词600多首，有《稼轩长短句》。今人辑有《辛稼轩诗文钞存》。

楚天千里清秋，水随天去秋无际。遥岑远目[2]，献愁供恨，玉簪螺髻[3]。落日楼头，断鸿声里[4]，江南游子，把吴钩看了[5]，栏杆拍遍，无人会，登临意。

休说鲈鱼堪脍，尽西风，季鹰归未[6]？求田问舍，怕应羞见，刘郎才气[7]。可惜流年，忧愁风雨[8]，树犹如此[9]！倩何人[10]，唤取红巾翠袖[11]，揾英雄泪[12]！

【选文出处】

朱东润. 中国历代文学作品选：中编：第二册[M]. 上海：上海古籍出版社，1980.

【注释】

[1] 建康：今江苏南京。赏心亭：据《景定建康志》记载，"赏心亭在(城西)下水门城上，下临秦淮，尽观赏之胜"。

[2] 遥岑(cén)：远山。

[3] 玉簪(zān)螺髻(jì)：玉簪、螺髻，都是妇女的发饰，玉做的簪子，像海

螺形状的发髻。这里比喻高矮和形状各不相同的山岭。

[4] 断鸿：失群的孤雁。

[5] 吴钩：宝剑名。《吴越春秋·阖闾内传》载：吴王阖闾命令国人制作金钩，说能制出好钩的，赏百金。有人杀了两个儿子，溅上血制成二钩，献给阖闾。阖闾问他此钩有什么特别之处。他当场表演，叫着儿子的名字说："吴鸿、扈稽，我在于此，王不知汝之神也。"声音刚落，两钩齐飞，贴在他的胸前。阖闾大惊，就赏给他百金，并佩带两钩，再不离身。这里是以吴钩自喻，空有一身才华，但是得不到重用。

[6] "休说鲈鱼堪脍"三句：据《世说新语·识鉴》载，"张季鹰辟齐王东曹掾，在洛，见秋风起，因思吴中菰菜羹、鲈鱼脍，曰：'人生贵得适意尔，何能羁宦数千里以要名爵？'遂命驾便归。俄而齐王败，时人皆谓为见机。"后来的文人将思念家乡称为莼鲈之思。季鹰，张翰，字季鹰，西晋吴郡吴县(今江苏苏州)人，有清才，善属文，为人放达不拘，时号"江东步兵"(步兵，指阮籍)。

[7] "求田问舍"三句：求田问舍，置地买房。刘郎，刘备。才气，胸怀、气魄。典出《三国志·魏书·陈登传》：许汜和刘备在刘表那里做客。刘表和刘备评论天下人物。许汜插话说，陈元龙(陈登)很骄傲。有一次他去见陈元龙，陈元龙不和他说话，并自己睡在大床上，让他睡在下床上。刘备听了说："你有国士之名。现在天下大乱，帝王失去君位，希望你忧国忘家，有拯救时世的思想。但你买地买房，说的话没有可采纳的东西。这是元龙所忌讳的啊！他为什么应当和你说话？如果是我，我就睡在百尺高楼上，让你睡在地上，何止上下床之间呢！"

[8] 风雨：比喻飘摇的国势。化用宋苏轼《满庭芳》："百年里，浑教是醉，三万六千场。思量，能几许，忧愁风雨，一半相妨。"

[9] 树犹如此：出自北周诗人庾信《枯树赋》："树犹如此，人何以堪！"又典出《世说新语·言语》："桓公北征，经金城，见前为琅邪时种柳，皆已十围，慨然曰：'木犹如此，人何以堪！'攀枝执条，泫然流泪。"此处以"树"代"木"，抒发自己不能抗击敌人、收复失地，虚度时光的感慨。

[10] 倩(qìng)：请托。

[11] 红巾翠袖：女子装饰，代指女子。

[12] 揾(wèn)：擦拭。

【译文】

楚天千里辽阔，一派凄清秋色，长江水随天流去，秋色无边无际。极目眺望北国崇山峻岭的风景，它们仿佛都在传送幽怨仇恨，就好似碧玉发簪和螺形发髻。夕阳西下之时落日斜挂楼头，孤雁悲啼声里游子悲愤压抑，吴钩把玩不已，拍遍九曲栏杆，没人能理会我登楼远眺之心。

别提家乡的鲈鱼肉精细味美，尽管秋风吹，不知季鹰已经回来了没？更不想许汜只顾谋私利，那将羞于见雄才大气的刘备。可惜时光如水，忧愁国势如风雨，树犹如此。谁能去唤来那红巾翠袖多情歌女，为我擦去英雄失志时的热泪。

阅读提示

辛弃疾从23岁南归，一直不受重视，26岁上《美芹十论》，提出抗金策略，又不被采纳。宋孝宗淳熙元年(1174)，辛弃疾终于将任东安抚司参议官。一次，他登上建康的赏心亭，极目远望祖国的山川风物，百感交集，更加痛惜自己满怀壮志而老大无成，于是写下这首《水龙吟·登建康赏心亭》。

全词就登临所见挥发，由写景进而抒情，情和景融合无间，将内心的感情写得既含蓄而又淋漓尽致。虽然出语沉痛悲愤，但整首词的基调还是激昂慷慨的，表现出辛词豪放的风格特色。

此词上片开头以无际楚天与滚滚长江作背景，境界阔大，触发了家国之恨和乡关之思。"落日楼头"以下，表现词人如离群孤雁、像弃置的宝刀，难抑胸中郁闷。下片用三个典故对于四位历史人物进行褒贬，从而表白自己以天下为己任的抱负。叹惜流年如水，壮志成灰，最后流下英雄热泪。

上片大段写景：由水写到山，由无情之景写到有情之景，很有层次。开头两句，"楚天千里清秋，水随天去秋无际"，是作者在赏心亭上所见的景色。楚天千里，辽远空阔，秋色无边无际。大江流向天边，也不知何处是它的尽头。遥遥天际，天水交融。气象阔大，笔力遒劲。"千里清秋"和"秋无际"，显出阔达气势，同时写出江南秋季的特点。南方常年多雨，只有秋季，天高气爽，才可能极目远望，看见大江向无穷无尽的天边流去的壮观景色。

下面"遥岑远目，献愁供恨，玉簪螺髻"三句，是写山。举目远眺，那一层层、一叠叠的远山，有的很像美人头上插戴的玉簪，有的很像美人头上螺旋形的发髻，景色算得上美景，但只能引起词人的忧愁和愤恨，仿佛是远山在"献愁供恨"。这是移情及物的手法，词篇因此而生动。至于愁恨为何，又何因而至，词中没有正面交代，但结合登临时的情景，可以意会得到。北望是江淮前线，效力无由；再远即中原旧疆，收复无日。南望则山河虽好，无奈仅存半壁；朝廷主和，志士不得其位，既思进取，却力不得伸。以上种种，是恨之深、愁之大者。借言远山之献供，以写内心的担负，而总束在此片结句"登临意"三字内。开头两句，是纯粹写景，至"献愁供恨"三句，已进了一步，点出"愁""恨"两字，由纯粹写景而开始抒情，由客观而及主观，感情也由平淡而渐趋强烈。一切都在推进中深化、升华。

"落日楼头"六句，夕阳快要西沉，孤雁的声声哀鸣不时传到赏心亭上，更加引起了作者对远在北方的故乡的思念。这里"落日楼头，断鸿声里，江南游子"三句，虽然仍是写景，但无一语不是寓情。落日，本是日日皆见之景，辛弃疾用"落日"二字比喻南宋国势衰颓。"断鸿"，是失群的孤雁，比喻作为"江南游子"的自己飘零的身世和孤寂的心境。辛弃疾渡江淮归南宋，原是以宋朝为自己的故国，以江南为自己的家乡的。可是南宋统治集团根本无北上收失地之意，对于像辛弃疾一样的有志之士也不把他看作自己人，对他一直采取猜忌排挤的态度，致使辛弃疾觉得他在江南真的成了游子。

"把吴钩看了，栏杆拍遍，无人会，登临意"是直抒胸臆，此时作者思潮澎湃、心情激动。但作者不是直接用语言来渲染，而是选用具有典型意义的动作，淋漓尽致地抒发自己报国无路、壮志难酬的悲愤。第一个动作是"把吴钩看了"。"吴钩"，本应在战场上杀敌，但却闲置身旁，只作赏玩，无处用武，这就把作者虽有沙场立功的雄心壮志，却是英雄无用武之地的苦闷也烘托出来了。第二个动作"栏杆拍遍"。栏杆拍遍是胸中有说不出来抑郁苦闷之气，借拍打栏杆来发泄，用在这里，就把作者雄心壮志无处施展的急切悲愤的情态宛然显现出来。另外，"把吴钩看了，栏杆拍遍"，除了典型的动作描写外，还把强烈的思想感情寓于平淡的笔墨之中，内涵深厚，耐人寻味。"无人会，登临意"，慨叹自己空有恢复中原的抱负，而南宋统治集团中没有人是他的知音。

上片写景抒情，下片则是直接言志。下片分四层意思："休说鲈鱼堪脍，尽西风，季鹰归未？"这里引用了一个关于晋朝张翰的典故，深秋时令又到了，连大雁都知道寻踪飞回旧地，不必说他这个漂泊江南的游子了。然而他的家乡如今还在金人统治之下，南宋朝廷却偏一隅，他想回到故乡，谈何容易。"尽西风，季鹰归未？"既写了有家难归的乡思，又抒发了对金人、对南宋朝廷的激愤，确实收到了一石三鸟的效果。

"求田问舍，怕应羞见，刘郎才气"是第二层意思，也是用了一个典故。既不学为吃鲈鱼脍而还乡的张季鹰，也不学求田问舍的许汜。作者登临远望，望故土而生情，谁都有思乡之情。作者自知身为游子，但国势如此，和他一样的又何止一人。于是作者说：很怀念家乡，但却绝不是像张翰、许汜一样，我回故乡当是收复河山。志向明确、用语含蓄，由"归未"一词可知。

"可惜流年，忧愁风雨，树犹如此"是第三层意思。流年，即时光流逝；风雨指国家在风雨飘摇之中；"树犹如此"也有一个典故，表明树已长得这么高大了，人怎么能不老。这三句包含的意思是：于此时，我心中确实想念故乡，但我不会像张瀚、许汜一样贪图安逸。我今日内心是怅恨忧惧的。我所忧惧的，只是国事飘摇，时光流逝，北伐无期，恢复中原的夙愿不能实现。年岁渐增，恐再闲置便无力为国效命疆场了。这三句，是全首词的核心。到这里，作者的感情经过层层推进已经发展到最高潮。

下面就自然地收束，也就是第四层意思："倩何人，唤取红巾翠袖，揾英雄泪。"倩，是请求，"红巾翠袖"，是少女的装束，这里就是少女的代名词。在宋代，一般游宴娱乐的场合，都有歌妓在旁唱歌侑酒。这三句是写辛弃疾自伤抱负不能实现，世无知己，得不到同情与慰藉。这与上片"无人会，登临意"义近而相呼应。

全词通过写景和联想抒写了作者恢复中原国土、统一祖国的抱负和愿望无法实现的失意的感慨，深刻揭示了英雄志士有志难酬、报国无门、抑郁悲愤的苦闷心情，极大地表现了词人诚挚无私的爱国情怀。

整首词借景抒情，豪迈悲怆，感慨万千。词人才气横溢，直抒胸臆，抒发了自己作为一个爱国志士，羞于后方任上家里的闲散无用，迫切到前方上阵杀敌、驰骋疆场的心情。历史上的辛弃疾，也正是一位上马疆场能杀敌、下马书案写豪词的文武兼备的英雄人物！他最后写的"可惜流年，忧愁风雨，树犹如此！倩何人，唤取红巾翠袖，揾英雄泪！"一句，正是他最后感情高潮的直接体现，读来让人唏嘘感慨，泪洒衣襟，心绪难平！也是让人最为感动的一段词句。

 思考与练习

1. 请结合写作背景、时代背景，理解这首词所表达的思想感情。
2. 请结合《永遇乐·京口北固亭怀古》和《青玉案·元夕》两首词，理解辛弃疾一生坚决主张抗金但壮志难酬的英雄困局及其不懈努力。

虞美人[1]·听雨

宋·蒋捷

蒋捷(约1245—约1305),字胜欲,号竹山,南宋词人。宋末元初阳羡(今江苏宜兴)人。先世为宜兴巨族,咸淳十年(1274)进士。南宋亡,深怀亡国之痛,隐居不仕,人称"竹山先生"。他有句"流光容易把人抛,红了樱桃,绿了芭蕉",故后人又称其为"樱桃进士"。其气节为时人所重。长于词,与周密、王沂孙、张炎并称"宋末四大家"。其词多抒发故国之思、山河之恸,风格多样,而以悲凉清俊、萧寥疏爽为主。尤以造语奇巧之作,在宋季词坛上独标一格。此词是作者一生生活历程的概述。词人以听雨为线索,将少年的浪漫、中年的漂泊、老年的孤寂浓缩于三幅听雨图中。

少年听雨歌楼上,红烛昏罗帐[2]。壮年听雨客舟中,江阔云低,断雁叫西风[3]。

而今听雨僧庐下[4],鬓已星星[5]也。悲欢离合总无情[6],一任阶前[7],点滴到天明。

【选文出处】

图解宋词三百首[M]. 上疆村民, 编选; 崇贤书院, 释译. 合肥: 黄山书社, 2017.

【注释】

[1] 虞美人:词牌名。

[2] 昏:昏暗。罗帐:古代床上的纱幔。

[3] 断雁:失群的孤雁。

[4] 僧庐:僧寺、僧舍。

[5] 星星:白发点点如星,形容白发很多。

[6] 无情:无动于衷。

[7] 一任:听凭。

【译文】

年少的时候,歌楼上听雨,红烛盏盏,昏暗的灯光下罗帐轻盈。

人到中年，在异国他乡的小船上听雨，茫茫江面，水天一线，西风中，一只失群的孤雁阵阵哀鸣。

而今，人已暮年，两鬓已是白发苍苍，独自一人在僧庐下，听细雨点点。人生的悲欢离合的经历是无情的，还是让台阶前一滴滴的小雨下到天亮吧。

 **阅读提示**

首句展现的虽然只是一时一地的片断场景，但具有很大的艺术容量。少年时候醉生梦死，一掷千金，在灯红酒绿中轻歌曼舞，沉浸在自己的人生中。这时听雨是在歌楼上，着力渲染的是青春风华。这样的阶段在词人心目中的印象是永恒而短暂的。

第二个是一个客舟中听雨的画面，一幅水天辽阔、风急云低的江秋雨图，一只失群孤飞的大雁。"客舟"及其四周点缀的"江阔""云低""断雁""西风"等衰瑟意象，映现出风雨飘摇中颠沛流离的坎坷遭际和悲凉心境。

第三个是一幅显示他当前处境的自我画像，一个白发老人独自在僧庐下倾听着夜雨。壮年愁恨与少年欢乐，已如雨打风吹去。此时此地再听到点点滴滴的雨声，却已木然无动于衷了。

三幅画面前后衔接而又相互映照，艺术地概括了作者由少到老的人生道路和由春到冬的情感历程。其中，既有个性烙印，又有时代折光：由作者的少年风流、壮年飘零、晚年孤冷，分明可以透见一个历史时代由兴到衰、由衰到亡的嬗变轨迹，而这正是此词的深刻、独到之处。

 思考与练习

1. 本文展示了人生中三个不同阶段，体现了三种不同的人生况味，请概括说出三个不同阶段的心情。

2. 李清照在《声声慢》中"梧桐更兼细雨"的心情更贴近本文中的哪种心情？有没有共同点？

3. "听雨"的悲欢离合情感是如何体现的？

四 金元明清文学

摸鱼儿·雁丘词

金·元好问

元好问(1190—1257),字裕之,号遗山,世称遗山先生。太原秀容(今山西忻州)人。金末至元时期著名文学家、历史学家。元好问自幼聪慧,有"神童"之誉。金宣宗兴定五年(1221),元好问进士及第。正大元年(1224),又以宏词科登第后,授权国史院编修,官至知制诰。金朝灭亡后,元好问被囚数年。晚年重回故乡,隐居不仕,于家中潜心著述。元宪宗七年(1257),元好问逝世,年六十八岁。

元好问是宋金对峙时期北方文学的主要代表、文坛盟主,又是金元之际在文学上承前启后的桥梁,被尊为"北方文雄""一代文宗"。他擅作诗、文、词、曲,其中以诗作成就最高,其"丧乱诗"尤为有名;其词为金代一朝之冠,可与两宋名家媲美;其散曲虽传世不多,但当时影响很大,有倡导之功。有《元遗山先生全集》《中州集》。

乙丑岁赴试并州,道逢捕雁者云:"今旦获一雁,杀之矣。其脱网者悲鸣不能去,竟自投于地而死。"予因买得之,葬之汾水之上,垒石为识,号曰"雁丘"。同行者多为赋诗,予亦有《雁丘词》。旧所作无宫商,今改定之。

问世间，情为何物，直教生死相许？

天南地北双飞客，老翅几回寒暑。

欢乐趣，离别苦，就中更有痴儿女[1]。

君应有语：

渺万里层云，千山暮雪，只影向谁去[2]？

横汾路，寂寞当年箫鼓[3]，荒烟依旧平楚[4]。

招魂楚些何嗟及[5]，山鬼暗啼风雨[6]。

天也妒，未信与，莺儿燕子俱黄土[7]。

千秋万古，为留待骚人，狂歌痛饮，来访雁丘处[8]。

【选文出处】

肖淑琛. 偶遇最美古诗词[M]. 长春：东北师范大学出版社，2015.

【注释】

[1] 这几句写出了大雁天南地北相依为命的共同生活，既有团聚的快乐，也有离别的酸楚。其中"痴儿女"三字最是传神，以人世间痴情相待的男女比拟大雁双宿双飞的恋情，人情、物情完全融合，毫无隔阂。

[2] 这是对大雁殉情前心理活动细致入微的揣摩描写，揭示出殉情背后的内涵：相依相伴的情侣已逝，前路云罩渺茫，自己形单影孤地苟活下去，又有什么意义呢？

[3] 横汾路，寂寞当年箫鼓：这是一个历史典故。横汾路是指当年汉武帝巡幸之处。《史记·封禅书》记载，汉武帝曾率百官至汾水边巡祭，作《秋风辞》："泛楼船兮济汾河，横中流兮扬素波。箫鼓鸣兮发棹歌，欢乐极兮哀情多。"

[4] 荒烟依旧平楚：平楚就是平林，平林漠漠烟如织。

[5] 招魂楚些何嗟及：这里用了《楚辞·招魂》的典故，其中"些"字是《楚辞·招魂》句尾惯用的语气词，表达了一种深长的呼唤。

[6] 山鬼暗啼风雨：《楚辞·九歌》中有《山鬼篇》描写山中女神失恋的悲啼。

[7] 这句话是说大雁生死相许的深情连上天也为之嫉妒，所以这对殉情的大雁绝不会和一般的莺儿、燕子一样化为黄土，而必定会留得生前身后名，与世长存。

[8] 这句话是元好问以己度人,认为千秋万古之后也会有和他一样的人来寻访这小小的雁丘,来祭奠这一对爱侣的亡灵,狂歌痛饮。

【译文】

泰和五年,我赴并州赶考,偶遇一个捕雁者说了一个故事:猎人将捕到的雁杀了,另一只已经逃走的雁却不肯离去,不断悲鸣,最后竟然坠地自杀。我非常感动,花钱买了这对雁,把它们葬在汾水岸边,堆石为记,名为雁丘。同行的人多因此赋诗,我也写下这首《雁丘词》,旧作不协音律,现今修改了一番。

天啊!请问世间的各位,爱情究竟是什么,竟会令这两只飞雁以生死来相对待?南飞北归遥远的路程都比翼双飞,任它多少冬寒夏暑,依旧恩爱相依为命。比翼双飞虽然快乐,但离别才真的是痛楚难受。到此刻,方知这痴情的双雁竟比人间痴情儿女更加痴情!相依相伴,形影不离的情侣已逝,真情的雁儿心里应该知道,此去万里,形孤影单,前程渺渺路漫漫,每年寒暑,飞万里越千山,晨风暮雪,失去一生的至爱,即使苟且活下去又有什么意义呢?

这汾水一带,当年本是汉武帝巡幸游乐的地方。每当武帝出巡,总是箫鼓喧天,棹歌四起,何等热闹,而今却是冷烟衰草,一派萧条冷落。武帝已死,招魂也无济于事。女山神因之枉自悲啼,而死者却不会再归来了!双雁生死相许的深情连上天也嫉妒,殉情的大雁决不会和莺儿、燕子一般,死后化为一抔尘土,将会留得生前身后名,与世长存。后世必有人狂歌纵酒,寻访雁丘坟故地,来祭奠这一对爱侣的亡灵。

 阅读提示

《摸鱼儿·雁丘词》作于金章宗泰和五年(1205),当时年仅十六岁的青年诗人元好问,在赴并州应试途中,听一位捕雁者说,天空中一对比翼双飞的大雁,其中一只被捕杀后,另一只脱网的大雁从天上一头栽了下来,殉情而死。年轻的诗人便买下这一对大雁,把它们合葬在汾水旁,建了一个小小的坟墓,叫"雁丘",并写《雁丘》辞一阕,其后又加以修改,遂成这首著名的《摸鱼儿·雁丘词》。

这首词名为咏物，实在抒情。作者驰骋丰富的想象，运用比喻、拟人等艺术手法，对大雁殉情而死的故事，展开了深入细致的描绘，再加以充满悲剧气氛的环境描写的烘托，塑造了忠于爱情、生死相许的大雁的艺术形象，谱写了一曲凄婉缠绵、感人至深的爱情悲歌。

　　词作中大雁的惨死正象征着青年男女纯真爱情的礼赞，其中深深寄托了词人的爱情理想。词中以帝王盛典之消逝反衬雁丘之长存，正说明纯真爱情在词人心目中有着至高无上的地位，也是词人朴素的民本思想的折光。词中写殉情之雁不会与莺儿、燕子一样化为黄土，正是强调其忠于爱情的精神不朽。词人站在历史的高度，写出了这种精神的永不磨灭，使读者不能不佩服他的惊人识见。这首作品中的崇情意识，与辽金文学率真尚情之传统一致，和词人年少之浪漫痴情有关，也与《董解元西厢记》和后来元杂剧肯定个人价值、欲望的精神相通。

　　全词情节并不复杂，行文却腾挪多变。围绕着开头的两句发问，层层深入地描绘铺叙。有大雁生前的欢乐，也有死后的凄苦，有对往事的追忆，也有对未来的展望，前后照应，寓缠绵之情于豪宕之中，寄人生哲理于情语之外，清丽淳朴、温婉蕴藉，具有很高的艺术价值。元好问的词作以雄浑博大见长。在这首词中词人以健笔写柔情，熔沉雄之气韵与柔婉之情肠于一炉，确实是柔婉之极而又沉雄之至。清人刘熙载评元好问词时说"疏快之中，自饶深婉，亦可谓集两宋之大成者矣"。

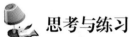 **思考与练习**

　　1. 选择一首(句)你个人最喜欢的爱情诗词，告诉大家你理解的爱情到底是什么？要求制成短视频形式，内容要包含诗词出处、原句、选择理由与自己的解读。

　　2. 对于"自古痴心女子负心汉"的说法，你认同吗？为什么？

　　3. 课外阅读《蒋勋说红楼》中关于情痴贾宝玉的解读分析，或分享你了解的爱情婚姻故事，看看古今情痴是如何做好情的功课的？

苔(其一)

清·袁枚

袁枚(1716—1798),字子才,号简斋,晚年自号随园老人,浙江钱塘(今杭州)人,祖籍浙江慈溪。清朝乾嘉时期代表诗人、散文家、文学评论家和美食家。

袁枚倡导"性灵说",与赵翼、蒋士铨合称为"江右三大家",又与赵翼、张问陶并称"性灵派三大家",为"清代骈文八大家"之一。文笔与大学士直隶纪昀齐名,时称"南袁北纪"。主要传世的著作有《小仓山房诗文集》《随园诗话》及《子不语》等。散文代表作《祭妹文》,哀婉真挚,流传久远。

白日不到处[1],青春恰自来[2]。

苔花如米小,也学牡丹开。

【选文出处】

袁枚全集新编:第二册[M]. 王英志,编纂校点. 杭州:浙江古籍出版社,2016.

【注释】

[1] 白日:阳光。
[2] 青春:旺盛的生命力。恰:恰好。

 阅读提示

苔藓自是低级植物,多寄生于阴暗潮湿之处,可它也有自己的生命本能和生活意向,并不会因为环境恶劣而丧失生发的勇气。诗人能看到这一点并歌而颂之,很有眼光!

"白日不到处",是如此一个不宜生命成长的地方,可是苔藓却长出绿意来,展现出自己的青春,而这青春从何而来?"恰自来",正说明它并不从何处来,而是生命力旺盛的苔藓自己创造出来的!

它就是凭着坚强的活力，突破环境的重重障碍，焕发青春的光彩。

　　苔花如米粒般细小，但却依然努力开放。只要能够开放，结出种子，繁衍后代，便是生命的胜利。所以，"也学牡丹开"，既是谦虚，也是骄傲！苔花如此细小低微，自不能跟国色天香的牡丹相比，可牡丹是受人玩赏而悉心栽培的，而苔花却是靠自己生命的力量自强，争得和花一样开放的权利——这世道并非仅为少数天才和英雄而存在的！

 思考与练习

　　1. 之前学过的作品，还有哪些描写"苔"的诗？与本诗所表达的感情有何区别？

　　2. 学习《苔》的第二首诗，体会袁枚的"性灵说"在这两首诗中是如何体现的。

　　3. 2018年《经典咏流传》第一期中，支教老师梁俊带领山里的孩子演唱了这首《苔》，体会下梁俊老师为什么要带领孩子们唱这首歌。

红楼梦(节选)

清·曹雪芹

  曹雪芹(约 1715—约 1764)，名霑，字梦阮，号雪芹、芹圃、芹溪，满洲正白旗人。祖先原是汉族人，明代末期被编入满洲正白旗。自曾祖曹玺起，曹家三代任江宁织造，祖父曹寅曾做过康熙伴读，尤为康熙所信用。康熙六次南巡，四次居于江宁织造府。雍正初年，曹家失宠遭抄，迅速败落。乾隆年间，似又一次被查抄，一蹶不振。大约乾隆十六年，曹雪芹举家迁居西郊黄叶村，"举家食粥酒长赊"，据传《红楼梦》写作于这一时期。曹雪芹是中国十八世纪最为杰出的文学巨匠。他生于繁华，终于潦倒，生性高傲，嗜酒健谈，具有深厚的文化修养和卓越的艺术才能。

第四十回　史太君两宴大观园　金鸳鸯三宣牙牌令(节选)

《红楼梦》第四十回
史太君两宴大观园
金鸳鸯三宣牙牌令

  次日清早起来，可喜这日天气清朗。李纨侵晨先起来，看着老婆子、丫头们扫那些落叶，庚辰双行夹批：是八月尽。蒙双行夹批：八月尽的光景。并擦抹桌椅，预备茶酒器皿。只见丰儿带了刘姥姥、板儿进来，说："大奶奶倒忙的紧。"李纨笑道："我说你昨儿去不成，只忙着要去。"刘姥姥笑道："老太太留下我，叫我也热闹一天去。"丰儿拿了几把大小钥匙，说道："我们奶奶说了，外头的高几恐不够使，不如开了楼把那收着的拿下来使一天罢。奶奶原该亲自来的，因和太太说话呢，请大奶奶开了，带着人搬罢。"

  李氏便令素云接了钥匙，又令婆子出去把二门上的小厮叫几个来。李氏站在大观楼下往上看，令人上去开了缀锦阁，一张一张往下抬。小厮老婆子丫头一齐动手，抬了二十多张下来。李纨道："好生着,别慌慌张张鬼赶来似的,仔细碰了牙子。"又回头向刘姥姥笑道："姥姥,你也上去瞧瞧。"刘姥姥听说,巴不得一声儿,便拉了板儿登梯上去进里面,只见乌压压的堆着些围屏、桌椅、大小花灯之类,虽不大认得,只见五彩炫耀,各有奇妙。念了几声佛,便下来了。庚辰眉批:念了几声佛,淡,妙。鉴堂。然后锁上门,一齐才下来。李纨道:"恐怕老太太高兴,越性把舡上划子、篙桨、遮阳幔子都搬了下来,预备着。"众人答应,复又开了,色色的搬了下来。令小厮传驾娘们到舡坞里撑出两只船来。

正乱着安排,只见贾母已带了一群人进来了。李纨忙迎上去,笑道:"老太太高兴,倒进来了。我只当还没梳头呢,才撷了菊花要送去。"一面说,一面碧月早捧过一个大荷叶式的翡翠盘子来,里面盛着各色的折枝菊花。贾母便拣了一朵大红的簪于鬓上。庚辰眉批:必拣大红者,喻贾母在熏灼时也。须知。鉴堂。因回头看见了刘姥姥,忙笑道:"过来带花儿。"一语未完,凤姐便拉过刘姥姥,笑道:"让我打扮你。"说着,将一盘子花横三竖四的给他插了一头。贾母和众人笑的了不得。刘姥姥笑道:"我这头也不知修了什么福,今儿这样体面起来。"众人笑道:"你还不拔下来摔到他脸上呢,把你打扮的成了个老妖精了。"刘姥姥笑道:"我虽老了,年轻时也风流,爱个花儿粉儿的,今儿老风流才好。"

说笑之间,已来至沁芳亭子上。丫鬟们抱了一个大锦褥子来,铺在栏杆榻板上。贾母倚柱坐下,命刘姥姥也坐在旁边,因问他:"这园子好不好?"刘姥姥念佛说道:"我们乡下人到了年下,都上城来买画儿贴。时常闲了,大家都说,怎么得也到画儿上去逛逛。想着那个画儿也不过是假的,那里有这个真地方呢。谁知我今儿进这园里一瞧,竟比那画儿还强十倍。怎么得有人也照着这个园子画一张,我带了家去,给他们见见,死了也得好处。"贾母听说,便指着惜春笑道:"你瞧我这个小孙女儿,他就会画。等明儿叫他画一张如何?"刘姥姥听了,喜的忙跑过来,拉着惜春说道:"我的姑娘,你这么大年纪儿,又这么个好模样,还有这个能干,别是神仙托生的罢。"

  贾母少歇一回,自然领着刘姥姥都见识见识。先到了潇湘馆。一进门,只见两边翠竹夹路,土地下苍苔布满,中间羊肠一条石子漫的路。刘姥姥让出路来与贾母众人走,自己却总走土地。琥珀拉着他说道:"姥姥,你上来走,仔细苍苔滑了。"刘姥姥道:"不相干的,我们走熟了的,姑娘们只管走罢。可惜你们的那绣鞋,别沾脏了。"他只顾上头和人说话,不防底下果蹊滑了,"咕咚"一跤跌倒。众人拍手都哈哈的笑起来。贾母笑骂道:"小蹄子们,还不搀他起来,只站着笑。"说话时,刘姥姥已爬了起来,自己也笑了,说道:"才说嘴就打了嘴。"庚辰眉批:"才说嘴就打嘴",非阅历深者不能道。鉴堂。贾母问他:"可扭了腰了不曾?叫丫头们捶一捶。"刘姥姥道:"那里说的我这么娇嫩了。那一天不跌两下子,都要捶起来,还了得呢。"

  说话时,已至门前,紫鹃早打起湘帘,贾母等进来坐下。林黛玉亲自用小茶盘捧了一盖碗茶来奉与贾母。

王夫人道："我们不吃茶，姑娘不用倒了。"林黛玉听说，便命一个丫头把自己窗下常坐的一张椅子挪到下首，请王夫人坐了。刘姥姥因见窗下案上设着笔砚，又见书架上落着满满的书，刘姥姥道："这必定是那位哥儿的书房了。"贾母笑指黛玉道："这是我这外孙女儿住的屋子。"刘姥姥留神打量了黛玉一番，方笑道："这那像个小姐的绣房，竟比那上等的书房还好。"贾母因问："宝玉怎么不见？"众丫头们答应说："在池子里舡上呢。"贾母道："谁又预备下舡了？"李纨忙回说："才开楼拿几，我恐怕老太太高兴，就预备下了。"贾母听了方欲说话时，有人回说："姨太太来了。"贾母等刚站起来，只见薛姨妈早进来了，一面归坐，笑道："今儿老太太高兴，这早晚就来了。"贾母笑道："我才说来迟了的要罚他，不想姨太太就来迟了。"

　　说笑一会，贾母因见窗上纱的颜色旧了，便和王夫人说道："这个纱新糊上好看，过了后来就不翠了。这个院子里头又没有个桃杏树，这竹子已是绿的，再拿这绿纱糊上反不配。我记得咱们先有四五样颜色糊窗的纱呢，明儿给他把这窗上的换了。"凤姐儿忙道："昨儿我开库房，看见大板箱里还有好些匹银红蝉翼纱，也有各样折枝花样的，也有流云卍福花样的，也有百蝶穿花花样的，颜色又鲜，纱又轻软，我竟没见过这样的。拿了两匹出来，作两床绵纱被，想来一定是好的。"贾母听了笑道："呸，人人都说你没有不经过不见过，连这个纱还不认得呢，明儿还说嘴。"薛姨妈等都笑说："凭他怎么经过见过，如何敢比老太太呢。老太太何不教导了他，我们也听听。"凤姐儿也笑说："好祖宗，教给我罢。"贾母笑向薛姨妈众人道："那个纱，比你们的年纪还大呢。怪不得他认作蝉翼纱，原也有些像，不知道的，都认作蝉翼纱。正经名字叫作'软烟罗'。"凤姐儿道："这个名儿也好听。只是我这么大了，纱罗也见过几百样，从没听见过这个名色。"贾母笑道："你能够活了多大，见过几样没处放的东西，就说嘴来了。那个软烟罗只有四样颜色：一样雨过天晴，一样秋香色，一样松绿的，一样就是银红的。若是做了帐子，糊了窗屉，远远的看着，就似烟雾一样，所以叫作'软烟罗'，那银红的又叫作'霞影纱'。如今上用的府纱也没有这样软厚轻密的了。"薛姨妈笑道："别说凤丫头没见，连我也没听见过。"

　　凤姐儿一面说，早命人取了一匹来了。贾母说："可不是这个！先时原不过是糊窗屉，后来我们拿这个作被作帐子，试试也竟好。明儿就找出几匹来，拿银红的替他糊窗子。"凤姐答应着。众人都看了，称赞不已。刘姥姥也觑着眼看个不了，念佛说道："我们想他作衣裳也不能，拿着糊窗子，岂不可惜？"庚辰眉批：刘姥姥语乃作者唤醒不知物力诸痴公子也。鉴堂。贾母道："倒是做衣裳不好看。"凤姐忙把自己身上穿的一件大红绵纱袄子襟儿拉了出来，向贾母、薛姨妈道："看我的这袄儿。"贾母、薛姨妈都说："这也是上好的了，这是如今的上用内造的，竟比不上这个。"凤姐儿道："这个薄片子，还说是上用内造呢，竟连官用的也比不上了。"贾母道："再找一找，只怕还有青的。若有时都拿出来，送这刘亲家两匹，再做一个帐子我挂，剩的添上里子，做些夹背心子给丫头们穿，白收着霉坏了。"凤姐忙答应了,仍令人送去。

贾母起身笑道:"这屋里窄,再往别处逛去。"刘姥姥念佛道:"人人都说大家子住大房。昨儿见了老太太正房,配上大箱、大柜、大桌子、大床,果然威武。那柜子比我们那一间房子还大还高。怪道后院子里有个梯子。我想并不上房晒东西,预备个梯子作什么?后来我想起来,定是为开顶柜收放东西,非离了那梯子,怎么得上去呢。如今又见了这小屋子,更比大的越发齐整了。满屋里的东西都只好看,都不知叫什么,我越看越舍不得离了这里。"凤姐道:"还有好的呢,我都带你去瞧瞧。"说着一径离了潇湘馆。

远远望见池中一群人在那里撑舡。贾母道:"他们既预备下船,咱们就坐。"一面说着,便向紫菱洲、蓼溆一带走来。未至池前,只见几个婆子手里都捧着一色捏丝戗金五彩大盒子走来。凤姐忙问王夫人:"早饭在那里摆?"王夫人道:"问老太太说在那里,就在那里摆罢。"贾母听说,便回头说:"你三妹妹那里就好。你就带了人摆去,我们从这里坐了舡去。"凤姐听说,便回身同了探春、李纨、鸳鸯、琥珀带着端饭的人等,抄着近路到了秋爽斋,就在晓翠堂上调开桌案。鸳鸯笑道:"天天咱们说外头老爷们吃酒吃饭都有一个篾片相公,拿他取笑儿。咱们今儿也得了一个女篾片了。"李纨是个厚道人,听了不解。凤姐儿却知是说的是刘姥姥了,也笑说道:"咱们今儿就拿他取个笑儿。"二人便如此这般的商议。李纨笑劝道:"你们一点好事也不做,又不是个小孩儿,还这么淘气,仔细老太太说。"鸳鸯笑道:

"很不与你相干，有我呢。"

正说着，只见贾母等来了，各自随便坐下。先着丫鬟端过两盘茶来，大家吃毕。凤姐手里拿着西洋布手巾，裹着一把乌木三镶银箸，战敠人位，按席摆下。贾母因说："把那一张小楠木桌子抬过来，让刘亲家近我这边坐着。"众人听说，忙抬了过来。凤姐一面递眼色与鸳鸯，鸳鸯便拉了刘姥姥出去，悄悄地嘱咐了刘姥姥一席话，又说："这是我们家的规矩，若错了我们就笑话呢。"调停已毕，然后归坐。

薛姨妈是吃过饭来的，不吃，只坐在一边吃茶。庚辰双行夹批：妙！若只管写薛姨妈来则吃饭，则成何文理？贾母带着宝玉、湘云、黛玉、宝钗一桌，王夫人带着迎春姊妹三个人一桌，刘姥姥傍着贾母一桌。贾母素日吃饭，皆有小丫鬟在旁边，拿着漱盂麈尾巾帕之物。如今鸳鸯是不当这个差使的了，今日鸳鸯偏接过麈尾来拂着。丫鬟们知道他要捉弄刘姥姥，便躲开让他。鸳鸯一面侍立，一面悄向刘姥姥说道："别忘了。"刘姥姥道："姑娘放心。"那刘姥姥入了坐，拿起箸来，沉甸甸的不伏手。原是凤姐和鸳鸯商议定了，单拿一双老年四楞象牙镶金的筷子与刘姥姥。刘姥姥见了，说道："这叉爬子比俺们那里铁掀还沉，那里犟的过他。"说的众人都笑起来。

只见一个媳妇端了一个盒子站在当地，一个丫鬟上来揭去盒盖，里面盛着两碗菜。李纨端了一碗放在贾母桌上。凤姐儿偏拣了一碗鸽子蛋放在刘姥姥桌上。贾母这边说声"请"，刘姥姥便站起身来，高声说道："老刘，老刘,食量大似牛,吃一个老母猪,不抬头。"自己却鼓着腮不语。

众人先是发怔,后来一听,上上下下都哈哈的大笑起来。史湘云撑不住,一口饭都喷了出来;林黛玉笑岔了气,伏着桌子"嗳哟";宝玉早滚到贾母怀里,贾母笑的搂着宝玉叫"心肝";王夫人笑的用手指着凤姐儿,只说不出话来;薛姨妈也撑不住,口里茶喷了探春一裙子;探春手里的饭碗都合在迎春身上;惜春离了坐位,拉着他奶母叫揉一揉肠子。地下的人无一个不弯腰屈背,也有躲出去蹲着笑去的,也有忍着笑上来替他姊妹换衣裳的,独有凤姐、鸳鸯二人撑着,还只管让刘姥姥。

刘姥姥拿起箸来,只觉不听使,又说道:"这里的鸡儿也俊,下的这蛋也小巧,怪俊的。我且肏攮一个。"众人方住了笑,听见这话又笑起来。贾母笑的眼泪出来,琥珀在后捶着。贾母笑道:"这定是凤丫头促狭鬼儿闹的,快别信他的话了。"那刘姥姥正夸鸡蛋小巧,要肏攮一个,凤姐儿笑道:"一两银子一个呢,你快尝尝罢,那冷了就不好吃了。"刘姥姥便伸箸子要夹,那里夹的起来,满碗里闹了一阵好的,好容易撮起一个来,才伸着脖子要吃,偏又滑下来滚在地下,忙放下箸子要亲自去捡,早有地下的人捡了出去了。刘姥姥叹道:"一两银子,也没听见响声儿就没了。"

众人已没心吃饭,都看着他笑。贾母又说:"这会子又把那个筷子拿了出来,又不请客摆大筵席。都是凤丫头支使的,还不换了呢。"地下的人原不曾预备这牙箸,本是凤姐和鸳鸯拿了来的,听如此说,忙收了过去,也照样换上一双乌木镶银的。刘姥姥道:"去了金的,又是银的,到底不及俺们那个伏手。"凤姐儿道:"菜里若有毒,这银子下去了就试的出来。"刘姥姥道:"这个菜里若有毒,俺们那菜都成了砒霜了。那怕毒死了也要吃尽了。"贾母见他如此有趣,吃的又香甜,把自己的也都端过来与他吃。又命一个老嬷嬷来,将各样的菜给板儿夹在碗上。

一时吃毕,贾母等都往探春卧室中去说闲话。这里收拾过残桌,又放了一桌。刘姥姥看着李纨与凤姐儿对坐着吃饭,叹道:"别的罢了,我只爱你们家这行事。怪道说'礼出大家'。"凤姐儿忙笑道:"你可别多心,才刚不过大家取笑儿。"一言未了,鸳鸯也进来笑道:"姥姥别恼,我给你老人家赔个不是。"刘姥姥笑道:"姑娘说那里话,咱们哄着老太太开个心儿,可有什么恼的!你先嘱咐我,我就明白了,不过大家取个笑儿。我要心里恼,也就不说了。"鸳鸯便骂人:"为什么不倒茶给姥姥吃?"刘姥姥忙道:"刚才那个嫂子倒了茶来,我吃过了。姑娘也该用饭了。"凤姐儿便拉鸳鸯:"你坐下和我们吃了罢,省的回来又闹。"鸳鸯便坐下了。

婆子们添上碗箸来,三人吃毕。刘姥姥笑道:"我看你们这些人都只吃这一点儿就完了,亏你们也不饿。怪道风儿都吹的倒。"鸳鸯便问:"今儿剩的菜不少,都那去了?"婆子们道:"都还没散呢,在这里等着一齐散与他们吃。"鸳鸯道:"他们吃不了这些,挑两碗给二奶奶屋里平丫头送去。"凤姐儿道:"他早吃了饭了,不用给他。"鸳鸯道:"他不吃了,喂你们的猫。"婆子听了，忙拣了两样拿盒子送去。鸳鸯道："素云那去了？"李纨道："他们都在这里一处吃，又找他作什么。"鸳鸯道："这就罢了。"凤姐儿道："袭人不在这里，你倒是叫人送两样给他去。"鸳鸯听说，便命人也送两样去后，鸳鸯又问婆子们："回来吃酒的攒盒可装上了没有？"婆子道："想必还得一会子。"鸳鸯道："催着些儿。"婆子应喏了。

【选文出处】

脂砚斋重评石头记[M]. 脂砚斋主人，评点. 天津：天津古籍出版社，2006.

 阅读提示

　　《红楼梦》以爱情与婚姻悲剧为中心，写出了贾、王、史、薛四大封建家族的兴衰。在继承中国古代小说艺术传统的基础上，完成了充分创造和发展，达到了古典小说的艺术高峰，对中国古典小说的形象塑造进行了历史性总结，塑造出一大批高度个性化的艺术典型。《红楼梦》彻底摆脱了说书体通俗小说的模式，极大地丰富了小说的叙事艺术，为真实地反映丰富复杂的社会生活和生动地刻画众多的人物性格找到了理想的艺术形式。人物语言能准确地显示人物的身份和地位，能形神兼备地表现出人物的性格特征，实现高度个性化，达到极高的语言艺术成就。

　　本文选自第四十回《史太君两宴大观园　金鸳鸯三宣牙牌令》。本回以刘姥姥二进大观园面见贾母（史太君）为主题，描写了与贾母一起游玩宴乐大观园的过程。包括对刘姥姥的戏弄，在大观园内宴乐和行酒令，以及刘姥姥醉卧怡红院等情节都在该回中出现。本回也是基于贫富的反衬，为之后贾府败落时与刘姥姥的关系作准备。脂评本在该回中有注："两宴不觉已深秋，惜春只如画春游。可怜富贵谁能保，只有恩情得到头"，强调眼前的富贵只是过眼云烟，而刘姥姥铭记于心的恩情却一直长存到末尾。

　　两宴大观园、三宣牙牌令，是大观园极盛之时，将铺设戏玩侈说一番,反衬日后的冷落离散:惜春画图,于刘姥姥闲话中逗起,在有意无意之间,笔有斟酌。刘姥姥走路一跌,可见说话不可太满,行事须防失足。虽系闲文,却是借景醒人。潇湘馆清雅别致,蘅芜苑朴实素净,秋爽斋阔大疏落,各自映衬居住者不同个性。

凤姐与鸳鸯戏弄刘姥姥,贾母笑骂"促狭鬼",虽是戏言,却是两人早死谶语。分送余肴给平儿、袭人,并不送赵、周二姨娘,于周到中形容出好歹心事。黛玉喜"残荷雨声"句,因其情深易感。黛玉说《牡丹》《西厢》曲句,可见平日喜看情词,且可见其结果处。宝钗听黛玉说出《牡丹亭》,回头一看,妙在黛玉不留意,又说出《西厢》一句,伏四十二回规劝一层。黛玉说《牡丹》《西厢》,固见其钟情处,宝钗说"处处风波处处愁"亦见其遭际处。迎春错韵受罚,其余俱故意说错,唯王夫人、鸳鸯代说,却不明说牌色诗句,即接刘姥姥之笑话。既省笔墨,又变动不板。刘姥姥说令,固是发笑,然却与巧姐结局暗暗关照。此回为刘姥姥正戏,她不慌不忙,不卑不亢,诙谐但不荒诞,随和但不下作。作者虽用重笔,却一分一毫都掌握得轻巧从容。

思考与练习

1. 贾母与刘姥姥年龄相近而身份地位悬殊,本回中她们结伴游玩,其乐融融。请结合文中细节,分析二人的性格特点。

2. 本回借刘姥姥之目详写潇湘馆、蘅芜苑、秋爽斋三处居所,尝试分析三位居住者的不同个性。

3. 鸳鸯和凤姐在此回中极为活跃,结合她们在贾府的身份角色,分析其个性的异同。

廉　耻

清·顾炎武

顾炎武(1613—1682)，汉族，原名绛，字宁人，苏州昆山市(今江苏昆山)人。明亡后改名炎武，字忠清，亦自署蒋山佣。学者称其亭林先生。明末清初著名的思想家、史学家、语言学家。曾参加抗清活动，后来致力于学术研究。晚年侧重经学的考证，考订古音，分古韵为 10 部。著有《日知录》《音学五书》《亭林诗文集》等。

《五代史·冯道传》："论曰：礼义廉耻，国之四维。'四维不张，国乃灭亡。'[1]善乎！管生之能言也！礼义，治人之大法；廉耻，立人之大节。盖不廉则无所不取，不耻则无所不为。人而如此，则祸败乱亡，亦无所不至。况为大臣，而无所不取，无所不为，则天下其有不乱，国家其有不亡者乎？"然而四者之中，耻尤为要。故夫子之论士曰："行己有耻。"[2]孟子曰："人不可以无耻。无耻之耻，无耻矣。"又曰："耻之于人大矣。为机变之巧者，无所用耻焉。"所以然者，人之不廉而至于悖礼犯义，其原皆生于无耻也。故士大夫之无耻，是谓"国耻"。吾观三代以下，世衰道微，弃礼义，捐廉耻，非一朝一夕之故。然而松柏后凋于岁寒，鸡鸣不已于风雨，彼众昏之日，固未尝无独醒之人也。顷读《颜氏家训》有云："齐朝一士夫尝谓吾曰：'我有一儿，年已十七，颇晓书疏。教其鲜卑语及弹琵琶，稍欲通解。以此伏事公卿，无不宠爱。'吾时俯而不答。异哉！此人之教子也！若由此业自致卿相，亦不愿汝曹为之。"嗟乎！之推不得已而仕于乱世，犹为此言，尚有《小宛》诗人之意。

彼阉然媚于世者,能无愧哉?

罗仲素曰:"教化者,朝廷之先务;廉耻者,士人之美节;风俗者,天下之大事。朝廷有教化,则士人有廉耻;士人有廉耻,则天下有风俗。"

古人治军之道,未有不本于廉耻者。《吴子》曰:"凡制国治军,必教之以礼,励之以义,使有耻也。"夫人有耻,在大足以战,在小足以守矣。《尉缭子》言:"国必有慈孝廉耻之俗,则可以死易生。"而太公对武王,"将有三胜":一曰礼将,二曰力将,三约止欲将。故礼者所以班朝治军,而《兔罝》之武夫皆本于文王后妃之化,岂有淫刍荛、窃牛马,而为暴于百姓者哉?

《后汉书》:张奂为安定属国都尉,"羌豪帅感奂恩德,上马二十匹,先零酋长又遗金鐻八枚。奂并受之,而召主簿于诸羌前,以酒酹地曰:'使马如羊,不以入厩。使金如粟,不以入怀。'悉以金、马还之。羌性贪而贵吏清。前有八都尉,率好财货,为所患苦。及奂正身洁己,威化大行"。呜呼!自古以来,边事之败,有不始于贪求者哉?吾于辽东之事有感。

杜子美诗:"安得廉颇将,三军同晏眠!"一本作"廉耻将"。诗人之意未必如此,然吾观《唐书》言:王佖为武灵节度使,"先是,吐蕃欲成乌兰桥,每于河壖先贮材木,皆为节帅遣人潜载之,委于河流,终莫能成。蕃人知佖贪而无谋,先厚遗之,然后并役成桥,仍筑月城守之。自是朔方御寇不暇,至今为患",繇佖之黩货也。故贪夫为帅,而边城晚开。得此意者,郢书燕说,或可以治国乎!

【选文出处】

顾炎武. 日知录校释[M]. 张京华,校释. 长沙:岳麓书社,2011.

【注释】

[1] 这是欧阳修对《管子·牧民》"四维不张，国乃灭亡""国有四维：一曰礼，二曰义，三曰廉，四曰耻"等观点的综合概括。

[2] 语出《论语·子路》："行己有耻，使于四方，不辱君命，可谓士矣。"意思是说，人对自己的行为应该有羞耻之心，以自己的行为不端正为耻辱。因此一个人行事，凡自己认为可耻的就不去做。

【译文】

《五代史·冯道传》前的议论提到"礼义廉耻，国之四维，四维不张，国乃灭亡。"妙啊，管子的善于立论！礼义是治理人民的大法；廉耻是为人立身的大节。大凡不廉便什么都可以拿；不耻便什么都可以做。人到了这种地步，那便灾祸、失败、逆乱、死亡，也就都随之而来了。何况身为大臣而什么都拿，什么都做，那么天下哪有不乱，国家哪有不亡的呢？然而在这四者之间，耻尤其重要。因此孔子论及怎么才可以称为士，说道："个人处世必须有耻。"孟子说："人不可以没有耻，对可耻的事不感到羞耻，便是无耻了。"又说："耻对于人关系大极了，那些搞阴谋诡计耍花样的人，是根本谈不上耻的。"其所以如此，是因为一个人的不廉洁，乃至于违犯礼义，推究其原因都产生在无耻上。因此，(国家领袖人物)士大夫的无耻，可谓国耻。

我考察自三代以下，社会和道德日益衰微，礼义被抛弃，廉耻被掼在一边，不是一朝一夕的事了。但是凛冽的冬寒中有不凋的松柏，风雨如晦中有警世的鸡鸣，那些昏暗的日子中，实在未尝没有独具卓识的清醒者啊！最近读到《颜氏家训》上有一段话说："齐朝一个士大夫曾对我说：'我有一个儿子，年已十七岁，颇能写点文件书牍什么的，教他讲鲜卑话，也学弹琵琶，使之稍为通晓一点，用这些技能侍候公卿大人，到处受到宠爱。'我当时低头不答。怪哉，此人竟是这样教育儿子的！倘若通过这些本领能使自己做到卿相，我也不愿你们这样干。"哎！颜之推不得已而出仕于乱世，尚且能说这样的话，还有《小宛》诗人的精神，那些卑劣地献媚于世俗的人，能不感到惭愧吗？

罗仲素说："教化是朝廷紧要的工作，廉耻是士人优良的节操，风俗是天下的大事。朝廷有教化，士人便有廉耻；士人有廉耻，天下才有良风美俗。"

古人治军的原则，没有不以廉耻为本的。《吴子》说："凡是统治国家和管理军队，必须教军民知道守礼，勉励他们守义，这是为了使之有耻。"当人有了耻，从大处讲就能战攻，从小处讲就能退守了。《尉缭子》说："一个国家必须有慈孝廉耻的习尚，那就可以用牺牲去换得生存。"而太公望对答武王则说："有三种将士能打胜仗，一是知礼的将士，二是有勇力的将士，三是能克制贪欲的将士。因为有礼，所以列朝治军者和粗野的武夫，都能遵循文王后妃的教化行事；难道还有欺凌平民、抢劫牛马，而对百姓实行残暴手段的吗？"

《后汉书》上记载：张奂任安定属国都尉，"羌族的首领感激他的恩德，送上马二十匹，先零族的酋长又赠送他金环八枚，张奂一起收了下来，随即召唤属下的主簿在羌族众人的面前，以酒酹地道：'即使送我的马多得像羊群那样，我也不让它们进马厩；即使送我的金子多得如粟米，我也不放进我的口袋。'然后把金和马全部退还。羌人的性格重视财物而尊重清廉的官吏，以前的八个都尉大都贪财爱货，为羌人所怨恨，直到张奂正直廉洁，威望教化才得到了发扬。"唉！自古以来，边疆局势的败坏，岂有不从贪求财货开始的？我对辽东的事件不能无感。

杜甫的诗："安得廉颇将，三军同晏眠！"有一种刻本作"廉耻将"。诗人本来的意思，未必想到这点，但我读《唐书》，讲到王佖做武灵节度使时，以前吐蕃人想造乌兰桥，每次在河边岸上事先堆积木材，都被节度使派人暗暗地运走，投入河流，桥始终没有造成。吐蕃人了解到王佖贪而无谋，先重重地贿赂了他，然后加紧赶工造成了桥，并且筑了小城防守。从此以后，朔方防御侵掠的战事就没完没了，至今还成为边患，都是由于王佖的贪财引起的。所以贪财的人作将帅，便使得边关到夜间也洞开着无人防守。懂得这个道理，即使是郢书燕说式的穿凿附会，或许也可以治国吧！

 阅读提示

此文属于读书笔记，核心为议论。从欧阳修《五代史·冯道传》前的议论说起："礼义廉耻，国之四维。'四维不张，国乃灭亡。'"

这个格言于文章而言，表面只是引题，却是立论的基础。

这样引题的功能很精致，一下子就把个人的节操与国家的兴亡紧密地联系起来。不但有欧阳修的权威，而且有管仲经典在先；不但有历史的不可置疑性，而且在节奏上四个四言音调铿锵。这个论说的引题不但是毋庸置疑的，而且有格言和诗的质量，造成一种作者与读者共识的气势，和韩愈《师说》开头"师者，传道授业解惑者也"一样，格言式的大前提不用论证。这在中国古典文论中叫作"先立地步"。这种"先立地步"的写法，后来在小品、散文、杂文写作中也广泛运用。在今天的作文教学中，也有教学实践的操作价值。

然而，引题（引文）不管多么精深，都不是自己的，之所以要引用，是为了引出自己的观点。顾炎武的魄力在于，对如此权威的前提作出进一步分析，四者并不同样重要，最重要的是"耻尤为要"。本来前面已经说了"礼义"是"治人之大法"，属于国家兴亡的大事，而"耻廉"是"立人之大节"，属于个人的修养。把"耻"单独提出，论断为最重要的，也就是说，其他三者相对不重要。这样立论不但需要勇气，而且需要学养和推演的功力。为了论证自己的观点，顾炎武采取了两个办法。第一，引用更权威的语录，一个是孔子的"行己有耻"，一个是孟子的"人不可以无耻。无耻之耻，无耻矣"。仅有权威的语录，还是不够雄辩，顾炎武采取的第二个办法是分析四者之间的关系。不是礼义不重要，而是人若无羞耻之心，那么也就无礼义可言了。不是"廉"不重要，而是"人之不廉而至于悖礼犯义，其原皆生于无耻也"。这里有两个层次：第一，人之不廉，是由于无耻；第二，无耻到极端就必然会"悖礼犯义"。

文章写到这里，把耻当作礼、义、廉的根本，在逻辑上已经相当严密了，但是还不够切题，因为这还是普遍的道理，而文章的出发点是冯道这个人。此人是国家之大臣，顾炎武将论点发挥到极端，以一种递进的方式显出精密性，国家大臣之无耻就不是一般的无耻，而是"国耻"。把文章做到这个份上，才彻底。然而，光是精密地贴近欧阳修的论述，还不是顾炎武为文的全部立意，他并没有把论题的意义仅仅局限于国之大臣上，而是由此而衍生、扩展，将之普遍化为"士大夫"。这就不仅仅是对冯道一个人的批判，而是对广大士大夫的警示了。

顾炎武将这个警示已经揭示得很深刻，但是他观点的演绎和衍生并没有停止。为了向新的层次深化，顾炎武的视野从共时走向历时，从历史发展中分析出矛盾来。一方面是自夏商周以来"弃礼义，捐廉耻"，世风日下，人心不古。另一方面对于众人皆醉而"独醒"之士，顾炎武在句法上先是用双重的否定（"未尝无"）来提示其罕见、难能可贵，在修辞上则用了浓墨重彩，一连用了两个典故来形容："松柏后凋于岁寒""鸡鸣不已于风雨"。前者出于《论语·子罕》："岁寒，然后知松柏之后凋也。"后者出于《诗经·郑风·风雨》："风雨如晦，鸡鸣不已。既见君子，胡云不喜。"不但经典，而且均形象易懂。

文章至此，理与情得以交融，已达高潮。然而顾炎武观念的深化并未停息，笔锋转入新层次，将说理延伸到具体事情，亮出针对性。引颜之推深恶其时汉族士人变节仕北齐，教子弟学鲜卑语，为异族达官贵人效劳，推崇颜之推虽不得已为北朝官员仍然坚持民族自尊，对于自己的儿女发出"自致卿相，亦不愿汝曹为之"的家训。顾炎武从这样一个复杂的反例，将丧失民族气节之流俗，顺理成章地归入无耻之列。

顾炎武为明末清初人。明王朝已经灭亡，清王朝在基本巩固了统治以后，对汉族知识分子一方面实行思想统治，另一方面又特别对有成就、有影响的大知识分子实行怀柔政策。就连对顾炎武这样曾经组织抗清的人士也礼遇有加，请他参与编撰明史的工作。固然，顾炎武拒绝了，但也有不少知识分子接受了清王朝的优厚待遇，投入了统治者的怀抱。顾炎武这时把缺乏民族操守者定性为无耻，具有历史的进步意义。

从结构上说，最后这一转的好处在于，从理性演绎进入具体感性人事，相反相成，相得益彰。

 思考与练习

1. 作者认为四维之中"耻尤为要"，对此你的看法是什么呢？
2. 顾炎武的"天下兴亡，匹夫有责"最为大家所熟知，请查阅相关资料，谈谈顾炎武廉耻观中的爱国思想。

浣溪沙[1] · 谁念西风独自凉

清 · 纳兰性德

纳兰性德(1655—1685)，叶赫那拉氏，原名成德，避太子保成讳改名为性德，字容若，满洲正黄旗人，号楞伽山人。清朝著名词人，词风与李煜相似。纳兰性德生性淡泊名利，最擅写词。他的词以"真"取胜：写情真挚浓烈，写景逼真传神。纳兰性德在清初词坛独树一帜，词风"清丽婉约，哀感顽艳，格高韵远，独具特色，直指本心"。著有《通志堂集》《侧帽集》《饮水词》等，康熙二十四年(1685)亡于寒疾，年仅三十一岁。被王国维称为"以自然之眼观物，以自然之舌言情"的词人。

谁念西风独自凉[2]？萧萧黄叶闭疏窗[3]。沉思往事立斜阳。

被酒莫惊春睡重[4]，赌书消得泼茶香[5]。当时只道是寻常。

【选文出处】

上海辞书出版社文学鉴赏辞典编纂中心. 元明清词鉴赏辞典：新一版[M]. 上海：上海辞书出版社，2017.

【注释】

[1] 浣溪沙：唐教坊曲名，因春秋时期人西施浣纱于若耶溪而得名，后用作词牌名，又名"浣溪纱""小庭花"等。此调音节明快，句式整齐，易于上口。

[2] 谁：此处指亡妻。

[3] 萧萧：风吹叶落发出的声音。疏窗：刻有花纹的窗户。

[4] 被酒：中酒、酒醉。春睡：醉困沉睡，脸上如春色。

[5] 赌书：此处为李清照和赵明诚的典故。李清照《金石录后序》云："余性偶强记，每饭罢，坐归来堂烹茶，指堆积书史，言某事在某书某卷第几叶第几行，以中否决胜负，为饮茶先后。中即举杯大笑，至茶倾覆怀中，反不得饮而起。"此句以此典为喻，说明往日与亡妻有着像李清照一样美满的夫妻生活。消得：消受，享受。

【译文】

秋风吹冷，孤独的情怀有谁惦念？看片片黄叶飞舞，遮掩了疏窗，伫立夕阳下，往事追忆茫茫。酒后小睡，春日好景正长，闺中赌赛，衣襟满带茶香，昔日平常往事，已不能如愿以偿。

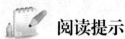

阅读提示

这是一首悼亡词。《浣溪沙·谁念西风独自凉》是纳兰性德为悼念亡妻所作。妻子卢氏，才情并茂，亡于康熙年间。卢氏的早亡使纳兰精神上受到极大的打击，词人为了寄托对亡妻深深的哀思，故作下此词。

词中感怀前尘往事。上片以黄叶、疏窗、斜阳之秋景的勾画，描绘丧妻后的孤单凄凉；下片写记忆中起的寻常往事，描绘了与亡妻往日的美满恩爱，道出了今日的酸苦，传达了词人对亡妻的哀思之情。

全词情景相生：由西风、黄叶，生出自己孤单寂寞和思念亡妻之情；继由思念亡妻之情，生出对亡妻在时的生活片断情景的回忆；最后则由两个生活片段，产生出无穷的遗憾。景情互相生发，互相映衬，一层紧接一层，虽是平常之景之事，却极其典型，生动地表达了词人沉重的哀伤，故能动人。

晚清词人况周颐《蕙风词话》："黄东甫……《眼儿媚》云：'当时不道春无价，幽梦费重寻。'此等语非深於词不能道，所谓词心也。……纳兰容若浣溪沙云：'被酒莫惊春睡重，赌书消得泼茶香。当时只道是寻常。'即东甫眼儿媚句意。酒中茶半，前事伶俜、皆梦痕耳。"

 ## 思考与练习

1. 幸福的家庭都相似，让人艳羡的夫妻，除了李清照与赵明诚，纳兰性德和卢氏，现实生活中你知道的还有谁？找出来给大家分享，说说你心中理想的夫妻关系与婚姻生活应该是什么样子的？

2. 你能找出多少古今中外表达相思的情歌？挑选你最喜欢的若干，尝试用优美的语言和插图表现其相思之情境。

五

现当代文学

幸福的家庭[1]

——拟许钦文

鲁迅

鲁迅(1881—1936),原名周树人,浙江绍兴人,中国现代伟大的文学家、思想家、革命家,五四新文化运动的伟大旗手。早年留学日本。先学医,后弃医从文,试图通过文学创作唤起民众,改造国民性。他的小说以冷峻的现实主义眼光,批判了封建伦理道德给中国人民带来的精神伤害,并以深情的热爱渴望民族精神的觉醒。他的散文抒发对存在的焦虑,回首过往的人生。他的杂文像投枪和匕首,直指传统文化的痼疾和现实的丑恶,开辟了崭新的批判文体。主要作品有小说集《呐喊》《彷徨》《故事新编》;散文集《野草》《朝花夕拾》;杂文集《坟》《热风》《华盖集》《二心集》《南腔北调集》等。

"……做不做全由自己的便;那作品,像太阳的光一样,从无量的光源中涌出来,不像石火,用铁和石敲出来,这才是真艺术。那作者,也才是真的艺术家。——而我,……这算是什么?……"他想到这里,忽然从床上跳起来了。以先他早已想过,须得捞几文稿费维持生活了;投稿的地方，先定为幸福月报社，因为润笔似乎比较的丰。但作品就须有范围，否则，恐怕要不收的。范围就范围，……现在的青年的脑里的大问题是？……大概很不少，或者有许多是恋爱，婚姻，家庭之类罢。……是的，他们确有许多人烦闷着，正在讨论这些事。那么，就来做家庭。然而怎么做做呢？……否则，恐怕要不收的，何必说些背时的话，然而……。他跳下卧床之后，四五步就走到书桌面前，坐下去，抽出一张绿格纸，毫不迟疑，但又自暴自弃似的写下一行题目道：《幸福的家庭》。

他的笔立刻停滞了；他仰了头，两眼瞪着房顶，正在安排那安置这"幸福的家庭"的地方。他想："北京？不行，死气沉沉，连空气也是死的。假如在这家庭的周围筑一道高墙，难道空气也就隔断了么？简直不行！江苏浙江天天防要开仗；福建更无须说。四川，广东？都正在打[2]。山东河南之类？——阿阿，要绑票的，倘使绑去一个，那就成为不幸的家庭了。上海天津的租界上房租贵；……假如在外国，笑话。云南贵州不知道怎样，但交通也太不便……。"他想来想去，想不出好地方，便要假定为A了，但又想，"现有不少的人是反对用西洋字母来代人地名的[3]，说是要减少读者的兴味。我这回的投稿，似乎也不如不用，安全些。那么，在那里好呢？——湖南也打仗；大连仍然房租贵；察哈尔[4]，吉林，黑龙江罢，——听说有马贼，也不行！……"他又想来想去，又想不出好地方，于是终于决心，假定这"幸福的家庭"所在的地方叫作A。

"总之，这幸福的家庭一定须在A，无可磋商。家庭中自然是两夫妇，就是主人和主妇，自由结婚的。他们订有四十多条条约，非常详细，所以非常平等，十分自由。而且受过高等教育，优美高尚……。东洋留学生已经不通行，

——那么,假定为西洋留学生罢。主人始终穿洋服,硬领始终雪白;主妇是前头的头发始终烫得蓬蓬松松像一个麻雀窠,牙齿是始终雪白的露着,但衣服却是中国装,……"

"不行不行,那不行!二十五斤!"

他听得窗外一个男人的声音,不由的回过头去看,窗幔垂着,日光照着,明得眩目,他的眼睛昏花了;接着是小木片撒在地上的声响。"不相干,"他又回过头来想,"什么'二十五斤'?——他们是优美高尚,很爱文艺的。但因为都从小生长在幸福里,所以不爱俄国的小说……。俄国小说多描写下等人,实在和这样的家庭也不合。'二十五斤'?不管他。那么,他们看看什么书呢?——裴伦[5]的诗?吉支[6]的?不行,都不稳当。——哦,有了,他们都爱看《理想之良人》[7]。我虽然没有见过这部书,但既然连大学教授也那么称赞他,想来他们也一定都爱看,你也看,我也看,——他们一人一本,这家庭里一共有两本,……"他觉得胃里有点空虚了,放下笔,用两只手支着头,教自己的头像地球仪似的在两个柱子间挂着。

"……他们两人正在用午餐,"他想,"桌上铺了雪白的布;厨子送上菜来,——中国菜。什么'二十五斤'?不管他。为什么倒是中国菜?西洋人说,中国菜最进步,最好吃,最合于卫生:所以他们采用中国菜。送来的是第一碗,但这第一碗是什么呢?……"

"劈柴,……"

他吃惊的回过头去看,靠左肩,便立着他自己家里的主妇,两只阴凄凄的眼睛恰恰钉住他的脸。

"什么?"他以为她来搅扰了他的创作,颇有些愤怒了。

"劈柴,都用完了,今天买了些。前一回还是十斤两吊四,今天就要两吊六。我想给他两吊五,好不好?"

"好好,就是两吊五。"

"称得太吃亏了。他一定只肯算二十四斤半;我想就算他二十三斤半,好不好?"

"好好,就算他二十三斤半。"

"那么,五五二十五,三五一十五,……"

"唔唔,五五二十五,三五一十五,……"他也说不下去了,停了一会,忽而奋然的抓起笔来,就在写着一行"幸福的家庭"的绿格纸上起算草,起了好久,这才仰起头来说道:

"五吊八!"

"那是,我这里不够了,还差八九个……。"

他抽开书桌的抽屉,一把抓起所有的铜元,不下二三十,放在她摊开的手掌上,看她出了房,才又回过头来向书桌。他觉得头里面很胀满,似乎桠桠叉叉的全被木柴填满了,五五二十五,脑皮质上还印着许多散乱的亚剌伯数目字。他很深的吸一口气,又用力的呼出,仿佛要借此赶出脑里的劈柴,五五二十五和亚剌伯数字来。果然,呼气之后,心地也就轻松不少了,于是仍复恍恍忽忽的想——

"什么菜?菜倒不妨奇特点。滑溜里脊,虾子海参,实在太凡庸。我偏要说他们吃的是'龙虎斗'。但'龙虎斗'又是什么呢?有人说是蛇和猫,是广东的贵重菜,非大宴会不吃的。但我在江苏饭馆的菜单上就见过这名目,江苏人似乎不吃蛇和猫,恐怕就如谁所说,是蛙和鳝鱼了。现在假定这主人和主妇为那里人呢?——不管他。总而言之,无论那里人吃一碗蛇和猫或者蛙和鳝鱼，于幸福的家庭是决不会有损伤的。总之这第一碗一定是'龙虎斗'，无可磋商。

"于是一碗'龙虎斗'摆在桌子中央了，他们两人同时捏起筷子，指着碗沿，笑迷迷的你看我，我看你……。

"'My dear，please.'

"'Please you eat first，my dear.'

"'Oh no，please you！'

"于是他们同时伸下筷子去，同时夹出一块蛇肉来，——不不，蛇肉究竟太奇怪，还不如说是鳝鱼罢。那么，这碗'龙虎斗'是蛙和鳝鱼所做的了。他们同时夹出一块鳝鱼来，一样大小，五五二十五，三五……不管他，同时放进嘴里去，……"他不能自制的只想回过头去看，因为他觉得背后很热闹，有人来来往往的走了两三回。但他还熬着，乱嘈嘈的接着想，"这似乎有点肉麻，那有这样的家庭？唉唉，我的思路怎么会这样乱，这好题目怕是做不完篇的了。——或者不必定用留学生，就在国内受了高等教育的也可以。他们都是大学毕业的，高尚优美，高尚……。男的是文学家；女的也是文学家，或者文学崇拜家。或者女的是诗人；男的是诗人崇拜者，女性尊重者。或者……"他终于忍耐不住，回过头去了。

就在他背后的书架的旁边，已经出现了一座白菜堆，下层三株，中层两株，顶上一株，向他叠成一个很大的A字。

"唉唉！"他吃惊的叹息，同时觉得脸上骤然发热了，脊梁上还有许多针轻轻的刺着。"吁……。"他很长的嘘一口气，先斥退了脊梁上的针，仍然想，"幸福的家庭的房子要宽绰。有一间堆积房，白菜之类都到那边去。主人的书房另一间，靠壁满排着书架，那旁边自然决没有什么白菜堆；架上满是中国书，外国书，《理想之良人》自然也在内，——一共有两部。卧室又一间；黄铜床，或者质朴点，第一监狱工场做的榆木床也就够，床底下很干净，……"他当即一瞥自己的床下，劈柴已经用完了，只有一条稻草绳，却还死蛇似的懒懒的躺着。

"二十三斤半，……"他觉得劈柴就要向床下"川流不息"的进来，头里面又有些椏椏叉叉了，便急忙起立，走向门口去想关门。但两手刚触着门，却又觉得未免太暴躁了，就歇了手，只放下那积着许多灰尘的门幕。他一面想，这既无闭关自守之操切，也没有开放门户之不安：是很合于"中庸之道"[8]的。

"……所以主人的书房门永远是关起来的。"他走回来，坐下，想，"有事要商量先敲门，得了许可才能进来，这办法实在对。现在假如主人坐在自己的书房里，主妇来谈文艺了，也就先敲门。——这可以放心，她必不至于捧着白菜的。

"'Come in，please，my dear.'

"然而主人没有工夫谈文艺的时候怎么办呢？那么，不理她，听她站在外面老是剥剥的敲？这大约不行罢。或者《理想之良人》里面都写着，——那恐怕确是一部好小说，我如果有了稿费，也得去买他一部来看看……。"

拍！

他腰骨笔直了，因为他根据经验，知道这一声"拍"是主妇的手掌打在他们的三岁的女儿的头上的声音。

"幸福的家庭，……"他听到孩子的呜咽了，但还是腰骨笔直的想，"孩子是生得迟的，生得迟。或者不如没有，两个人干干净净。——或者不如住在客店里，什么都包给他们，一个人干干……"他听得呜咽声高了起来，也就站了起来，钻过门幕，想着，"马克思在儿女的啼哭声中还会做《资本论》，所以他是伟人，……"走出外间，开了风门，闻得一阵煤油气。孩子就躺倒在门的右边，脸向着地，一见他，便"哇"的哭出来了。

"阿阿，好好，莫哭莫哭，我的好孩子。"他弯下腰去抱她。

他抱了她回转身，看见门左边还站着主妇，也是腰骨笔直，然而两手插腰，怒气冲冲的似乎豫备开始练体操。

"连你也来欺侮我！不会帮忙，只会捣乱，——连油灯也要翻了他。晚上点什么？……"

"阿阿，好好，莫哭莫哭，"他把那些发抖的声音放在脑后，抱她进房，摩着她的头，说，"我的好孩子。"于是放下她，拖开椅子，坐下去，使她站在两膝的中间，擎起手来道，"莫哭了呵，好孩子。爹爹做'猫洗脸'给你看。"他同时伸长颈子，伸出舌头，远远的对着手掌舔了两舔，就用这手掌向了自己的脸上画圆圈。

"呵呵呵，花儿。"她就笑起来了。

"是的是的，花儿。"他又连画上几个圆圈，这才歇了手，只见她还是笑迷迷的挂着眼泪对他看。他忽而觉得，她那可爱的天真的脸，正像五年前的她的母亲，通红的嘴唇尤其像，不过缩小了轮廓。那时也是晴朗的冬天，她听得他说决计反抗一切阻碍，为她牺牲的时候，也就这样笑迷迷的挂着眼泪对他看。他惘然的坐着，仿佛有些醉了。

"阿阿，可爱的嘴唇……"他想。

门幕忽然挂起。劈柴运进来了。

他也忽然惊醒，一定睛，只见孩子还是挂着眼泪，而且张开了通红的嘴唇对他看。"嘴唇……"他向旁边一瞥，劈柴正在进来，"……恐怕将来也就是五五二十五，九九八十一！……而且两只眼睛阴凄凄的……。"他想着，随即粗暴的抓起那写着一行题目和一堆算草的绿格纸来，揉了几揉，又展开来给她拭去了眼泪和鼻涕。"好孩子，自己玩去罢。"他一面推开她，说；一面就将纸团用力的掷在纸篓里。

但他又立刻觉得对于孩子有些抱歉了，重复回头，目送着她独自茕茕的出去；耳朵里听得木片声。他想要定一定神，便又回转头，闭了眼睛，息了杂念，平心静气的坐着。他看见眼前浮出一朵扁圆的乌花，橙黄心，从左眼的左角漂到右，消失了；接着一朵明绿花，墨绿色的心；接着一座六株的白菜堆，屹然的向他叠成一个很大的A字。

一九二四年二月一八日。

【选文出处】

鲁迅. 鲁迅全集：第二卷[M]. 北京：人民文学出版社，1981.

【注释】

[1] 本篇最初发表于1924年3月1日上海《妇女杂志》月刊第十卷第三号。本文发表时篇末有作者的《附记》如下："我于去年在《晨报副刊》上看见许钦文君的《理想的伴侣》的时候，就忽而想到这一篇的大意，且以为倘用了他的笔法来写，倒是很合式的；然而也不过单是这样想。到昨天，又忽而想起来，

又适值没有别的事,于是就这样的写下来了。只是到末后,又似乎渐渐的出了轨,因为过于沉闷些。我觉得他的作品的收束,大抵是不至于如此沉闷的。但就大体而言,也仍然不能说不是'拟'。"许钦文,浙江绍兴人,当时的青年作家。著有短篇小说集《故乡》等。

[2] 关于江浙等地的战争,当指江苏军阀齐燮元与浙江军阀卢永祥的对峙;直系军阀孙传芳与福建军阀王永泉等人的战争;四川军阀杨森对熊克武的战争;广东军阀陈炯明与桂系、滇系军阀的战争;湖南军阀赵恒惕对谭延闿的战争。

[3] 关于罗马字母代替小说中人名地名问题,1923年6月至9月间《晨报副刊》上曾有过争论。

[4] 察哈尔,指当时的察哈尔特别区。1928年改为省(省会张家口)。1952年撤销,分别并入河北、山西两省和内蒙古自治区。

[5] 裴伦(G. G. Byron,1788—1824),通译拜伦,英国诗人。著有长诗《唐·璜》、诗剧《曼佛雷特》等。

[6] 吉支(J. Keats,1795—1821),通译济慈,英国诗人,著有《为和平而写的十四行诗》、长诗《伊莎贝拉》等。

[7] 《理想之良人》,即四幕剧 An Ideal Husband,英国王尔德(O.Wilde,1856—1900)著。

[8] "中庸之道",即儒家学说。据宋代朱熹《中庸章句集注》:"中者,不偏不倚,无过不及之名;庸,平常也。"

 阅读提示

　　鲁迅小说多写底层农民和旧文人。本文和《伤逝》一样,是写现代底层知识分子的小说。这些小说不像其他小说,着意于"画灵魂",而是主要从生存生计的角度,写底层青年知识分子的不幸。小说题目为《幸福的家庭》,带有很浓的反讽味道。主人公是一位靠写作为生的人,为生计所迫,被迫寻找社会热点题目,期待换回能够养家的稿费。他在自己的作品里设想着幸福的家庭,从地点到家庭成员,从起居饮食到生活情调,一一推想,竟然自己也入了境,沉浸在"幸福家庭"的快意中。但是,他的梦想不断被现实打断,妻子和小贩买柴买菜的争吵声不断在耳边响起,将他拉回现实,寒酸的家庭生活,成为他梦想的嘲讽。鲁迅借此描写了底层青年知识分子的艰难生活，同时也对他们沉迷空想给予善意的嘲讽。

　　本文采取了双线结构，一个是主人公写作中对幸福家庭的种种空想，另一方面是现实生活的种种尴尬，两条线交互作用，彼此否定，深刻地表达了鲁迅对底层人的同情及对他们命运的担忧。

 思考与练习

1. 分析"幸福的家庭"这一题目的内涵。
2. 本文在结构上有何特点？对表现主题有何作用？
3. 分析小说主人公形象。

跑　警　报

汪曾祺

汪曾祺(1920—1997)，江苏高邮人，中国当代作家、散文家、戏剧家，京派作家的代表人物，师从沈从文，被誉为"抒情的人道主义者，中国最后一个纯粹的文人，中国最后一个士大夫"。著有小说集《邂逅集》《羊舍的夜晚》《汪曾祺短篇小说选》《晚饭花集》《寂寞与温暖》《茱萸集》，散文集《蒲桥集》《塔上随笔》，文学评论集《晚翠文谈》，以及《汪曾祺自选集》等。《受戒》和《大淖记事》曾获得全国优秀短篇小说奖。此外，他还创作了一些京剧剧本。他的作品被译成多种文字介绍到国外。

西南联大有一位历史系的教授，——听说是雷海宗先生，他开的一门课因为讲授多年，已经背得很熟，上课前无需准备；下课了，讲到哪里算哪里，他自己也不记得。每回上课，都要先问学生："我上次讲到哪里了？"然后就滔滔不绝地接着讲下去。班上有个女同学，笔记记得最详细，一句不落。雷先生有一次问她："我上一课最后说的是什么？"这位女同学打开笔记夹，看了看，说："您上次最后说：'现在已经有空袭警报，我们下课。'"

这个故事说明昆明警报之多。我刚到昆明的头二年，39、40年，三天两头有警报。有时每天都有，甚至一天有两次。昆明那时几乎说不上有空防力量，日本飞机想什么时候来就来。有时竟至在头一天广播：明天将有二十七架飞机来昆明轰炸。日本的空军指挥部还真言而有信。说来准来！

一有警报，别无他法，大家就都往郊外跑，叫做"跑警报"。"跑"和"警报"联在一起,构成一个语词,细想一下,是有些奇特的,因为所跑的并不是警报。这不象"跑马""跑生意"那样通顺。但是大家就这么叫了,谁都懂,而且觉得很合适。也有叫"逃警报"或"躲警报"的,都不如"跑警报"准确。"躲",太消极;"逃"又太狼狈。唯有这个"跑"字于紧张中透出从容,最有风度,也最能表达丰富生动的内容。

有一个姓马的同学最善于跑警报。他早起看天,只要是万里无云,不管有无警报,他就背了一壶水,带点吃的,夹着一卷温飞卿或李商隐的诗,向郊外走去。直到太阳偏西,估计日本飞机不会来了,才慢慢地回来。这样的人不多。

警报有三种。如果在四十多年前向人介绍警报有几种,会被认为有"神经病",这是谁都知道的。然而对今天的青年,却是一项新的课题。一曰"预行警报"。

联大有一个姓侯的同学,原系航校学生,因为反应迟钝,被淘汰下来,读了联大的哲学心理系。此人对于航空情不忘,曾用黄色的"标语纸"贴出巨幅"广告",举行学术报告,题曰《防空常识》。他不知道为什么对"警报"特别敏感。他正在听课,忽然跑了出去,站在"新校舍"的南北通道上,扯起嗓子大声喊叫:"现在有预行警报,五华山挂了三个红球!"可不!抬头望南一看,五华山果然挂起了三个很大的红球。五华山是昆明的制高点,红球挂出全市皆见。我们一直很奇怪:他在教室里,正在听讲,怎么会"感觉"到五华山挂了红球呢?——教室的门窗并不都正对五华山。

一有预行警报，市里的人就开始向郊外移动。住在翠湖迤北的，多半出北门或大西门，出大西门的似尤多。大西门外，越过联大新校门前的公路，有一条由南向北的用浑圆的石块铺成的宽可五六尺的小路。这条路据说是古驿道，一直可以通到滇西。路在山沟里。平常走的人不多。常见的是驮着盐巴、碗糖或其他货物的马帮走过。赶马的马锅头侧身坐在木鞍上，从齿缝里咝咝地吹出口哨（马锅头吹口哨都是这种吹法，没有撮唇而吹的），或低声唱着呈贡"调子"：

> 哥那个在至高山那个放呀放放牛，
>
> 妹那个在至花园那个梳那个梳梳头。
>
> 哥那个在至高山那个招呀招招手，
>
> 妹那个在至花园点那个点点头。

这些走长道的马锅头有他们的特殊装束。他们的短褂外都套了一件白色的羊皮背心，脑后挂着漆布的凉帽，脚下是一双厚牛皮底的草鞋状的凉鞋，鞋帮上大都绣了花，还钉着亮晶晶的"鬼眨眼"亮片。——这种鞋似只有马锅头穿，我没见从事别种行业的人穿过。马锅头押着马帮，从这条斜阳古道上走过，马项铃哗棱哗棱地响，很有点浪漫主义的味道，有时会引起远客的游子一点淡淡的乡愁……

有了预行警报，这条古驿道就热闹起来了。从不同方向来的人都涌向这里，形成了一条人河。走出一截，离市较远了，就分散到古道两旁的山野，各自寻找一个合适的地方呆下来，心平气和地等着，——等空袭警报。

联大的学生见到预行警报，一般是不跑的，都要等听到空袭警报：汽笛声一短一长，才动身。新校舍北边围墙上有一个后门，出了门，过铁道（这条铁道不知起讫地点，从来也没见有火车通过），就是山野了。要走，完全来得及。——所以雷先生才会说"现在已经有空袭警报"。只有预行警报，联大师生一般都是照常上课的。

跑警报大都没有准确地点，漫山遍野。但人也有习惯性，跑惯了哪里，愿意上哪里。大多是找一个坟头，这样可以靠靠。昆明的坟多有碑，碑上除了刻下坟主的名讳，还刻出"×山×向"，并开出坟茔的"四至"。这风俗我在别处还未见过。这大概也是一种古风。

说是漫山遍野，但是有几个比较集中的"点"。古驿道的一侧，靠近语言研究所资料馆不远，有一片马尾松林，就是一个点。这地方除了离学校近，有一片碧绿的马尾松，树下一层厚厚的干了的松毛，很软和，空气好，——马尾松挥发出很重的松脂气味，晒着从松枝间漏下的阳光，或仰面看松树上面的蓝得要滴下来的天空，都极舒适外，是因为这里还可以买到各种零吃。昆明做小买卖的，有了警报，就把担子挑到郊外来了。五味俱全，什么都有。最常见的是"丁丁糖"。"丁丁糖"即麦芽糖，也就是北京人祭灶用的关东糖，不过做成一个直径一尺多，厚可一寸许的大糖饼，放在四方的木盘上，有人掏钱要买，糖贩即用一个刨刀形的铁片楔入糖边，然后用一个小小铁锤，一击铁片，丁的一声，一块糖就震裂下来了，——所以叫做"丁丁糖"。其次是炒松子。昆明松子极多，个大皮薄仁饱，很香，也很便宜。我们有时能在松树下面捡到一个很大的成熟了的生的松球，就掰开鳞瓣，一颗一颗地吃起来。——

那时候，我们的牙都很好，那么硬的松子壳，一嗑就开了！

另一个集中点比较远，得沿古驿道走出四五里，驿道右侧较高的土山上有一横断的山沟(大概是哪一年地震造成的)，沟深约三丈，沟口有二丈多宽，沟底也宽有六七尺。这是一个很好的天然防空沟，日本飞机若是投弹，只要不是直接命中，落在沟里，即便是在沟顶上爆炸，弹片也不易蹦进来。机枪扫射也不要紧，沟的两壁是死角。这道沟可以容数百人。有人常到这里，就利用闲空，在沟壁上修了一些私人专用的防空洞，大小不等，形式不一。这些防空洞不仅表面光洁，有的还用碎石子或碎瓷片嵌出图案，缀成对联。对联大都有新意。我至今记得两副，一副是：

人生几何

恋爱三角

一副是：

见机而作

入土为安

对联的嵌缀者的闲情逸致是很可叫人佩服的。前一副也许是有感而发，后一副却是记实。

警报有三种。预行警报大概是表示日本飞机已经起飞。拉空袭警报大概是表示日本飞机进入云南省境了，但是进云南省不一定到昆明来。等到汽笛拉了紧急警报：连续短音，这才可以肯定是朝昆明来的。空袭警报到紧急警报之间，有时要间隔很长时间，所以到了这里的人都不忙下沟，——沟里没有太阳，而且过早地象云冈石佛似的坐在洞里也很无聊，大都先在沟上看书、闲聊、打桥牌。很多人听到紧急警报还不动，因为紧急警报后日本飞机也不定准来，常常是折飞到别处去了。要一直等到看见飞机的影子了，这才一骨碌站起来，下沟，进洞。联大的学生，以及住在昆明的人，对跑警报太有经验了，从来不仓皇失措。

上举的前一副对联或许是一种泛泛的感慨，但也是有现实意义的。跑警报是谈恋爱的机会。联大同学跑警报时，成双作对的很多。空袭警报一响，男的就在新校舍的路边等着，有时还提着一袋点心吃食，宝珠梨、花生米……他等的女同学来了，"嗨！"于是欣然并肩走出新校舍的后门。跑警报说不上是同生死，共患难，但隐隐约约有那么一点危险感，和看电影、遛翠湖时不同。这一点危险感使两方的关系更加亲近了。女同学乐于有人伺候，男同学也正好殷勤照顾，表现一点骑士风度。正如孙悟空在高老庄所说："一来医得眼好，二来又照顾了郎中，这是凑四合六的买卖。"从这点来说，跑警报是颇为罗曼蒂克的。有恋爱，就有三角，有失恋。跑警报的"对儿"并非总是固定的，有时一方被另一方"甩"了，两人"吹"了，"对儿"就要重新组合。写(姑且叫做"写"吧)那副对联的，大概就是一位被"甩"的男同学。不过，也不一定。

警报时间有时很长，长达两三个小时，也很"腻歪"。紧急警报后，日本飞机轰炸已毕，人们就轻松下来。不一会，"解除警报"响了：汽笛拉长音，大家就起身拍拍尘土，络绎不绝地返回市里。也有时不等解除警报，很多人就往回走：天上起了乌云，要下雨了。一下雨，日本飞机不会来。在野地里被雨淋湿，可不是事！一有雨，我们有一个同学一定是一马当先往回奔，就是前面所说那位报告预行警报的姓侯的。他奔回新校舍，到各个宿舍搜罗了很多雨伞，放在新校舍的后门外，见有女同学来，就递过一把。他怕这些女同学挨淋。这位侯同学长得五大三粗，却有一副贾宝玉的心肠。大概是上了吴雨僧先生的《红楼梦》的课，受了影响。侯兄送伞，已成定例。警报下雨，一次不落。名闻全校，贵在有恒。——这些伞，等雨住后他还会到南院女生宿舍去取回来，再归还原主的。

跑警报，大都要把一点值钱的东西带在身边。最方便的是金子，——金戒指。有一位哲学系的研究生曾经作了这样的逻辑推理：有人带金子，必有人会丢金子，有人丢金子，就会有人捡到金子，我是人，故我可以捡到金子。因此，他跑警报时，特别是解除警报以后，他每次都很留心地巡视路面。他当真两次捡到过金戒指！逻辑推理有此妙用，大概是教逻辑学的金岳霖先生所未料到的。

联大师生跑警报时没有什么可带，因为身无长物，一般大都是带两本书或一册论文的草稿。有一位研究印度哲学的金先生每次跑警报总要提了一只很小的手提箱。箱子里不是什么别的东西，是一个女朋友写给他的信——情书。他把这些情书视如性命，有时也会拿出一两封来给别人看。没有什么不能看的，因为没有卿卿我我的肉麻的话，只是一个聪明女人对生活的感受，文字很俏皮，充满了英国式的机智，是一些很漂亮的Essay，字也很秀气。这些信实在是可以拿来出版的。金先生辛辛苦苦地保存了多年，现在大概也不知去向了，可惜。我看过这个女人的照片，人长得就象她写的那些信。

联大同学也有不跑警报的，据我所知，就有两人。一个是女同学，姓罗。一有警报，她就洗头。别人都走了，锅炉房的热水没人用，她可以敞开来洗，要多少水有多少水！另一个是一位广东同学，姓郑。他爱吃莲子。一有警报，他就用一个大漱口缸到锅炉火口上去煮莲子。警报解除了，他的莲子也烂了。有一次日本飞机炸了联大，昆明北院、南院，都落了炸弹，这位郑老兄听着炸弹乒乒乓乓在不远的地方爆炸，依然在新校舍大图书馆旁的锅炉上神色不动地搅和他的冰糖莲子。

抗战期间，昆明有过多少次警报，日本飞机来过多少次，无法统计。自然也死了一些人，毁了一些房屋。就我的记忆，大东门外，有一次日本飞机机枪扫射，田地里死的人较多。大西门外小树林里曾炸死了好几匹驮木柴的马。此外似无较大伤亡。警报、轰炸，并没有使人产生血肉横飞，一片焦土的印象。

日本人派飞机来轰炸昆明，其实没有什么实际的军事意义，用意不过是吓唬吓唬昆明人，施加威胁，使人产生恐惧。他们不知道中国人的心理是有很大的弹性的，不那么容易被吓得魂不附体。我们这个民族，长期以来，生于忧患，已经很"皮实"了，对于任何猝然而来的灾难，都用一种"儒道互补"的精神对待之。这种"儒道互补"的真髓，即"不在乎"。这种"不在乎"精神，是永远征不服的。

为了反映"不在乎"，作《跑警报》。

1984 年 12 月 6 日

【选文出处】

汪曾祺. 汪曾祺文集·散文卷[M]. 南京：江苏文艺出版社，1994.

阅读提示

汪曾祺一生经历了无数苦难和挫折，受过各种不公正待遇，尽管如此，他始终保持平静旷达的心态，并且创造了积极乐观诗意的文学人生。贾平凹在一首诗中这样评价汪曾祺："是一文狐，修炼成老精。"汪曾祺博学多识，情趣广泛，爱好书画，乐谈医道，对戏剧与民间文艺也有深入钻研。他以散文笔调写小说，写出了家乡五行八作的见闻和风物人情、习俗民风，富于地方特色。作品在疏放中透出凝重，于平淡中显现奇崛，情韵灵动淡远，风致清逸秀异。

汪曾祺在《晚翠文谈新编》中这样说道："中国人楔子，除了笔法，还讲究'行气'。包世臣说王羲之的字，看起来大大小小，单看一个字，也不见得怎么好，放在一起，字的笔画之间，字与字之间，就如'老翁携带幼孙，顾盼有情痛痒相关'。安排语言，也是这样，一个词，一个词；一句，一句；痛痒相关，互相映带，才能姿势横生，气韵生动。"散文从不同侧面描写了作家读书时期的西南联大。作者紧扣主题，所选材料幽默风趣，叙述从容，文字朴素，经过作家手笔，文字有了灵气和生命，读来可亲可感可敬可爱，风致韵味跃然纸上。

汪曾祺描写西南联大时期学习生活的作品还有《泡茶馆》，读者可扫描下方二维码阅读。

《泡茶馆》

 思考与练习

1. 结合时代背景与相关资料，了解西南联大时期学生的学习、生活状态及个性特点。

2. 将选文与作家生平、创作相结合，探究人生况味与人文情怀。

金锁记(节选)

张爱玲

张爱玲(1920—1995),中国现代作家,原名张煐,祖籍河北丰润,生于上海。童年时代亲历封建旧家庭的衰败过程,青年时代又在香港体验到战争的恐怖,对人生的认知形成苍凉的底色。

1943年,张爱玲开始发表作品。1943至1944年,创作和发表了《沉香屑·第一炉香》《沉香屑·第二炉香》《茉莉香片》《倾城之恋》《红玫瑰与白玫瑰》等小说。1955年,张爱玲赴美国定居,创作英文小说多部。1969年以后主要从事古典小说的研究,著有红学论集《红楼梦魇》。1995年9月去世,终年75岁。台湾皇冠出版社推出《张爱玲全集》。张爱玲是中国现代文学史上独具魅力的作家,小说超越了她所处的时代。无论选材、立意,还是人物塑造、叙事结构和语言技巧无不显现出个人的特色,取得了较为突出的成就。她的小说无论是超越雅俗,还是对边缘化小人物的深入描写,都是20世纪40年代的其他任何作家无法比拟的,因而她的小说不能归于任何一个小说流派,成为独特的存在,创造了写实小说的新高,在中国小说史具有坐标的价值。

《金锁记》

七巧带着儿子长白,女儿长安另租了一幢屋子住下了,和姜家各房很少来往。隔了几个月,姜季泽忽然上门来了。老妈子通报上来,七巧怀着鬼胎,想着分家的那一天得罪了他,不知他有什么手段对付。可是兵来将挡,她凭什么要怕他?她家常穿着佛青实地纱袄子,特地系上一条玄色铁线纱裙,走下楼来。季泽却是满面春风的站起来问二嫂好,又问白哥儿可是在书房里,安姐儿的湿气可大好了,七巧心里便疑惑他是来借钱的,加意防备着,坐下笑道:"三弟你近来又发福了。"季泽笑道:"看我像一点儿心事都没有的人。"七巧笑道:"有福之人不在忙吗!你一向就是无牵无挂的。"季泽笑道:"等我把房子卖了,我还要无牵无挂呢!"七巧道:"就是你做了押款的那房子,你还要卖?"季泽道:"当初造它的时候,很费了点心思,有许多装置都是自己心爱的,当然不愿意脱手。后来你是知道的,那边地皮值钱了,前年把它翻造了衖堂房子,一家一家收租,跟那些住小家的打交道,我实在嫌麻烦,索性打算卖了它,图个清静。"七巧暗地里说道:"口气好大!我是知道你的底细的,你在我跟前充什么阔大爷!"

虽然他不向她哭穷,但凡谈到银钱交易,她总觉得有点危险,便岔了开去道:"三妹妹好么?腰子病近来发过没有?"季泽笑道:"我也有许久没见过她的面了。"七巧道:"这是什么话?你们吵了嘴么?"季泽笑道:"这些时我们倒也没吵过嘴。不得已在一起说两句话,也是难得的,也没那闲情逸致吵嘴。"七巧道:"何至于这样?我就不相信!"季泽两肘撑在藤椅的扶手上,交叉着十指,手搭凉棚,影子落在眼睛上,深深地唉了一声。七巧笑道:"没有别的,要不就是你在外头玩得太厉害了。自己做错了事,还唉声叹气的仿佛谁害了你似的。你们姜家就没有一个好人!"说着,举起白团扇,作势要打。季泽把那交叉着的十指往下移了一移,两只大拇指按在嘴唇上,两只食指缓缓抚摸着鼻梁,露出一双水汪汪的眼睛来。那眼珠却是水仙花缸底的黑石子,上面汪着水,下面冷冷的没有表情。看不出他在想什么。七巧道:"我非打你不可!"季泽的眼睛里突然冒出一点笑泡儿,道:"你打,你打!"七巧待要打,又掣回手去,重新一鼓作气道:"我真打!"抬高了手,一扇子劈下来，又在半空中停住了，吃吃笑将起来。季泽带笑将肩膀耸了一耸，凑了上去道："你倒是打我一下罢！害得我浑身骨头痒痒着，不得劲儿！"七巧把扇子向背后一藏，越发笑得格格的。

季泽把椅子换了个方向，面朝墙坐着，人向椅背上一靠，双手蒙住了眼睛，又是长长地叹了口气。七巧啃着扇子柄，斜瞟着他道："你今儿是怎么了？受了暑吗？"季泽道："你哪里知道？"半晌，他低低的一个字一个字说道："你知道我为什么跟家里的那个不好，为什么我拼命的在外头玩，把产业都败光了？你知道这都是为了谁？"七巧不知不觉有些胆寒，走得远远的，倚在炉台上，脸色慢慢地变了。季泽跟了过来。七巧垂着头，肘弯撑在炉台上，手里擎着团扇，扇子上的杏黄穗子顺着她的额角拖下来。季泽在她对面站住了，小声道："二嫂！……七巧！"

七巧背过脸去淡淡笑道："我要相信你才怪呢！"季泽便也走开了，道："不错。你怎么能够相信我？自从你到我家来，我在家一刻也待不住，只想出去。你没来的时候我并没有那么荒唐过，后来那都是为了躲你。娶了兰仙来，我更玩得凶了，为了躲你之外又要躲她，见了你，说不了两句话我就要发脾气——你哪儿知道我心里的苦楚？你对我好，我心里更难受——我得管着我自己——我不得平白的坑坏了你！家里人多眼杂，让人知道了，我是个男子汉，还不打紧，你可了不得！"七巧的手直打颤，扇柄上的杏黄须子在她额上苏苏磨擦着。季泽道："你信也罢，不信也罢！信了又怎样？横竖我们半辈子已经过去了，说也是白说。我只求你原谅我这一片心。我为你吃了这些苦，也就不算冤枉了。"

七巧低着头，沐浴在光辉里，细细的音乐，细细的喜悦……这些年了，她跟他捉迷藏似的，只是近不得身，原来还有今天！可不是，这半辈子已经完了——花一般的年纪已经过去了。人生就是这样的错综复杂，不讲理。当初她为什么嫁到姜家来？为了钱么？不是的，为了要遇见季泽，为了命中注定她要和季泽相爱。她微微抬起脸来，季泽立在她跟前，两手合在她扇子上，面颊贴在她扇子上。他也老了十年了，然而人究竟还是那个人呵！他难道是哄她么？他想她的钱——她卖掉她的一生换来的几个钱？仅仅这一转念便使她暴怒起来。就算她错怪了他，他为她吃的苦抵得过她为他吃的苦么？好容易她死了心了，他又来撩拨她。她恨他。他还在看着她。他的眼睛——虽然隔了十年，人还是那个人呵！就算他是骗她的，迟一点儿发现不好么？即使明知是骗人的，他太会演戏了，也跟真的差不多罢？

不行！她不能有把柄落在这厮手里。姜家的人是厉害的，她的钱只怕保不住。她得先证明他是真心不是。七巧定了一定神，向门外瞧了一瞧，轻轻惊叫道："有人！"便三脚两步赶出门去，到下房里吩咐潘妈替三爷弄点心去，快些端了来，顺便带把芭蕉扇进来替三爷打扇。七巧回到屋里来，故意皱着眉道："真可恶，老妈子在门口探头探脑的，见了我抹过头去就跑，被我赶上去喝住了。若是关上了门说两句话，指不定造出什么谣言来呢！饶是独门独户住了，还没个清净。"潘妈送了点心与酸梅汤进来，七巧亲自拿筷子替季泽拣掉了蜜层糕上的玫瑰与青梅，道："我记得你是不爱吃红绿丝的。"有人在跟前，季泽不便说什么，只是微笑。七巧似乎没话找话说似的，问道："你卖房子，接洽得怎样了？"季泽一面吃，一面答道："有人出八万五，我还没打定主意呢。"七巧沉吟道："地段倒是好的。"季泽道："谁都不赞成我脱手，说还要涨呢。"七巧又问了些详细情形，便道："可惜我手头没有这一笔现款，不然我倒想买。"季泽道："其实呢，我这房子倒不急，倒是咱们乡下你那些田，早早脱手的好。自从改了民国，接二连三的打仗，何尝有一年闲过？把地面上糟踏得不成样子，中间还被收租的，师爷，地头蛇一层一层勒掯着，莫说这两年不是水就是旱，就遇着了丰年，也没有多少进帐轮到我们头上。"七巧寻思着，道："我也盘算过来，一直挨着没有办。先晓得把它卖了，这会子想买房子，也不至于钱不凑手了。"季泽道："你那田要卖趁现在就得卖了，听说直鲁又要开仗了。"七巧道："急切间你叫我卖给谁去？"季泽顿了一顿道："我去替你打听打听，也成。"七巧耸了耸眉毛笑道："得了，你那些狐群狗党里头，又有谁是靠得住的？"季泽把咬开的饺子在小碟子里蘸了点醋，闲闲说出两个靠得住的人名，七巧便认真仔细盘问他起来，他果然回答得有条不紊，显然他是筹之已熟的。

七巧虽是笑吟吟的，嘴里发干，上嘴唇黏在牙仁上，放不下来。她端起盖碗来吸了一口茶，舐了舐嘴唇，突然把脸一沉，跳起身来，将手里的扇子向季泽头上滴溜溜掷过去，季泽向左偏了一偏，那团扇敲在他肩膀上，打翻了玻璃杯，酸梅汤淋淋漓漓溅了他一身，七巧骂道："你要我卖了田去买你的房子？你要我卖田？钱一经你的手，还有得说么？你哄我——你拿那样的话来哄我——你拿我当傻子——"她隔着一张桌子探身过去打他,然而她被潘妈下死劲抱住了。潘妈叫唤起来,祥云等人都奔了来,七手八脚按住了她,七嘴八舌求告着。七巧一头挣扎,一头叱喝着,然而她的一颗心直往下坠——她很明白她这举动太蠢——太蠢——她在这儿丢人出丑。

季泽脱下了他那湿濡的白香云纱长衫,潘妈绞了手巾来代他揩擦,他理也不理,把衣服夹在手臂上,竟自扬长出门去了,临行的时候向祥云道:"等白哥儿下了学,叫他替他母亲请个医生来看看。"祥云吓糊涂了,连声答应着,被七巧兜脸给了她一个耳刮子。

季泽走了。丫头老妈子也都给七巧骂跑了。酸梅汤沿着桌子一滴一滴朝下滴,像迟迟的夜漏——一滴,一滴……一更,二更……一年,一百年。真长,这寂寂的一刹那。七巧扶着头站着,倏地掉转身来上楼去,提着裙子,性急慌忙,跌跌绊绊,不住地撞到那阴暗的绿粉墙上,佛青袄子上沾了大块的淡色的灰。她要在楼上的窗户里再看他一眼。无论如何,她从前爱过他。她的爱给了她无穷的痛苦。单只这一点,就使他值得留恋。多少回了,为了要按捺她自己,她迸得全身的筋骨与牙根都酸楚了。今天完全是她的错。他不是个好人,她又不是不知道。她要他,就得装糊涂,就得容忍他的坏。她为什么要戳穿他?人生在世,还不就是那么一回事?归根究底,什么是真的,什么是假的?

她到了窗前,揭开了那边上缀有小绒球的墨绿洋式窗帘,季泽正在弄堂里往外走,长衫搭在臂上,晴天的风像一群白鸽子钻进他的纺绸裤褂里去,哪儿都钻到了,飘飘拍着翅子。

七巧眼前仿佛挂了冰冷的珍珠帘,一阵热风来了,把那帘子紧紧贴在她脸上,风去了,又把帘子吸了回去,气还没透过来,风又来了,没头没脸包住她——一阵凉,一阵热,她只是淌着眼泪。

玻璃窗的上角隐隐约约反映出弄堂里一个巡警的缩小的影子,晃着膀子踱过去,一辆黄包车静静在巡警身上辗过。小孩把袍子掖在裤腰里,一路踢着球,奔出玻璃的边缘。绿色的邮差骑着自行车,复印在巡警身上,一溜烟掠过。都是些鬼,多年前的鬼,多年后的没投胎的鬼……什么是真的,什么是假的?

【选文出处】

张爱玲文集:第二卷[M]. 金宏达,于青,编. 合肥:安徽文艺出版社,1992.

 阅读提示

《金锁记》写于1943年,小说描写了一个小商人家庭出身的女子曹七巧的心灵变迁历程。七巧做过残疾人的妻子,欲爱而不能爱,几乎像疯子一样在姜家过了30年。在财欲与情欲的压迫下,她的性格终于被扭曲,行为变得乖戾,不但破坏儿子的婚姻,致使儿媳被折磨而死,还拆散女儿的爱情。"30年来她戴着黄金的枷。她用那沉重的枷角劈杀了几个人,没死的也送了半条命。"

在本书中,张爱玲在空前深刻的程度上表现了现代社会两性心理的基本意蕴。她在她那创作的年代并无任何前卫的思想,然而却令人震惊地拉开了两性世界温情脉脉的面纱。主人公曾被作者称为她小说世界中唯一的"英雄",她拥有着"一个疯子的审慎和机智",为了报复曾经伤害过她的社会,她用最为病态的方式,"她那平扁而尖利的喉咙四面割着人像剃刀片",随心所欲地施展着淫威。

作者将现代中国心理分析小说推向了极致,细微地镂刻着人物变态的心理,那利刃一般毒辣的话语产生了令人惊心动魄的艺术效果。《金锁记》在叙述体貌上还借鉴了民族旧小说的经验,明显反映了《红楼梦》之类的小说手法已被作者用来表现她所要表现的华洋杂处的现代都市生活。

  这是一个关于人性原欲的故事。按照弗洛伊德的学说，原欲就像一条河流，如果它受到阻碍，就会溢向别的河道，直接导致性错乱心理和性变态行为。七巧是"麻油店西施"，有不少同阶层的倾慕者，虽粗鲁泼辣，却美丽有活力。但嫁入豪门姜家后，不仅没有爱情，情欲也得不到满足，更有因出身卑微而蒙受无处不在的轻蔑与歧视。重重压抑之下，她变得刻薄冷酷，进行疯狂报复，黄金的枷锁劈向身边最亲的人：先是"恋子"，要儿子整夜地陪她抽鸦片，以探听和渲染儿子与媳妇的房事为乐趣，逼死儿媳；后又"妒女"，亲手摧毁女儿唯一的爱情，最终沦落为眼中只有金钱没有亲情的恶毒残忍的魔鬼。七巧的悲剧是男权社会的迫害及自身宿命论意识驱使下的必然结果。曹七巧是现代文学史上绝无仅有的女性形象，具有强烈的悲剧感与震撼力，一直被视为张爱玲笔下最生动完整的女性形象，具有不可替代的经典意义。

  《金锁记》有着极为鲜明的艺术特征，最突出的当属独特的意象营构。小说以月亮始，以月亮终。月亮成为贯穿全篇的主题意象，强调了悲剧的深刻性和一贯性、彻底性。小说情节的关键时刻、人物命运的重要关头，月亮的意象都会出现，与人物同喜同悲。作者对于意象的选择往往以表现人物心理为依托，同时，这些意象也暗示了作品中的叙述视角，同一意象的不同转换间接构成叙述中的不同层面，充满了象征意味。

  此外，《金锁记》介乎新旧雅俗之间的语言风格也非常独特。作者有意识地模仿和借鉴《红楼梦》《金瓶梅》等古典文学作品，通过语言的古典借用，造成陌生化效果。本书追求中国旧小说与西方现代小说的不同情调的调和，在涉猎、借鉴现代中国的通俗文学作品，以及具有通俗意味的新文学作品的同时，融入了外来小说技巧。

思考与练习

  1. 曹七巧形象的独特性表现在哪些方面？
  2. 《金锁记》中的意象与人物心理描写是怎样有机联系起来的？
  3. 联系《金锁记》，谈谈张爱玲作品语言新、旧、雅、俗的具体表现。

兔 儿 爷

老舍

老舍(1899—1966)，原名舒庆春，另有笔名絜青、鸿来、非我等，字舍予。北京人，满族。在英国期间，老舍创作了长篇小说《老张的哲学》《赵子曰》《二马》，从1926年7月起在《小说月报》连载，随即成为知名作家。20世纪30年代前半期，发表长篇小说《小坡的生日》《猫城记》《离婚》《牛天赐传》等。1936年辞去教职，专事创作的第一个成果为长篇小说《骆驼祥子》。抗战期间，老舍运用小说、新诗、话剧、曲艺、散文等多种文体表现抗战题材，如：长篇小说《火葬》，《四世同堂》第一部《惶惑》、第二部《偷生》，话剧《张自忠》，长诗《剑北篇》等。1946年应美国国务院邀请，赴美讲学一年，期满后留美继续创作与翻译，完成了长篇小说《鼓书艺人》与《四世同堂》第三部《饥荒》。1949年年底回国，1950年创作话剧《龙须沟》，引起热烈反响。1957年发表堪称二十世纪中国话剧经典的三幕话剧《茶馆》。老舍一生留下了十五部长篇小说、三部未完长篇小说、九部中短篇小说集(收六十余篇中短篇小说)，三十余部话剧、曲剧、歌剧及改编的京剧，还有大量诗歌、散文、曲艺作品、文学理论批评及翻译等。

我好静，故怕旅行。自然，到过的地方就不多了。到的地方少，看的东西自然也就少。就是对于兔儿爷这玩艺也没有看过多少种。

稍为熟习的只有北方几座城：北平，天津，济南，和青岛。在这四个名城里，一到中秋，街上便摆出兔儿爷来——就是山东人称为兔子王的泥人。兔儿爷或兔子王都是泥作的。兔脸人身，有的背后还插上纸旗，头上罩着纸伞。种类多，作工细，要算北平。山东的兔子王样式既少，手工也很糙。

泥人本有多种，可是因为不结实，所以作得都不太精细；给小儿女买玩艺儿，谁也不愿多花钱买一碰即碎的呀。兔儿爷虽也系泥人，但售出的时间只在八月节前的半个月左右，与月饼同为迎时当令的东西，故不妨作得精细一些。况且小儿女们每愿给兔儿爷上供，置之桌上，不像对待别种泥娃娃那么随便，于是也就略为减少碰碎的危险。这样，兔儿爷便获得较优越的地位，而能每年一度很漂亮的出现于街头。

中秋又到了，北平等处的兔儿爷怎样呢？

我可以想象到：那些粉脸彩衣，插旗打伞的泥人们一定还是一行行的摆在街头，为暴敌粉饰升平啊！

听说敌人这些日子，正在北平大量的焚书，几乎凡不是木板的图书都可以遭到被投入火里的厄运。学校里，人家里，都没有了书，而街头上到处摆出兔儿爷，多么好的一种布置呢！暴敌要的是傀儡呀！

友人来信，说平津大雨，连韭菜都卖到三吊钱（与重庆的"吊"同值）一束，粗粮也卖到一毛多一斤。谁还买得起兔儿爷呢？大概也就是在市上摆几天，给大家热闹热闹眼睛吧？

因而就想到那些高等汉奸，到时候，他们就必出来。正如桂花一开，兔子王便上市。他们的脸很体面，油光水滑的，只可惜鼻下有个三瓣子嘴，而头上有一对长耳朵。他们的身上也花花绿绿，足下登起粉底高靴。身腔里可是空空的，脊背有个泥团儿，为插旗伞之用；旗伞都是纸作的。他们多体面，多空虚，多没有心肝呢！他们唯一的好处似乎只在有两个泥膝，跪下很方便。

兔儿爷怕遇上淘气的孩子，左搬右弄，它脸上的粉，身上的彩，便被弄污；不幸而孩子一失手，全身便变成若干小片片了。孩子并不十分伤心，有钱便能再买一个呀。幸而支持过了中秋，并未粉碎；可又时节已过，谁还有心玩兔子王呢？最聪明的傀儡也不过是些小土片呀！那些带活气的兔子王，越漂亮，我就越替他们担心；小日本鬼子不但淘气，而且是世上最凶狠的孩子啊。兔子王的寿命无论如何过不去中秋，我真想为那些粉墨登场的傀儡们落泪了。

抗战建国须凭真实本领与浩然正气，只能迎时当令充兔子王的，不作汉奸，也是废物。那么，我们不仅当北望平津，似乎也当自省一下吧？

【选文出处】

老舍. 老舍全集[M]. 北京：人民文学出版社，2013.

阅读提示

《兔儿爷》最初发表于1938年10月30日《弹花》第2卷第1期，是老舍在抗战期间运用散文形式表现北京民俗，同时借书写民俗而讽刺侵略者和汉奸的一篇精彩之作。

"兔儿爷"源于古老的月亮崇拜，人们按照月宫里有嫦娥玉兔的说法，把玉兔进一步艺术化、人格化乃至神化之后，用泥巴塑造成各种不同形式的兔儿爷。一般认为兔儿爷从明代兴起，历经清代、民国直至今天，尤其兴盛于北京地区，现在是北京市的地方传统手工艺品，属于中秋节应节应令的儿童玩具，成为北京市非物质文化遗产之一。

老舍先生从小生活在北京城，对北京百姓的生活和民俗尤为熟悉，因此，他所创作的《兔儿爷》一文传递出浓浓的北京民俗和民风，让我们看到兔儿爷在北京城的风貌。同时，本文的写作年代在1938年，正是抗战时期。在这个时期，老舍先生运用小说、戏剧、散文等文艺形式积极参与全民抗战，对日本帝国主义侵略者和附逆他们的汉奸展开无情的揭露和批判。正是在这样一个大的背景之下，老舍先生纯熟地运用散文这一艺术形式创作了《兔儿爷》，通过人们耳熟能详的"兔儿爷"，运用类比手法，刻画和讽刺了那些侵略者和汉奸们，从而鼓舞全民的抗战热情，有力地支援了当时抗战工作。

因此，今天我们阅读《兔儿爷》一文，除了从文学文体——散文的角度和民俗学的角度去阅读之外，还要从老舍先生生活的年代和创作此文的年代去理解本文，才能更好地体会出老舍先生创作此文的良苦用意。

 思考与练习

1. 在你的家乡，过中秋节有什么习俗？

2. 本文老舍先生以"兔儿爷"和"傀儡汉奸"作比较，你怎么理解？

3. 请以你家乡的中秋节为对象，写一篇散文，要把自己的所见所闻和感受融入文中。

我的梦想

史铁生

史铁生(1951—2010),当代作家、散文家。1951年出生于北京,1967年毕业于清华大学附属中学,1969年去延安一带插队,因双腿瘫痪于1972年回到北京。后来又患肾病并发展到尿毒症,靠着每周3次透析维持生命。曾先后担任中国作家协会全国委员会委员、北京作家协会副主席、中国残疾人联合会副主席,自称职业是生病,业余在写作。

1979年开始发表作品,著有长篇小说《务虚笔记》、短篇小说《命若琴弦》、散文《我与地坛》等。另外,他的《我的遥远的清平湾》《奶奶的星星》分别获1983年、1984年全国优秀短篇小说奖,《老屋小记》获首届鲁迅文学奖。

也许是因为人缺了什么就更喜欢什么吧,我的两条腿一动不能动,却是个体育迷。我不光喜欢看足球、篮球以及各种球类比赛,也喜欢看田径、游泳、拳击、滑冰、滑雪、自行车和汽车比赛,总之,我是个全能体育迷。当然都是从电视里看,体育馆场门前都有很高的台阶,我上不去。如果这一天电视里有精彩的体育节目,好了,我早晨一睁眼就觉得像过节一般,一天当中无论干什么心里都想着它,一分一秒都过得愉快。有时我也怕很多重大比赛集中在一天或几天(譬如刚刚闭幕的奥运会),那样我会把其他要紧的事都耽误掉。

其实我是第二喜欢足球,第三喜欢文学,第一喜欢田径。我能说出所有田径项目的世界纪录是多少,是由谁保持的,保持的时间长还是短。譬如说男子跳远纪录是由比蒙保持的，二十年了还没有人能破；不过这事不大公平，比蒙是在地处高原的墨西哥城跳出这八米九〇的，而刘易斯在平原跳出的八米七二事实上比前者还要伟大，但却不能算世界纪录。这些纪录是我顺便记住的，田径运动的魅力不在于纪录，人反正是干不过上帝；但人的力量、意志和优美却能从那奔跑与跳跃中得以充分展现，这才是它的魅力所在。它比任何舞蹈都好看，任何舞蹈跟它比起来都显得矫揉造作甚至故弄玄虚。也许是我见过的舞蹈太少了。而你看刘易斯或者摩西跑起来，你会觉得他们是从人的原始中跑来，跑向无休止的人的未来，全身如风似水般滚动的肌肤就是最自然的舞蹈和最自由的歌。

  我最喜欢并且羡慕的人就是刘易斯。他身高一米八八，肩宽腿长，像一头黑色的猎豹，随便一跑就是十秒以内，随便一跳就在八米开外，而且在最重要的比赛中他的动作也是那么舒展、轻捷、富于韵律；绝不像流行歌星们的唱歌，唱到最后总让人怀疑这到底是要干什么。不怕读者诸君笑话，我常暗自祈祷上苍，假若人真能有来世，我不要求别的，只要求有刘易斯那样一副身体就好。我还设想，那时的人又会普遍比现在高了，因此我至少要有一米九以上的身材；那时的百米速度也会普遍比现在快，所以我不能只跑九秒九几。作小说的人多是白日梦患者。好在这白日梦并不令我沮丧，我是因为现实的这个史铁生太令人沮丧，才想出这法子来给他宽慰与向往。我对刘易斯的喜爱和崇拜与日俱增。相信他是世界上最幸福的人。我想若是有什么办法能使我变成他，我肯定不惜一切代价；如果我来世能有那样一个健美的躯体，今天这一身残病的折磨也就得到了足够的报偿。

奥运会上，约翰逊战胜刘易斯的那个中午我难过极了，心里别别扭扭别别扭扭的一直到晚上，夜里也没睡好觉。眼前老翻腾着中午的场面：所有的人都在向约翰逊欢呼，所有的旗帜与鲜花都向约翰逊挥舞，浪潮般的记者们簇拥着约翰逊走出比赛场，而刘易斯被冷落在一旁。刘易斯当时那茫然若失的目光就像个可怜的孩子，让我一阵阵的心疼。一连几天我都闷闷不乐，总想着刘易斯此时会怎样痛苦，不愿意再看电视里重播那个中午的比赛，不愿意听别人谈论这件事，甚至替刘易斯嫉妒着约翰逊，在心里找很多理由向自己说明还是刘易斯最棒；自然这全无济于事，我竟然比刘易斯还败得惨，还迷失得深重。这岂不是怪事么？在外人看来这岂不是发精神病么？我慢慢去想其中的原因。是因为一个美的偶像被打碎了么？如果仅仅是这样，我完全可以惋惜一阵再去竖立起约翰逊嘛，约翰逊的雄姿并不比刘易斯逊色。是因为我这人太恋旧骨子里太保守吗？可是我非常明白，后来者居上是最应该庆祝的事。或者是刘易斯没跑好让我遗憾？可是九秒九二是他最好的成绩。到底为什么呢？最后我知道了：我看见了所谓"最幸福的人"的不幸，刘易斯那茫然的目光使我的"最幸福"的定义动摇了继而粉碎了。上帝从来不对任何人施舍"最幸福"这三个字，他在所有人的欲望前面设下永恒的距离，公平地给每一个人以局限。如果不能在超越自我局限的无尽路途上去理解幸福，那么史铁生的不能跑与刘易斯的不能跑得更快就完全等同，都是沮丧与痛苦的根源。假若刘易斯不能懂得这些事，我相信，在前述那个中午，他一定是世界上最不幸的人。

在百米决赛后的第二天，刘易斯在跳远决赛中跳出了八米七二，他是个好样的。看来他懂，他知道奥林匹斯山上的神火为何而燃烧，那不是为了一个人把另一个人战败，而是为了有机会向诸神炫耀人类的不屈，命定的局限尽可永在，不屈的挑战却不可须臾或缺。我不敢说刘易斯就是这样，但我希望刘易斯是这样，我一往情深地喜爱并崇拜这样一个刘易斯。

这样，我的白日梦就需要重新设计一番了。至少我不再愿意用我领悟到的这一切，仅仅去换一个健美的躯体，去换一米九以上的身高和九秒七九乃至九秒六九的速度，原因很简单，我不想在来世的某一个中午成为最不幸的人；即使人可以跑出九秒五九，也仍然意味着局限。我希望既有一个健美的躯体又有一个了悟人生意义的灵魂，我希望二者兼得。但是，前者可以祈望上帝的恩赐，后者却必须在千难万苦中靠自己去获取——我的白日梦到底该怎样设计呢？千万不要说，倘若二者不可兼得你要哪一个？不要这样说，因为人活着必要有一个最美的梦想。

后来得知，约翰逊跑出了九秒七九是因为服用了兴奋剂。对此我们该说什么呢？我在报纸上见了这样一条消息：他的牙买加故乡的人们说，"约翰逊什么时候愿意回来，我们都会欢迎他，不管他做错了什么事：他都是牙买加的儿子。"这几句话让我感动至深。难道我们不该对灵魂有了残疾的人，比对肢体有了残疾的人，给予更多的同情和爱吗？

1988 年

【选文出处】

史铁生. 史铁生散文·想念地坛[M]. 杭州：浙江文艺出版社，2015.

阅读提示

《我的梦想》是史铁生1988年写的一篇文章。这一年恰逢韩国汉城奥运会，也是中国出征的第二届奥运会。1984年中国初次出征奥运会就取得了金牌榜第四名的好成绩。因此1988年奥运会，国内观众对运动员满怀期望，运动员压力极大，中国奥运代表团发挥失利，史称"兵败汉城"。

史铁生的写作与他的生命完全同构，由于身体残疾的切身体验，使他的作品关注到伤残者的生活困境和精神困境。但他超越了伤残者对命运的哀怜和自叹，由此上升为对普遍性生存，特别是精神"伤残"现象的关切。

作品《我的梦想》以追梦、梦碎、新梦为线索，一步步引导读者意识到每个人都有"命定的局限"，人类永不停息地追求自我完美的"挑战"才更显得高贵，人类应该对那些拥有残疾但却"不屈"的人们给予更多的同情与关爱。

这种对于"残疾人"(在史铁生看来，所有的人都是残疾的，有缺陷的)生存的持续关注，使他的散文散发着浓重的哲理意味。他的叙述由于有着亲历的体验而贯穿一种温情、然而宿命的感伤；但又有对于荒诞和宿命的抗争。

他的《命若琴弦》就是一个抗争荒诞以获取生存意义的寓言故事。史铁生2002年发表的《病隙碎笔》是中国文学的重要收获。他依然一如既往地思考着生与死、残缺与爱情、苦难与信仰、写作与艺术等重大问题，并解答了"我"如何在场、如何活出意义来这些普遍性的精神难题。当多数作家在消费主义时代里放弃面对人的基本状况时，史铁生却依然居住在自己的内心，仍旧苦苦追索人之为人的价值和光辉，仍旧坚定地向存在的荒凉地带进发，坚定地与未明事物作斗争。这种勇气和执着，深深地唤起了我们对自身所处境遇的警醒和关怀。

当代著名作家贾平凹如此评价史铁生：铁生对生命的解读，对宗教精神的阐释，对文学与自然的感悟，构成了真正的哲学。

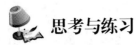 **思考与练习**

  1. 课外阅读《命若琴弦》，对于梦想在现实中到底扮演着怎样的一种角色，你有何观点与看法？

  2. 比较史铁生与诺贝尔文学奖获得者埃及作家塔哈·侯赛因的人生经历，说说他们的作品中都体现了哪些共同特点。

  3. 你相信命运吗？在你的人生经历中，有哪一件事情让你对命运这只"看不见的手"有了认识？

一只特立独行的猪

王小波

王小波(1952—1997)，中国当代学者、作家。代表作有《黄金时代》《白银时代》《青铜时代》《黑铁时代》等。王小波先后当过知青、民办教师、工人。1978年考入人民大学，后留学美国。

插队的时候，我喂过猪，也放过牛。假如没有人来管，这两种动物也完全知道该怎样生活。它们会自由自在地闲逛，饥则食渴则饮，春天来临时还要谈谈爱情；这样一来，它们的生活层次很低，完全乏善可陈。人来了以后，给它们的生活做出了安排：每一头牛和每一口猪的生活都有了主题。就它们中的大多数而言，这种生活主题是很悲惨的：前者的主题是干活，后者的主题是长肉。我不认为这有什么可抱怨的，因为我当时的生活也不见得丰富了多少，除了八个样板戏，也没有什么消遣。有极少数的猪和牛，它们的生活另有安排。以猪为例，种猪和母猪除了吃，还有别的事可干。就我所见，它们对这些安排也不大喜欢。种猪的任务是交配，换言之，我们的政策准许它当个花花公子。但是疲惫的种猪往往摆出一种肉猪(肉猪是阉过的)才有的正人君子架势，死活不肯跳到母猪背上去。母猪的任务是生崽儿，但有些母猪却要把猪崽儿吃掉。总的来说，人的安排使猪痛苦不堪。但它们还是接受了：猪总是猪啊。

对生活做种种设置是人特有的品性。不光是设置动物，也设置自己。我们知道，在古希腊有个斯巴达，那里的生活被设置得了无生趣，其目的就是要使男人成为亡命战士，使女人成为生育机器，前者像些斗鸡，后者像些母猪。这两类动物是很特别的，但我以为，它们肯定不喜欢自己的生活。但不喜欢又能怎么样？人也好，动物也罢，都很难改变自己的命运。

  以下谈到的一只猪有些与众不同。我喂猪时，它已经有四五岁了，从名分上说，它是肉猪，但长得又黑又瘦，两眼炯炯有光。这家伙像山羊一样敏捷，一米高的猪栏一跳就过；它还能跳上猪圈的房顶，这一点又像是猫——所以它总是到处游逛，根本就不在圈里呆着。所有喂过猪的知青都把它当宠儿来对待，它也是我的宠儿——因为它只对知青好，容许他们走到三米之内，要是别的人，它早就跑了。它是公的，原本该劁掉。不过你去试试看，哪怕你把劁猪刀藏在身后，它也能嗅出来，朝你瞪大眼睛，噢噢地吼起来。我总是用细米糠熬的粥喂它，等它吃够了以后，才把糠对到野草里喂别的猪。其他猪看了嫉妒，一起嚷起来。这时候整个猪场一片鬼哭狼嚎，但我和它都不在乎。吃饱了以后，它就跳上房顶去晒太阳，或者模仿各种声音。它会学汽车响、拖拉机响，学得都很像；有时整天不见踪影，我估计它到附近的村寨里找母猪去了。我们这里也有母猪，都关在圈里，被过度的生育搞得走了形，又脏又臭，它对它们不感兴趣；村寨里的母猪好看一些。它有很多精彩的事迹，但我喂猪的时间短，知道得有限，索性就不写了。总而言之，所有喂过猪的知青都喜欢它，喜欢它特立独行的派头儿，还说它活得潇洒。但老乡们就不这么浪漫，他们说，这猪不正经。领导则痛恨它，这一点以后还要谈到。我对它则不只是喜欢——我尊敬它，常常不顾自己虚长十几岁这一现实,把它叫做"猪兄"。如前所述,这位猪兄会模仿各种声音。我想它也学过人说话,但没有学会——假如学会了,我们就可以做倾心之谈。但这不能怪它。人和猪的音色差得太远了。

后来,猪兄学会了汽笛叫,这个本领给它招来了麻烦。我们那里有座糖厂,中午要鸣一次汽笛,让工人换班。我们队下地干活时,听见这次汽笛响就收工回来。我的猪兄每天上午十点钟总要跳到房上学汽笛,地里的人听见它叫就回来——这可比糖厂鸣笛早了一个半小时。坦白地说,这不能全怪猪兄,它毕竟不是锅炉,叫起来和汽笛还有些区别,但老乡们却硬说听不出来。领导上因此开了一个会,把它定成了破坏春耕的坏分子,要对它采取专政手段——会议的精神我已经知道了,但我不为它担忧——因为假如专政是指绳索和杀猪刀的话,那是一点门都没有的。以前的领导也不是没试过,一百人也逮不住它。狗也没用:猪兄跑起来像颗鱼雷,能把狗撞出一丈开外。谁知这回是动了真格的,指导员带了二十几个人,手拿五四式手枪;副指导员带了十几人,手持看青的火枪,分两路在猪场外的空地上兜捕它。这就使我陷入了内心的矛盾:按我和它的交情,我该舞起两把杀猪刀冲出去,和它并肩战斗,但我又觉得这样做太过惊世骇俗——它毕竟是只猪啊;还有一个理由,我不敢对抗领导,我怀疑这才是问题之所在。总之,我在一边看着。猪兄的镇定使我佩服之极:它很冷静地躲在手枪和火枪的连线之内,任凭人喊狗咬,不离那条线。这样,拿手枪的人开火就会把拿火枪的打死,反之亦然;两头同时开火,两头都会被打死。至于它,因为目标小，多半没事。就这样连兜了几个圈子，它找到了一个空子，一头撞出去了；跑得潇洒之极。以后我在甘蔗地里还见过它一次，它长出了獠牙，还认识我，但已不容我走近了。这种冷淡使我痛心，但我也赞成它对心怀叵测的人保持距离。

我已经四十岁了，除了这只猪，还没见过谁敢于如此无视对生活的设置。相反，我倒见过很多想要设置别人生活的人，还有对被设置的生活安之若素的人。因为这个缘故，我一直怀念这只特立独行的猪。

【选文出处】

王小波. 思维的乐趣[M]. 北京：中国人民大学出版社，2005.

 ## 阅读提示

《一只特立独行的猪》描写的是作者"文革"时期下乡插队时期的见闻，主角是一头猪。这是一个非常独特的叙述角度。

这头猪真是特立独行，它偏偏要挑战自己作为猪的命运。猪的不幸在于它们受制于人，而人又喜欢管控一切。人管控的出发点是人的利益，但也不是所有人的利益，而是管控者这个群体或个人的利益。因为其他的人也是被管控的，否则作者不会羡慕、尊敬、怀念这头猪。

要想反抗命运，首先要有意愿，这是一种内在动机。作者说："我倒见过很多想要设置别人生活的人，还有对被设置的生活安之若素的人。因为这个缘故，我一直怀念这只特立独行的猪。"更多的人和猪对命运是安之若素的，最多就是抱怨抱怨。

其次，反抗命运需要有实力。这头猪异常敏捷和聪慧，所以多次逃出人的魔爪，最终取得了胜利。

最后，这头猪还是有人支持的，就是那些知青。那些知青也不满意自己的命运，但无力反抗，所以通过羡慕这头猪而安慰自己的人生。虽然知青们不敢实质性地帮助这头猪，但他们也没有联合作恶。

比起人来，这头猪是幸运的。

思考与练习

1. 作为猪，它有哪些不快乐？
2. 一个特立独行的人会成功吗，为什么？
3. 以猪为主人公有什么寓意？

感　激

韩少功

韩少功，男，1953年生于湖南长沙，笔名少功、艄公等，当代著名作家。他于1974年开始发表作品，是倡导"寻根文学"并有突出实绩的重要作家，著有《韩少功文集》(十卷)。代表作品有：短篇小说《西望茅草地》《归去来》等，中篇小说《爸爸爸》《鞋癖》等，散文《世界》《完美的假定》等，长篇小说《马桥词典》，长篇笔记小说《暗示》，译作《生命中不能承受之轻》《惶然录》，散文集《山南水北》等。《西望茅草地》《飞过蓝天》分别获1980年、1981年全国优秀短篇小说奖。《马桥词典》获上海中长篇小说大奖、台湾《中国时报》和《联合报》最佳图书奖，入选海内外专家推选的"二十世纪华文小说百部经典"。《山南水北》获第四届鲁迅文学奖，《暗示》获华文媒体文学大奖小说奖。作品有英、法、荷、意、韩、西等多种外文译本在境外出版。2002年，他荣获法国文化部颁发的法兰西文艺骑士奖章。

　　将来有一天，我在弥留之际回想起这一辈子，会有一些感激的话涌在喉头。

　　我首先会感谢那些猪——作为一个中国的南方人，我这一辈子吃猪肉太多了，为了保证自己身体所需要的脂肪和蛋白质，我享受了人们对猪群的屠杀，忍看它们血淋淋地陈尸千万，悬挂在肉类加工厂里或者碎裂在菜市场的摊档上。

　　我还得深深地感谢那些牛——在农业机械化实现以前，它们一直承受着人类粮食生产中最沉重的一份辛劳，在泥水里累得四肢颤抖，口吐白沫，目光凄凉，但仍在鞭影飞舞之下埋着头拉犁向前。

我不会忘记鸡和鸭。它们生下白花花的宝贝蛋时，怀着生儿育女的美丽梦想，面红耳赤地大声歌唱，怎么也不会想到无情的人类会把它们的梦想一批批劫夺而去，送进油锅里或煎或炒，不容母亲们任何委屈和悲伤的申辩。

……

我还会想起很多我伤害过的生命，包括一只老鼠，一条蛀虫，一只蚊子。它们就没有活下去的权利么？如果人类有权吞食其他动物和植物，为什么它们就命中注定地没有？是谁粗暴而横蛮地制定了这种不平等规则，然后还要把它们毫不过分的需求描写成一种阴险、恶毒、卑劣的行径然后说得人们心惊肉跳？为了自己的生存，为了自己一种富足、舒适、安全的生存，我与我的同类一直像冷血暴君，用毒药或者利器消灭着它们，并且用谎言使自己心安理得。换句话说，它们因为弱小就被迫把生命空间让给了我们。

如果要说"原罪"，这可能就是我们的原罪。

我们欠下了它们太多。

我当然还得感谢人，这些与我同类和同种的生命体。说实话，我是一个不大喜欢人类的人道主义者。我不喜欢人类的贪婪、虚妄、装模作样、贵贱等级分明、有那么多国界、武器以及擅长假笑的大人物和小人物，但我一直受益于人类的智慧与同情心——如果没有这么多人与我相伴度过此生，如果没有人类几千年的文明创造，我至少不会读书和写作，眼下更不会懂得自省和感激。我在这个世界上将是一具没心肝的行尸走肉。

现在好了，有一个偿还欠债的机会了——如果我们以前错过了很多机会的话。大自然是公正的，最终赐给我们以死亡，让我们能够完全终止索取和侵夺，能够把心中的无限感激多少变成一些回报世界的实际行动。这样，我们将会变成腐泥，肥沃我们广袤的大地。我们将会变成蒸汽，滋润我们辽阔的天空。我们将偷偷潜入某一条根系，某一片绿叶，某一颗果实，尽量长得饱满肥壮和味道可口，让一切曾经为我们作出过牺牲的物种有机会大吃大喝，让它们在阳光下健康和快乐。哪怕是一只老鼠，一条蛀虫，一只蚊子，也将乐滋滋享受我们的骨血皮肉，咀嚼出吱吱嘎嘎的声响。

它们最终知道人类并不是忘恩负义的家伙，总有一天还能将功补过，把迟到的爱注入它们的躯体。

死亡是另一个过程的开始，是另一个光荣而高贵的过程的开始。想想看吧，如果没有死，在这个世界上，我们的生将是一次多么不光彩的欠债不还。

【选文出处】

韩少功. 山南水北：八溪峒笔记[M]. 上海：上海文艺出版社，2017.

 阅读提示

《感激》是当代著名作家韩少功《山南水北》散文集中的一篇，是作者假想在自己弥留之际想说的话。

《感激》是韩少功充满感恩和忏悔的真诚心灵告白，是对死亡的全新解读，是对生命意义的静心静寂地体认。"感恩""忏悔"是本文的主题。作者写道："我首先会感谢那些猪——作为一个中国的南方人，我这一辈子吃猪肉太多了，为了保证自己身体所需要的脂肪和蛋白质，我享受了人们对猪群的屠杀，忍看它们血淋淋地陈尸千万……""我还得深深地感谢那些牛……""我不会忘记鸡和鸭……""我还会想起很多我伤害过的生命……"我们人类"为了自己的生存,为了自己一种富足、舒适、安全的生存,我与我的同类一直像冷血暴君,用毒药或者利器消灭着它们,并且用谎言使自己心安理得。"于是,作者自然而然地产生了一种西方宗教式的"原罪"心理,并对人类的死亡进行了全新的解读。"大自然是公正的,最终赐给我们以死亡,让我们能够完全终止索取和侵夺,能够把心中的无限感激多少变成一些回报世界的实际行动。这样,我们将会变成腐泥,肥沃我们广袤的大地。""死亡是另一个过程的开始,是另一个光荣而高贵的过程的开始。想想看吧,如果没有死,在这个世界上,我们的生将是一次多么不光彩的欠债不还。"

《感激》是《山南水北》的精华,是一个生活亲历者的另类心灵报告;不仅对一切曾经有恩于自己的生物充满感激,而且还表达了对自己无意中伤害过的所有小生命的"愧疚"。如果说,余秋雨的散文注重形式与修辞,那么韩少功的散文则看重本色与自然。正如有评论家说:"韩少功将他执着的人生精神追求巧妙地融入文字中,不着痕迹,艺术与精神的纯度之高,可以说达到了'大象无形,大音希声'的'化境'。"

《山南水北》是作者的重要写实作品,讲述了他乡居多年的感受,记录了对山野自然和民间底层的深入体察,对农村风土文化的追问,以及对城市生活和现代文明的反思。细腻的笔调勾画了生动的人物和神奇的亲历,将历史的真相一步步揭示出来;在作品中,多种元素构成了作品凌厉而温厚的风格。这是一本对生活与文化不断提出问题的书,是一个亲历者的另类心灵报告。

山南水北为阳,看来似乎是"仁者乐山,智者乐水"的闲适山水之乐的综合,却又隐隐让人联想起"转战南北"的激烈。《山南水北》远远超越了作者通常的"寻根"与回乡的范畴,是作家怀着一种无比虔诚的心境去发现乡间乡土生活的美和善。其中既有生动的人物、神奇的经历、历史的真相,更有对生命意义的全新体认。在对乡村生活的自然描写之中,力图将被轻率删减的乡村的意义加入正在迅速更新的对中国的想象和认同中去,力图将那山、那水、那人民嵌入新的中国认同的形成过程中去,这是韩少功赋予《山南水北》的重要意义。

 思考与练习

1. 为什么说《感激》是韩少功充满感恩和忏悔的真诚心灵告白?
2. 作者在文中对死亡进行了怎样的全新解读?
3. 请对照卢梭《瓦尔登湖》,认真阅读《山南水北》,体味"现代化背景下乡村生活的意义"。

讲故事的人

——在诺贝尔文学奖颁奖典礼上的讲演

莫言

莫言,原名管谟业,1955年2月17日出生于山东高密,中国作家协会副主席,2012年诺贝尔文学奖获得者,也是第一个获得诺贝尔文学奖的中国籍作家。1981年莫言开始发表作品,一系列乡土作品充满"怀乡""怨乡"的复杂情感,被称为"寻根文学"作家。莫言的主要作品包括《丰乳肥臀》《蛙》《红高粱家族》《檀香刑》《生死疲劳》《四十一炮》等。其中,《红高粱家族》被译为20余种文字在全世界发行,并被张艺谋改编为电影获得国际大奖;长篇小说《蛙》于2011年获得第八届茅盾文学奖。

尊敬的瑞典学院各位院士,女士们、先生们:

通过电视或网络,我想在座的各位,对遥远的高密东北乡,已经有了或多或少的了解。你们也许看到了我的九十岁的老父亲,看到了我的哥哥姐姐我的妻子女儿和我的一岁零四个月的外孙女。但有一个此刻我最想念的人,我的母亲,你们永远无法看到了。我获奖后,很多人分享了我的光荣,但我的母亲却无法分享了。

我母亲生于一九二二年,卒于一九九四年。她的骨灰,埋葬在村庄东边的桃园里。去年,一条铁路要从那儿穿过,我们不得不将她的坟墓迁移到距离村子更远的地方。掘开坟墓后,我们看到,棺木已经腐朽,母亲的骨殖,已经与泥土混为一体。我们只好象征性地挖起一些泥土,移到新的墓穴里。也就是从那一时刻起,我感到,我的母亲是大地的一部分，我站在大地上的诉说，就是对母亲的诉说。

我是我母亲最小的孩子。我记忆中最早的一件事，是提着家里唯一的一把热水瓶去公共食堂打开水。因为饥饿无力，失手将热水瓶打碎，我吓得要命，钻进草垛，一天没敢出来。傍晚的时候，我听到母亲呼唤我的乳名。我从草垛里钻出来，以为会受到打骂，但母亲没有打我也没有骂我，只是抚摸着我的头，口中发出长长的叹息。

我记忆中最痛苦的一件事，就是跟随着母亲去集体的地里捡麦穗，看守麦田的人来了，捡麦穗的人纷纷逃跑。我母亲是小脚，跑不快，被捉住，那个身材高大的看守人扇了她一个耳光。她摇晃着身体跌倒在地。看守人没收了我们捡到的麦穗，吹着口哨扬长而去。我母亲嘴角流血，坐在地上，脸上那种绝望的神情让我终生难忘。多年之后，当那个看守麦田的人成为一个白发苍苍的老人，在集市上与我相逢，我冲上去想找他报仇，母亲拉住了我，平静地对我说："儿子，那个打我的人，与这个老人，并不是一个人。"

我记得最深刻的一件事是一个中秋节的中午，我们家难得地包了一顿饺子，每人只有一碗。正当我们吃饺子时，一个乞讨的老人，来到了我们家门口。我端起半碗红薯干打发他，他却愤愤不平地说："我是一个老人，你们吃饺子，却让我吃红薯干，你们的心是怎么长的？"我气急败坏地说："我们一年也吃不了几次饺子，一人一小碗，连半饱都吃不了！给你红薯干就不错了，你要就要，不要就滚！"母亲训斥了我，然后端起她那半碗饺子，倒进老人碗里。

我最后悔的一件事，就是跟着母亲去卖白菜，有意无意地多算了一位买白菜的老人一毛钱。算完钱我就去了学校。当我放学回家时，看到很少流泪的母亲泪流满面。母亲并没有骂我，只是轻轻地说："儿子，你让娘丢了脸。"

我十几岁时，母亲患了严重的肺病，饥饿，病痛，劳累，使我们这个家庭陷入了困境，看不到光明和希望。我产生了一种强烈的不祥之兆，以为母亲随时都会自寻短见。每当我劳动归来，一进大门，就高喊母亲，听到她的回应，心中才感到一块石头落了地，如果一时听不到她的回应，我就心惊胆战，跑到厢房和磨坊里寻找。有一次，找遍了所有的房间也没有见到母亲的身影，我便坐在院子里大哭。这时，母亲背着一捆柴草从外边走进来。她对我的哭很不满，但我又不能对她说出我的担忧。母亲看透我的心思，她说："孩子，你放心，尽管我活着没有一点乐趣，但只要阎王爷不叫我，我是不会去的。"我生来相貌丑陋，村子里很多人当面嘲笑我，学校里有几个性格霸蛮的同学甚至为此打我。我回家痛哭，母亲对我说："儿子，你不丑，你不缺鼻子不缺眼，四肢健全，丑在哪里？而且，只要你心存善良，多做好事，即便是丑，也能变美。"后来我进入城市，有一些很有文化的人依然在背后甚至当面嘲弄我的相貌，我想起了母亲的话，便心平气和地向他们道歉。

我母亲不识字，但对识字的人十分敬重。我们家生活困难，经常吃了上顿没下顿，但只要我对她提出买书买文具的要求，她总是会满足我。她是个勤劳的人，讨厌懒惰的孩子，但只要是我因为看书耽误了干活，她从来没批评过我。有一段时间，集市上来了一个说书人。我偷偷地跑去听书，忘记了她分配给我的活儿。为此，母亲批评了我。

晚上,当她就着一盏小油灯为家人赶制棉衣时,我忍不住地将白天从说书人那里听来的故事复述给她听。起初她有些不耐烦,因为在她心目中,说书人都是油嘴滑舌、不务正业的人,从他们嘴里,冒不出什么好话来。但我复述的故事,渐渐地吸引了她。以后每逢集日,她便不再给我排活儿,默许我去集上听书。为了报答母亲的恩情,也为了向她炫耀我的记忆力,我会把白天听到的故事,绘声绘色地讲给她听。

很快的,我就不满足复述说书人讲的故事了,我在复述的过程中,不断地添油加醋。我会投我母亲所好,编造一些情节,有时候甚至改变故事的结局。我的听众,也不仅仅是我的母亲,连我的姐姐,我的婶婶,我的奶奶,都成为我的听众。我母亲在听完我的故事后,有时会忧心忡忡地,像是对我说,又像是自言自语:"儿啊,你长大后会成为一个什么人呢?难道要靠耍贫嘴吃饭吗?"我理解母亲的担忧,因为在村子里,一个贫嘴的孩子,是招人厌烦的,有时候还会给自己和家庭带来麻烦。我在小说《牛》里所写的那个因为话多被村里人厌恶的孩子,就有我童年时的影子。我母亲经常提醒我少说话,她希望我能做一个沉默寡言、安稳大方的孩子。但在我身上,却显露出极强的说话能力和极大的说话欲望,这无疑是极大的危险,但我说故事的能力,又带给了她愉悦,这使她陷入深深的矛盾之中。

俗话说"江山易改,本性难移",尽管我有父母亲的谆谆教导,但我并没有改掉我喜欢说话的天性,这使得我的名字"莫言",很像对自己的讽刺。我小学未毕业即辍学,因为年幼体弱，干不了重活，只好到荒草滩上去放牧牛羊。当我牵着牛羊从学校门前路过，看到昔日的同学在校园里打打闹闹，我心中充满悲凉，深深地体会到一个人——哪怕是一个孩子——离开群体后的痛苦。到了荒滩上，我把牛羊放开，让它们自己吃草。蓝天如海，草地一望无际，周围看不到一个人影，没有人的声音，只有鸟儿在天上鸣叫。我感到很孤独，很寂寞，心里空空荡荡。有时候，我躺在草地上，望着天上懒洋洋地飘动着的白云，脑海里便浮现出许多莫名其妙的幻象。我们那地方流传着许多狐狸变成美女的故事。我幻想着能有一个狐狸变成美女与我来做伴放牛，但她始终没有出现。但有一次，一只火红色的狐狸从我面前的草丛中跳出来时，我被吓得一屁股蹲在地上。狐狸跑没了踪影，我还在那里颤抖。有时候我会蹲在牛的身旁，看着湛蓝的牛眼和牛眼中的我的倒影。有时候我会模仿着鸟儿的叫声试图与天上的鸟儿对话，有时候我会对一棵树诉说心声。但鸟儿不理我，树也不理我——许多年后，当我成为一个小说家，当年的许多幻想，都被我写进了小说。很多人夸我想象力丰富，有一些文学爱好者，希望我能告诉他们培养想象力的秘诀，对此，我只能报以苦笑。就像中国的先贤老子所说的那样："福兮祸所伏，祸兮福所倚"，我童年辍学，饱受饥饿、孤独、无书可读之苦，但我因此也像我们的前辈作家沈从文那样，及早地开始阅读社会人生这本大书。前面所提到的到集市上去听说书人说书，仅仅是这本大书中的一页。

辍学之后，我混迹于成人之中，开始了"用耳朵阅读"的漫长生涯。二百多年前，我的故乡曾出了一个讲故事的伟大天才——蒲松龄，我们村里的许多人，包括我，都是他的传人。我在集体劳动的田间地头，在生产队的牛棚马厩，在我爷爷奶奶的热炕头上，甚至在摇摇晃晃地行进着的牛车上，聆听了许许多多神鬼故事、历史传奇、逸闻趣事，这些故事都与当地的自然环境、家庭历史紧密联系在一起，使我产生了强烈的现实感。

我做梦也想不到有朝一日这些东西会成为我的写作素材，我当时只是一个迷恋故事的孩子，醉心地聆听着人们的讲述。那时我是一个绝对的有神论者，我相信万物都有灵性，我见到一棵大树会肃然起敬。我看到一只鸟会感到它随时会变化成人，我遇到一个陌生人，也会怀疑他是一个动物变化而成。每当夜晚我从生产队的记工房回家时，无边的恐惧便包围了我，为了壮胆，我一边奔跑一边大声歌唱。那时我正处在变声期，嗓音嘶哑，声调难听，我的歌唱，是对我的乡亲们的一种折磨。

我在故乡生活了二十一年，其间离家最远的是乘火车去了一次青岛，还差点迷失在木材厂的巨大木材之间，以至于我母亲问我去青岛看到了什么风景时，我沮丧地告诉她：什么都没看到，只看到了一堆堆的木头。但也就是这次青岛之行，使我产生了想离开故乡到外边去看世界的强烈愿望。

一九七六年二月，我应征入伍，背着我母亲卖掉结婚时的首饰帮我购买的四本《中国通史简编》，走出了高密东北乡这个既让我爱又让我恨的地方，开始了我人生的重要时期。我必须承认，如果没有多年来中国社会的巨大发展与进步，如果没有改革开放，也不会有我这样一个作家。

在军营的枯燥生活中，我迎来了八十年代的思想解放和文学热潮，我从一个用耳朵聆听故事，用嘴巴讲述故事的孩子，开始成为尝试用笔来讲述故事的人。起初的道路并不平坦，我那时并没有意识到我二十多年的农村生活经验是文学的富矿，那时我以为文学就是写好人好事，就是写英雄模范，所以，尽管也发表了几篇作品，但文学价值很低。

一九八四年秋，我考入解放军艺术学院文学系。在我的恩师著名作家徐怀中的启发指导下，我写出了《秋水》《枯河》《透明的红萝卜》《红高粱》等一批中短篇小说。在《秋水》这篇小说里，第一次出现了"高密东北乡"这个字眼儿，从此，就如同一个四处游荡的农民有了一片土地，我这样一个文学的流浪汉，终于有了一个可以安身立命的场所。我必须承认，在创建我的文学领地"高密东北乡"的过程中，美国的威廉·福克纳和哥伦比亚的加西亚·马尔克斯给了我重要启发。我对他们的阅读并不认真，但他们开天辟地的豪迈精神激励了我，使我明白了一个作家必须要有一块属于自己的地方。一个人在日常生活中应该谦卑退让，但在文学创作中，必须颐指气使，独断专行。

我追随在这两位大师身后两年，即意识到，必须尽快地逃离他们，我在一篇文章中写道：他们是两座灼热的火炉，而我是冰块，如果离他们太近，会被他们蒸发掉。根据我的体会，一个作家之所以会受到某一位作家的影响，其根本是因为影响者和被影响者灵魂深处的相似之处。正所谓"心有灵犀一点通"。所以，尽管我没有很好地去读他们的书，但只读过几页，我就明白了他们干了什么，也明白了他们是怎样干的，随即我也就明白了我该干什么和我该怎样干。我该干的事情其实很简单，那就是用自己的方式，讲自己的故事。我的方式，就是我所熟知的集市说书人的方式，就是我的爷爷奶奶、村里的老人们讲故事的方式。坦率地说，讲述的时候，我没有想到谁会是我的听众，也许我的听众就是那些如我母亲一样的人，也许我的听众就是我自己。我自己的故事，起初就是我的亲身经历，譬如《枯河》中那个遭受痛打的孩子，譬如《透明的红萝卜》中那个自始至终一言不发的孩子。

我的确曾因为干过一件错事而受到过父亲的痛打，我也的确曾在桥梁工地上为铁匠师傅拉过风箱。当然，个人的经历无论多么奇特也不可能原封不动地写进小说，小说必须虚构，必须想象。很多朋友说《透明的红萝卜》是我最好的小说，对此我不反驳，也不认同，但我认为《透明的红萝卜》是我的作品中最有象征性、最意味深长的一部。那个浑身漆黑、具有超人的忍受痛苦的能力和超人的感受能力的孩子，是我全部小说的灵魂，尽管在后来的小说里，我写了很多的人物，但没有一个人物，比他更贴近我的灵魂。或者可以说，一个作家所塑造的若干人物中，总有一个领头的，这个沉默的孩子就是一个领头的，他一言不发，但却有力地领导着形形色色的人物，在高密东北乡这个舞台上，尽情地表演。自己的故事总是有限的，讲完了自己的故事，就必须讲他人的故事。于是，我的亲人们的故事，我的村人们的故事，以及我从老人们口中听到过的祖先们的故事，就像听到集合令的士兵一样，从我的记忆深处涌出来。他们用期盼的目光看着我，等待着我去写他们。我的爷爷、奶奶、父亲、母亲、哥哥、姐姐、姑姑、叔叔、妻子、女儿，都在我的作品里出现过，还有很多的我们高密东北乡的乡亲，也都在我的小说里露过面。当然，我对他们，都进行了文学化的处理，使他们超越了他们自身，成为文学中的人物。

我最新的小说《蛙》中，就出现了我姑姑的形象。因为我获得诺贝尔奖，许多记者到她家采访，起初她还很耐心地回答提问，但很快便不胜其烦，跑到县城里她儿子家躲起来了。姑姑确实是我写《蛙》时的模特，但小说中的姑姑，与现实生活中的姑姑有着天壤之别。小说中的姑姑专横跋扈，有时简直像个女匪，现实中的姑姑和善开朗，是一个标准的贤妻良母。现实中的姑姑晚年生活幸福美满，小说中的姑姑到了晚年却因为心灵的巨大痛苦患上了失眠症，身披黑袍，像个幽灵一样在暗夜中游荡。我感谢姑姑的宽容，她没有因为我在小说中把她写成那样而生气；我也十分敬佩我姑姑的明智，她正确地理解了小说中人物与现实中人物的复杂关系。母亲去世后，我悲痛万分，决定写一部书献给她。这就是那本《丰乳肥臀》。因为胸有成竹，因为情感充盈，仅用了八十三天，我便写出了这部长达五十万字的小说的初稿。

在《丰乳肥臀》这本书里，我肆无忌惮地使用了与我母亲的亲身经历有关的素材，但书中的母亲情感方面的经历，则是虚构或取材于高密东北乡诸多母亲的经历。在这本书的卷前语上，我写下了"献给母亲在天之灵"的话，但这本书，实际上是献给天下母亲的，这是我狂妄的野心，就像我希望把小小的"高密东北乡"写成中国乃至世界的缩影一样。

作家的创作过程各有特色，我每本书的构思与灵感触发也都不尽相同。有的小说起源于梦境，譬如《透明的红萝卜》，有的小说则发端于现实生活中发生的事件——譬如

《天堂蒜薹之歌》。但无论是起源于梦境还是发端于现实，最后都必须和个人的经验相结合，才有可能变成一部具有鲜明个性的、用无数生动细节塑造出了典型人物的、语言丰富多彩、结构匠心独运的文学作品。有必要特别提及的是，在《天堂蒜薹之歌》中，我让一个真正的说书人登场，并在书中扮演了十分重要的角色。我十分抱歉地使用了这个说书人的真实姓名，当然，他在书中的所有行为都是虚构。在我的写作中，出现过多次这样的现象，写作之初，我使用他们的真实姓名，希望能借此获得一种亲近感，但作品完成之后，我想为他们改换姓名时却感到已经不可能了，因此也发生过与我小说中人物同名者找到我父亲发泄不满的事情，我父亲替我向他们道歉，但同时又开导他们不要当真。我父亲说："他在《红高粱》中，第一句就说'我父亲这个土匪种'，我都不在意，你们还在意什么？"

我在写作《天堂蒜薹之歌》这类逼近社会现实的小说时，面对着的最大问题，其实不是我敢不敢对社会上的黑暗现象进行批评，而是这燃烧的激情和愤怒会让政治压倒文学，使这部小说变成一个社会事件的纪实报告。小说家是社会中人，他自然有自己的立场和观点，但小说家在写作时，必须站在人的立场上，把所有的人都当作人来写。

只有这样，文学才能发端事件但超越事件，关心政治但大于政治。可能是因为我经历过长期的艰难生活，使我对人性有较为深刻的了解。我知道真正的勇敢是什么，也明白真正的悲悯是什么。我知道，每个人心中都有一片难用是非善恶准确定性的朦胧地带，而这片地带，正是文学家施展才华的广阔天地。只要是准确地、生动地描写了这个充满矛盾的朦胧地带的作品，也就必然地超越了政治并具备了优秀文学的品质。

　　喋喋不休地讲述自己的作品是令人厌烦的，但我的人生是与我的作品紧密相连的，不讲作品，我感到无从下嘴，所以还得请各位原谅。在我的早期作品中，我作为一个现代的说书人，是隐藏在文本背后的，但从《檀香刑》这部小说开始，我终于从后台跳到了前台。如果说我早期的作品是自言自语，目无读者，从这本书开始，我感觉到自己是站在一个广场上，面对着许多听众，绘声绘色地讲述。这是世界小说的传统，更是中国小说的传统。我也曾积极地向西方的现代派小说学习，也曾经玩弄过形形色色的叙事花样，但我最终回归了传统。

　　当然，这种回归，不是一成不变的回归，《檀香刑》和之后的小说，是继承了中国古典小说传统又借鉴了西方小说技术的混合文本。小说领域的所谓创新，基本上都是这种混合的产物。不仅仅是本国文学传统与外国小说技巧的混合，也是小说与其他的艺术门类的混合，就像《檀香刑》是与民间戏曲的混合，就像我早期的一些小说从美术、音乐，甚至杂技中汲取了营养一样。

　　最后，请允许我再讲一下我的《生死疲劳》。这个书名来自佛教经典，据我所知，为翻译这个书名，各国的翻译家都很头痛。我对佛教经典并没有深入研究，对佛教的理解自然十分肤浅，之所以以此为题，是因为我觉得佛教的许多基本思想，是真正的宇宙意识，人世中许多纷争，在佛家的眼里，是毫无意义的。这样一种至高眼界下的人世，显得十分可悲。当然，我没有把这本书写成布道词，我写的还是人的命运与人的情感,人的局限与人的宽容,以及人为追求幸福、坚持自己的信念所作出的努力与牺牲。小说中那位以一己之身与时代潮流对抗的蓝脸,在我心目中是一位真正的英雄。这个人物的原型,是我们邻村的一位农民,我童年时,经常看到他推着一辆吱吱作响的木轮车,从我家门前的道路上通过。给他拉车的,是一头瘸腿的毛驴,为他牵驴的,是他小脚的妻子。这个奇怪的劳动组合,在当时的集体化社会里,显得那么古怪和不合时宜,在我们这些孩子的眼里,也把他们看成是逆历史潮流而动的小丑,以至于当他们从街上经过时,我们会充满义愤地朝他们投掷石块。事过多年,当我拿起笔来写作时,这个人物,这个画面,便浮现在我的脑海中。我知道,我总有一天会为他写一本书,我迟早要把他的故事讲给天下人听,但一直到了二〇〇五年,当我在一座庙宇里看到"六道轮回"的壁画时,才明白了讲述这个故事的正确方法。

我获得诺贝尔文学奖后,引发了一些争议。起初,我还以为大家争议的对象是我,渐渐的,我感到这个被争议的对象,是一个与我毫不相干的人。我如同一个看戏人,看着众人的表演。我看到那个得奖人身上落满了花朵,也被掷上了石块、泼上了脏水。我生怕他被打垮,但他微笑着从花朵和石块中钻出来,擦干净身上的脏水,坦然地站在一边,对着众人说:对一个作家来说,最好的说话方式是写作。我该说的话都写进了我的作品里。用嘴说出的话随风而散,用笔写出的话永不磨灭。我希望你们能耐心地读一下我的书,当然,我没有资格强迫你们读我的书。

即便你们读了我的书,我也不期望你们能改变对我的看法,世界上还没有一个作家,能让所有的读者都喜欢他。

在当今这样的时代里，更是如此。

尽管我什么都不想说，但在今天这样的场合我必须说话，那我就简单地再说几句。

我是一个讲故事的人，我还是要给你们讲故事。上世纪六十年代，我上小学三年级的时候，学校里组织我们去看一个苦难展览，我们在老师的引领下放声大哭。为了能让老师看到我的表现，我舍不得擦去脸上的泪水。我看到有几位同学悄悄地将唾沫抹到脸上冒充泪水。我还看到在一片真哭假哭的同学之间，有一位同学，脸上没有一滴泪，嘴巴里没有一点声音，也没有用手掩面。他睁着大眼看着我们，眼睛里流露出惊讶或者是困惑的神情。事后，我向老师报告了这位同学的行为。为此，学校给了这位同学一个警告处分。多年之后，当我因自己的告密向老师忏悔时，老师说，那天来找他说这件事的，有十几个同学。这位同学十几年前就已去世，每当想起他，我就深感歉疚。这件事让我悟到一个道理，那就是：当众人都哭时，应该允许有的人不哭。当哭成为一种表演时，更应该允许有的人不哭。

我再讲一个故事：三十多年前，我还在部队工作。有一天晚上，我在办公室看书，有一位老长官推门进来，看了一眼我对面的位置，自言自语道："噢，没有人？"我随即站起来，高声说："难道我不是人吗？"那位老长官被我顶得面红耳赤，尴尬而退。为此事，我洋洋得意了许久，以为自己是个英勇的斗士，但事过多年后，我却为此深感内疚。请允许我讲最后一个故事，这是许多年前我爷爷讲给我听过的：有八个外出打工的泥瓦匠，为避一场暴风雨，躲进了一座破庙。外边的雷声一阵紧似一阵，一个个的火球，在庙门外滚来滚去，空中似乎还有吱吱的龙叫声。众人都胆战心惊，面如土色。有一个人说："我们八个人中，必定一个人干过伤天害理的坏事，谁干过坏事，就自己走出庙接受惩罚吧，免得让好人受到牵连。"自然没有人愿意出去。又有人提议道："既然大家都不想出去，那我们就将自己的草帽往外抛吧，谁的草帽被刮出庙门，就说明谁干了坏事，那就请他出去接受惩罚。"于是大家就将自己的草帽往庙门外抛，七个人的草帽被刮回了庙内，只有一个人的草帽被卷了出去。大家就催这个人出去受罚，他自然不愿出去，众人便将他抬起来扔出了庙门。故事的结局我估计大家都猜到了——那个人刚被扔出庙门，那座破庙轰然坍塌。

我是一个讲故事的人。因为讲故事我获得了诺贝尔文学奖。我获奖后发生了很多精彩的故事，这些故事，让我坚信真理和正义是存在的。

今后的岁月里，我将继续讲我的故事。

谢谢大家！

【选文出处】

莫言. 讲故事的人——在诺贝尔文学奖颁奖典礼上的讲演[J]. 当代作家评论，2013(1):4-10.

 阅读提示

2012年10月11日，瑞典文学院宣布中国作家莫言获得诺贝尔文学奖。获奖理由是：通过魔幻现实主义将民间故事、历史与当代社会融合在一起。这篇《讲故事的人——在诺贝尔文学奖颁奖典礼上的讲演》就是莫言于12月10日在瑞典首都斯德哥尔摩举行的诺贝尔奖颁奖典礼晚宴上发表的获奖感言。

在这篇演讲中,莫言将自己的文学创作称之为"讲故事"。之所以会选择这个主题,莫言的解释是,"讲故事是人类的天性。但是讲故事变成一种职业以后,目的就不仅仅是愉悦他人。他用自己的故事来表达对人生社会的种种看法。"莫言还透露自己只用了两天的时间就完成了演讲稿,"两天中还在网上泡了很久,没有压力,很轻松。我对准备演讲稿没有任何压力。想要把世界上所有问题都在演讲稿里讲一遍是不可能的,我就讲自己,讲真话。"

莫言先讲述了自己的成长与母亲的故事,他记忆中最早的一件事、最痛苦的一件事、最深刻的一件事和最后悔的一件事。接着,莫言通过对《透明的红萝卜》《蛙》《丰乳肥臀》《天堂蒜薹之歌》《檀香刑》和《生死疲劳》等代表作品的故事背景解读,介绍了自己创作的源泉和过程,还特别提到了蒲松龄对他的影响。

莫言文学馆馆长毛维杰认为,莫言这次在瑞典演讲,以"讲故事的人"为题,以其一贯风格,向全世界讲述了他的中国故事。莫言对于童年和母亲的回忆令人印象深刻,表现了他的平民意识和乡土情怀。整个演讲从很个人化的角度,讲到了他自己的成长经历和文学经验,对民众理解莫言及中国当代文学,意义非同寻常。

把莫言演讲说成"像中学生作文"的说法,应该是没有深入了解莫言文学创作的缘由,说这话的人应该是没有读懂他演讲的内涵。莫言是个讲真话的人,他演讲的内容是平实和深刻的。

莫言的这篇演讲很个性,也很智慧。他的智慧在于,特别强调童年记忆、乡土亲情对他的滋养,其实这就是文学最本质的东西。文学要立足于自己的文化之根、民族之根、历史之根和社会之根,莫言把这个表达得很充分、很突出,这就够了。

瑞典文学院院士、诺贝尔文学奖评委马悦然评价莫言的演讲:演讲非常好,他讲他的母亲是非常动人的,他是一个会讲故事的人,所以,瑞典文学院就把今年的诺贝尔文学奖颁发给他了,因为他会讲故事。

马悦然还说,莫言是一个独特的作家,没有一个当代的中国作家像他那样的写法,他是独特的一个人,他生来就是一个讲故事的人。

此外,针对瑞典媒体对莫言的一些评价,马悦然谈出了自己的看法。他说:"有很多瑞典的媒体,他们根本没有读过莫言的东西。他们就批评,这个很不好。"

著名诗人、学者、文化批评家叶匡政认为,莫言的演讲可以用三个词形容:质朴、真实、含蓄。

众所周知,诺贝尔文学奖是有一定的价值坚守的,这种价值坚守带着非常浓厚的西方世界的人文理想色彩。那么,作为第一个获此奖的中国人,莫言会如何表达,一直都是很多人所关心的,莫言的表现恰如其分,照顾了东西方不同文化下的人们的感受。

网上有评论说莫言讲得太简单了,我不这么看。我觉得正好符合他本身的性格,也符合东方人含蓄和意境深远的传统。西方人往往直率,而东方人在公共场合,则相对含蓄得多,不太善于直抒胸臆,反而善于用故事、寓言来表达自我。

莫言在演讲中讲了很多故事,有他童年的生活,对父母的记忆。这些故事中,其实蕴含着他自己的价值坚守,蕴含着他在这一片故土中的生存认知,即便有些认知是非常残酷的。不同的人们,可以在他的故事中获得不同的理解和感受,我想,这恐怕要比说一通儿文学理论给人的印象要好得多,也深刻得多。

同时,莫言的演讲其实也非常符合人们对于诺奖作家的期待。我发现,很多诺奖作家的演讲,都会从一些具体的故事开始,比如罗马尼亚的诺奖作家,是从一块手绢开始,那一块手绢印刻着他对于生活、对于童年最深刻的记忆。莫言的演讲则从他的母亲开始,他的整个演讲里,充满了他对于故土、对于亲人、对于文学的思考,而这些思考全部蕴含在一个个故事之中,真实、质朴,而又让人感动。

著名作家、《收获》杂志副编审、《莫言评传》的作者叶开认为,把莫言演讲说成"小儿科"可以视为一种特殊的表扬。圣·埃克苏佩里在《小王子》里曾讽刺过一些自以为是的"大儿科",正好可以作为回答。

莫言最后讲的三个小故事寓意深远,网络上的解读也是见仁见智。在叶开看来,这是莫言对质疑者的回应,其中有"庄子般的智慧"。在他看来,第一个"装哭"的故事,实际上关乎多元与宽容。第二个"顶撞老长官"的故事则是在说,过分的自尊也是一种对他人的伤害。

思考与练习

  1. 说说你对父亲或母亲记忆最深的几件事情，看看这几件事情连缀起来将给人展现出一个怎样的父亲(或母亲)的形象。

  2. 在中外文学作品中，母亲角色往往有着两种极端对立的艺术形象，类似童话世界里同时存在的亲妈和后妈，对此你如何解释？对照阅读张爱玲笔下的母亲，或者关注当下微信公众号的一些相关主题的爆款文章，如《被朱雨辰妈妈这让人窒息的母爱吓到！谁敢跟他的儿子结婚？》《灰姑娘是如何杀出原生家庭的？》，谈谈你对父母子女关系的理解。

  3. 网上找找俞敏洪、乔布斯等名人的演讲词，看看这些演讲词有何共同的特点？选择一个主题，尝试在班级举办一个小型的演讲比赛。

听听那冷雨[1]

余光中

余光中(1928—2017),当代著名作家、诗人、学者、翻译家,出生于南京,祖籍福建永春。

余光中一生从事诗歌、散文、评论、翻译,称之为自己写作的"四度空间",被誉为文坛的"璀璨五彩笔"。余光中驰骋文坛逾半个世纪,涉猎广泛,被誉为"艺术上的多妻主义者"。其文学生涯悠远、辽阔、深沉,现已出版诗集21种,散文集11种,评论集5种,翻译集13种,共40余种。代表作有《白玉苦瓜》(诗集)、《记忆像铁轨一样长》(散文集)及《分水岭上:余光中评论文集》(评论集)等,其诗作如《乡愁》《乡愁四韵》,散文如《听听那冷雨》《我的四个假想敌》等,广泛收录于大陆及港台语文课本。

惊蛰一过,春寒加剧。先是料料峭峭,继而雨季开始,时而淋淋漓漓,时而淅淅沥沥,天潮潮地湿湿,即连在梦里,也似乎把伞撑着。而就凭一把伞,躲过一阵潇潇的冷雨,也躲不过整个雨季。连思想也都是潮润润的。每天回家,曲折穿过金门街到厦门街迷宫式的长巷短巷,雨里风里,走入霏霏令人更想入非非。想这样子的台北凄凄切切完全是黑白片的味道,想整个中国整部中国的历史无非是一张黑白片子,片头到片尾,一直是这样下着雨的。这种感觉,不知道是不是从安东尼奥尼[2]那里来的。不过那一块土地是久违了,二十五年,四分之一的世纪,即使有雨,也隔着千山万山,千伞万伞。二十五年,一切都断了,只有气候,只有气象报告还牵连在一起。大寒流从那块土地上弥天卷来,这种酷冷吾与古大陆分担。不能扑进她怀里,被她的裙边扫一扫吧也算是安慰孺慕之情[3]。

这样想时，严寒里竟有一点温暖的感觉了。这样想时，他希望这些狭长的巷子永远延伸下去，他的思路也可以延伸下去，不是金门街到厦门街，而是金门到厦门。他是厦门人，至少是广义的厦门人，二十年来，不住在厦门，住在厦门街，算是嘲弄吧，也算是安慰。不过说到广义，他同样也是广义的江南人，常州人，南京人，川娃儿，五陵少年[4]。杏花春雨江南，那是他的少年时代了。再过半个月就是清明。安东尼奥尼的镜头摇过去，摇过去又摇过来。残山剩水犹如是。皇天后土犹如是。纭纭黔首[5]纷纷黎民从北到南犹如是。那里面是中国吗？那里面当然还是中国永远是中国。只是杏花春雨已不再，牧童遥指已不再，剑门细雨渭城轻尘也都已不再。然则他日思夜梦的那片土地，究竟在哪里呢？

在报纸的头条标题里吗？还是香港的谣言里？还是傅聪[6]的黑键白键马思聪[7]的跳弓拨弦？还是安东尼奥尼的镜底勒马洲的望中？还是呢，故宫博物院的壁头和玻璃橱内，京戏的锣鼓声中太白和东坡的韵里？

杏花。春雨。江南。六个方块字，或许那片土就在那里面。而无论赤县也好神州也好中国也好，变来变去，只要仓颉的灵感不灭，美丽的中文不老，那形象，那磁石一般的向心力当必然长在。因为一个方块字是一个天地。太初有字，于是汉族的心灵他祖先的回忆和希望便有了寄托。譬如凭空写一个"雨"字，点点滴滴，滂滂沱沱，淅沥淅沥淅沥，一切云情雨意，就宛然其中了。视觉上的这种美感，岂是什么rain也好pluie也好所能满足？翻开一部《辞源》或《辞海》，金木水火土，各成世界，而一入"雨"部，古神州的天颜千变万化，便悉在望中，美丽的霜雪云霞，骇人的雷电霹雳，展露的无非是神的好脾气与坏脾气，气象台百读不厌门外汉百思不解的百科全书。

听听，那冷雨。看看，那冷雨。嗅嗅闻闻，那冷雨，舔舔吧那冷雨。雨下在他的伞上这城市百万人的伞上雨衣上屋上天线上，雨下在基隆港在防波堤在海峡的船上，清明这季雨。雨是女性，应该最富于感性。雨气空蒙而迷幻，细细嗅嗅，清清爽爽新新，有一点点薄荷的香味，浓的时候，竟发出草和树沐发后特有的淡淡土腥气，也许那竟是蚯蚓和蜗牛的腥气吧，毕竟是惊蛰了啊。也许地上的地下的生命也许古中国层层叠叠的记忆皆蠢蠢而蠕，也许是植物的潜意识和梦吧，那腥气。

第三次去美国，在高高的丹佛他山居住了两年。美国的西部，多山多沙漠，千里干旱，天，蓝似安格罗·萨克逊人[8]的眼睛，地，红如印第安人的肌肤，云，却是罕见的白鸟。落矶山簇簇耀目的雪峰上，很少飘云牵雾。一来高，二来干，三来森林线以上，杉柏也止步，中国诗词里"荡胸生层云"，或是"商略黄昏雨"的意趣，是落矶山上难睹的景象。落矶山岭之胜，在石，在雪。那些奇岩怪石，相叠互倚，砌一场惊心动魄的雕塑展览，给太阳和千里的风看。那雪，白得虚虚幻幻，冷得清清醒醒，那股皑皑不绝一仰难尽的气势，压得人呼吸困难，心寒眸酸。不过要领略"白云回望合，青霭入看无"的境界，仍须回来中国。台湾湿度很高，最饶云气氤氲雨意迷离的情调。两度夜宿溪头，树香沁鼻，宵寒袭肘，枕着润碧湿翠苍苍交叠的山影和万籁都歇的岑寂，仙人一样睡去。山中一夜饱雨，次晨醒来，在旭日未升的原始幽静中，冲着隔夜的寒气，踏着满地的断柯折枝和仍在流泻的细股雨水，一径探入森林的秘密，曲曲弯弯，步上山去。溪头的山，树密雾浓，蓊郁的水气从谷底冉冉升起，时稠时稀，蒸腾多姿，幻化无定，只能从雾破云开的空处，窥见乍现即隐的一峰半壑，要纵览全貌，几乎是不可能的。至少入山两次，只能在白茫茫里和溪头诸峰玩捉迷藏的游戏。回到台北，世人问起，除了笑而不答心自闲，故作神秘之外，实际的印象，也无非山在虚无之间罢了。云缭烟绕，山隐水迢的中国风景，由来予人宋画的韵味。那天下也许是赵家的天下，那山水却是米家的山水[9]。而究竟，是米氏父子下笔像中国的山水，还是中国的山水上纸像宋画，恐怕是谁也说不清楚了吧？

雨不但可嗅，可观，更可以听。听听那冷雨。听雨，只要不是石破天惊的台风暴雨，在听觉上总是一种美感。大陆上的秋天，无论是疏雨滴梧桐，或是骤雨打荷叶，听去总有一点凄凉，凄清，凄楚，于今在岛上回味，则在凄楚之外，更笼上一层凄迷了。饶你多少豪情侠气，怕也经不起三番五次的风吹雨打。一打少年听雨，红烛昏沉。再打中年听雨，客舟中，江阔云低。三打白头听雨在僧庐下，这便是亡宋之痛，一颗敏感心灵的一生：楼上，江上，庙里，用冷冷的雨珠子串成。十年前，他曾在一场摧心折骨的鬼雨中迷失了自己。雨，该是一滴湿漓漓的灵魂，窗外在喊谁。

雨打在树上和瓦上，韵律都清脆可听。尤其是铿铿敲在屋瓦上，那古老的音乐，属于中国。王禹偁[10]在黄冈，破如椽的大竹为屋瓦。据说住在竹楼上面，急雨声如瀑布，密雪声比碎玉，而无论鼓琴，咏诗，下棋，投壶，共鸣的效果都特别好。这样岂不像是住在竹筒里面，任何细脆的声响，怕都会加倍夸大，反而令人耳朵过敏吧。

雨天的屋瓦，浮漾湿湿的流光，灰而温柔，迎光则微明，背光则幽黯，对于视觉，是一种低沉的安慰。至于雨敲在鳞鳞千瓣的瓦上，由远而近，轻轻重重轻轻：夹着一股股的细流沿瓦槽与屋檐潺潺泻下，各种敲击音与滑音密织成网，谁的千指百指在按摩耳轮。"下雨了"，温柔的灰美人来了，她冰冰的纤手在屋顶拂弄着无数的黑键啊灰键，把响午一下子奏成了黄昏。

在古老的大陆上，千屋万户是如此。二十多年前，初来这岛上，日式的瓦屋亦是如此。先是天黯了下来，城市像罩在一块巨幅的毛玻璃里，阴影在户内延长复加深。然后凉凉的水意弥漫在空间，风自每一个角落里旋起，感觉得到，每一个屋顶上呼吸沉重都覆着灰云。雨来了，最轻的敲打乐敲打这城市，苍茫的屋顶，远远近近，一张张敲过去，古老的琴，那细细密密的节奏，单调里自有一种柔婉与亲切，滴滴点点滴滴，似幻似真，若孩时在摇篮里，一曲耳熟的童谣摇摇欲睡，母亲吟哦鼻音与喉音。或是在江南的泽国水乡，一大筐绿油油的桑叶被啮于千百头蚕，细细琐琐层层，口器与口器咀咀嚼嚼。雨来了，雨来的时候瓦这么说，一片瓦说千亿片瓦说，说轻轻地奏吧沉沉地弹，徐徐地叩吧挞挞地打，间间歇歇敲一个雨季，即兴演奏从惊蛰到清明，在零落的坟上冷冷奏挽歌，一片瓦吟千亿片瓦吟。

在日式的古屋里听雨，听四月，霏霏不绝的黄梅雨，朝夕不断，旬月绵延，湿粘粘的苔藓从石阶下一直侵到他舌底，心底。到七月，听台风台雨在古屋顶上一夜盲奏，千寻海底的热浪沸沸被狂风挟来，掀翻整个太平洋只为向他的矮屋檐重重压下,整个海在他的蜗壳上哗哗泻过。不然便是雷雨夜,白烟一般的纱帐里听羯鼓一通又一通,滔天的暴雨滂滂沛沛扑来,强劲的电琵琶忐忐忑忑忐忐忑忑,弹动屋瓦的惊悸腾腾欲掀起。不然便是斜斜的西北雨斜斜,刷在窗玻璃上,鞭在墙上打在阔大的芭蕉叶上,一阵寒潮泻过,秋意便弥漫旧式的庭院了。

在旧式的古屋里听雨,春雨绵绵听到秋雨潇潇,从少年听到中年,听听那冷雨。雨是一种单调而耐听的音乐是室内乐是室外乐,户内听听,户外听听,冷冷,那音乐。雨是一种回忆的音乐,听听那冷雨,回忆江南的雨下得满地是江湖下在桥上和船上,也下在四川在秧田和蛙塘下肥了嘉陵江下湿布谷咕咕的啼声。雨是潮潮润润的音乐下在渴望的唇上舐舐那冷雨。

因为雨是最最原始的敲打乐从记忆的彼端敲起。瓦是最最低沉的乐器灰濛濛的温柔覆盖着听雨的人,瓦是音乐的雨伞撑起。但不久公寓的时代来临,台北你怎么一下子长高了,瓦的音乐竟成了绝响。千片万片的瓦翩翩,美丽的灰蝴蝶纷纷飞走,飞入历史的记忆。现在雨下下来下在水泥的屋顶和墙上,没有音韵的雨季。树也砍光了,那月桂,那枫树,柳树和擎天的巨椰,雨来的时候不再有丛叶嘈嘈切切,闪动湿湿的绿光迎接。鸟声减了啾啾,蛙声沉了阁阁,秋天的虫吟也减了唧唧。七十年代的台北不需要这些,一个乐队接一个乐队便遣散尽了。要听鸡叫,只有去诗经的韵里寻找。现在只剩下一张黑白片,黑白的默片。

正如马车的时代去后,三轮车的时代也去了。曾经在雨夜,三轮车的油布篷挂起,送她回家的途中,篷里的世界小得多可爱,而且躲在警察的辖区以外。雨衣的口袋越大越好，盛得下他的一只手里握一只纤纤的手。台湾的雨季这么长，该有人发明一种宽宽的双人雨衣，一人分穿一只袖子，此外的部分就不必分得太苛。而无论工业如何发达，一时似乎还废不了雨伞。只要雨不倾盆，风不横吹，撑一把伞在雨中仍不失古典的韵味。任雨点敲在黑布伞或是透明的塑胶伞上，将骨柄一旋，雨珠向四方喷溅，伞缘便旋成了一圈飞檐。跟女友共一把雨伞，该是一种美丽的合作吧。最好是初恋，有点兴奋，更有点不好意思，若即若离之间，雨不妨下大一点。真正初恋，恐怕是兴奋得不需要伞的，手牵手在雨中狂奔而去，把年轻的长发和肌肤交给漫天的淋淋漓漓，然后向对方的唇上颊上尝凉凉甜甜的雨水。不过那要非常年轻且激情，同时，也只能发生在法国的新潮片里吧。

大多数的雨伞想不会为约会张开。上班下班，上学放学，菜市来回的途中，现实的伞，灰色的星期三。握着雨伞，他听那冷雨打在伞上。索性更冷一些就好了，他想。索性把湿湿的灰雨冻成干干爽爽的白雨，六角形的结晶体在无风的空中回回旋旋地降下来。等须眉和肩头白尽时，伸手一拂就落了。二十五年，没有受故乡白雨的祝福，或许发上下一点白霜是一种变相的自我补偿吧。一位英雄，经得起多少次雨季？他的额头是水成岩削成还是火成岩？他的心底究竟有多厚的苔藓？厦门街的雨巷走了二十年与记忆等长，一座无瓦的公寓在巷底等他，一盏灯在楼上的雨窗子里，等他回去，向晚餐后的沉思冥想去整理青苔深深的记忆。前尘隔海。古屋不再。听听那冷雨。

——1974年春分之夜

【选文出处】

余光中. 听听那冷雨[M]. 北京：国际文化出版公司，2014.

【注释】

[1] 本文是作者 1974 年自美国返回我国台湾后所写的一组散文中的一篇，最早收录在《白玉苦瓜》。

[2] 安东尼奥尼(Michelangelo Antonioni，1912—2007)：意大利著名电影导演，主要作品有《奇遇》《红色沙漠》《放大》《一个女人的身份的证明》《云上的日子》等。

[3] 孺慕之情：对父母的悼念之情。《礼记·檀弓下》："有子与子游立，见孺子慕者，有子谓子游曰：'予壹不知夫丧之踊也，予欲去之久矣，情在于斯，其是也夫。'"慕，小儿随父母啼哭。

[4] 五陵少年：西汉五个皇帝陵墓(高祖长陵、惠帝安陵、景帝阳陵、武帝茂陵、昭帝平陵)的合称，均在渭水北岸今陕西咸阳附近。当时那里的少年多为富贵子弟，有奢华豪纵之风。

[5] 纭纭黔首：众多的百姓，即"芸芸众生"。

[6] 傅聪：上海人，当代著名旅英钢琴家，傅雷的长子。

[7] 马思聪：广东海丰人，著名作曲家、小提琴家。

[8] 安格罗·萨克逊人：近代泛指英格兰人、苏格兰人，以及这两个民族在北美洲、澳大利亚、新西兰、南非等地的移民。

[9] 米家的山水：指宋代画家米芾，字元章，号海岳外史，襄阳人。北宋书法家、画家、书画理论家，与蔡襄、苏轼、黄庭坚合称"宋四家"。擅长用水墨点染的山水画。

[10] 王禹偁：宋代诗人、散文家，晚年被贬在黄州，世称王黄州。

阅读提示

《听听那冷雨》是余光中的代表作品，正如《荷塘月色》之于朱自清，《茶花赋》之于杨朔一样，比较集中地反映了作家的创作主张及艺术风格。

文章虽说通篇写雨、写愁、写离怨，但决不借那朦朦的愁云、濛濛的雨幕来晦涩自己的观点，他勇敢地涉足以让庸人却步的政治湍流，有意让作品的社会意义、美感价值经历洗礼和考验。开篇，作者便将在凄风冷雨中产生的单调感顺势迁延为对历史与现实的喟叹:"雨里风里,走入霏霏令人更想入非非。想这样子的台北凄凄切切完全是黑白片的味道,想整个中国整部中国的历史无非是一张黑白片子。"这妙喻准确、简赅、新鲜,下笔时全然不想着会开罪于何人,只是让艺术把真情实感馈返给现实——它的母体。大凡真爱,便不必讳言,无须粉饰,且读这一句吧:"大寒流从那块土地上弥天卷来,这种酷冷吾与古大陆分担。不能扑进她怀里,被她的裙边扫一扫吧也算是安慰孺慕之情。"这声音来自台北,1974年。不是"箴言",却是"真言"!想当时,正统作家群中诗以"莺歌",文以"燕舞"不乏其人,愧杀,愧杀!用艺术伪装现实,艺术只能沦落。

　　余光中正视现实的勇气还表现于他不沉浸于历史的"杏花春雨",也不轻信来自官邸或酒肆的传言。他思索、辨析:"日思夜梦的那片土地,究竟在哪里呢?""在报纸的头条标题里吗?还是香港的谣言里?还是傅聪的黑键白键马思聪的跳弓拨弦……"难怪他要写冷雨,听冷雨,嗅冷雨——"淋淋漓漓"的雨丝能清醒头脑,"渐渐沥沥"的雨声能增聪听功,"爽爽新新"的雨香则沁心润脾。冷雨,冷语,冷静的肺腑之语。

　　行文中,作者决不忽略文字的美感价值。冷雨中诱出了祖宗的诗韵,君不见"渭城朝雨浥轻尘""清明时节雨纷纷"都以"变奏曲"形式流韵在字里行间。作者的"情丝"与雨丝始终交织着,在冷雨中忆起了初临孤岛时的"凄迷",也忆起了初恋时的温馨,也许在基隆的港堤上,也许在四川的池塘里。他相信"商略黄昏雨"的意趣,只有在中国方可尽享。他想起辞书中"雨"部字块的繁纭,米家山水画的云情雨意,王禹偁为听雨而造的竹楼,以及现今雨城中千伞万伞的奇观。雨连着台岛与大陆,连着悠悠的历史与难尽人意的现实。尽管为文的契机是感慨于海峡两岸"参商太久",但此文的审美对象是雨,所以作者一直是用雨来濯涤自己的愁绪,用雨来勃发读者的情趣。至于载什么"道",完全没必要让艺术去屈就。真正的艺术,本身自有扬善惩恶、昭示美于光明的功能。关键是那艺术要真,不要伪,每个艺术品种都要遵从自身规律去反映现实。唯其如此,也就必定能和当代生活节奏同步了。余光中的散文创作实践对上述的分析做了令人信服的回答。文坛宿耆柯灵说:《听听那冷雨》"直接用文字的雨珠,声色光影,密密麻麻,纵横交织而成。这也许可以帮助读者对中国文字和现实文学的表现力增加一点信心,也应该承认这在'五四'以来的散文领域中,算是别辟一境。"这评论有深刻的见解,也很公道,会引起作家与散文爱好者的思考。读《听听那冷雨》,还可以感受到余光中对散文艺术的多方面探索。

  他努力开拓散文"可读性"的范围。所谓"读",不仅染人以目,感人于心,还讲求易诵之于口,悦之于耳。为此,他十分注意词语的音韵美,化古求新,别具一格。叠字叠句的用法在他笔下出神入化,让人一看便不禁吟哦。他对李清照的词风是偏爱的,"雨敲在鳞鳞千瓣的瓦上,由远而近,轻轻重重轻轻",这句话师承《声声慢》,但他更注重的是在继承基础上的发展。这句,"譬如凭空一个'雨'字,点点滴滴,滂滂沱沱,淅沥淅沥淅沥,一切云情雨意,就宛然其中了。"叠字连绵,表态、动态、声响三番俱出,把"雨"字的质感写活了。这样的例子,不胜枚举。善用叠字,"诗化"散句,似乎也可称作"余光中现象",读起来有醉人的韵味,那巧构的谐音辞格又溢出一连串的遐想。再如"即使有雨,也隔着千山万山,千伞万伞"一句,"山""伞"相谐,借喻妥帖,寄寓着无尽的忧思与遗憾。桐城文人"因声求气"的观点,在余光中的散文里得到印证和发展。

  有时,作者也排出个把长句,但不累赘,仿佛如歌的行板。他拿手的还是让短语、短句参差跳跃产生出珠落玉盘的效果,读这句便知此说不谬:"听听,那冷雨。看看,那冷雨。嗅嗅闻闻,那冷雨,舔舔那冷雨。"不仅可诵,简直可唱了。人们得到了启示:诗句要有节奏,散句也要有节奏;而这节奏千变万幻,调度得当便是艺术。

  同类语或近义词的连用在文中也不乏见。"不过说到广义,他同样也是广义的江南人,常州人,南京人,川娃儿,五陵少年。"一下子扫过万千山水,大陆风情,如数家珍。再看这句:"大陆上的秋天,无论是疏雨滴梧桐,或是骤雨打荷叶,听去总有一点凄凉,凄清,凄楚,于今在岛上回味,则在凄楚之外,更笼上一层凄迷。"一字之别,入木三分。

  读余光中的散文,对于爱好古典文学的人来说,则常有会心,时而领首;对于发蒙于新文学的青年来说,则知、美兼得,受益匪浅。当然，细心者也会发现余文中亦有西化句型杂陈其间，另有意趣。这表明在对待"民族化"的问题上，余光中既坚持主脑又不偏颇自囿，至于文中大跳跃式的联想和具有现代风格的"情景置换"更能证明这一点。

 思考与练习

1. 请比较文中写雨所表达的情绪与李清照的《声声慢》中的情绪，是否一致？

2. 文中写了蒋捷《虞美人》"少年、壮年、白头"三种听雨的境界，你更欣赏哪一种，为什么？

像我这样的一个女子

西西

西西，原名张彦，广东中山人。1938 年生于上海，1950 年定居香港，毕业于葛量洪教育学院，曾任教职，又专事文学创作与研究，为香港《素叶文学》同人。著作极丰，出版有诗集、散文、长短篇小说等近三十种。1983 年，短篇小说《像我这样的一个女子》获联合报第八届小说奖之联副短篇小说推荐奖。此后，又有长篇小说《我城》被《亚洲周刊》评为二十世纪中文小说一百强。2005 年，继王安忆、陈映真之后获世界华文文学奖，获奖作品是长篇小说《飞毡》。2009 年，《我的乔治亚》《看房子》入围台北国际书展大奖。西西的小说关注底层人的生活和情感，多从价值层面入手，展示底层社会的艰辛，描绘香港一代人的体验，细腻而深情，充满忧患意识。

我这样的一个女子，其实是不适宜与任何人恋爱的。但我和夏之间的感情发展到今日这样的地步，使我自己也感到吃惊。我想，我所以会陷入目前的不可自拔的处境，完全是由于命运对我作了残酷的摆布；对于命运，我是没有办法反击的。听人家说，当你真的喜欢一个人，只要静静地坐在一个角落，看看他即使是非常随意的一个微笑，你也会忽然地感到魂飞魄散。对于夏，我的感觉正是这样。所以，当夏问我"你喜欢我吗"的时候，我就毫无保留地表达了我的感情。我是一个不懂得保护自己的人，我的举止和言语，都会使我永远成为别人的笑柄。和夏一起坐在咖啡室里的时候，我看来是那么地快乐，但我的心中充满隐忧，我其实是极度地不快乐的，因为我已经预知命运会把我带到什么地方，而那完全是由于我的过错。一开始的时候，我就不应该答应和夏一起到远方去探望一位久别了的同学，而后来，我又没有拒绝和他一起经常看电影。对于这些事情，后悔已经太迟了，而事实上，后悔或者不后悔，分别也变得不太重要。此刻我坐在咖啡室的一角等夏，我答应了带他到我工作的地方去参观。而一切也将在那个时刻结束。当我和夏认识的那个季节，我已经从学校里出来很久了，所以当夏问我是在做事了吗？我就说我已经出外工作许多年了。

那么，你的工作是什么呢？

他问。

替人化妆。

我说。

啊，是化妆。

他说。

但你的脸却是那么朴素。

他说。

他说他是一个不喜欢女子化妆的人，他喜欢朴素的脸容。他所以注意到我的脸上没有任何的化妆，我想，并不是由于我对他的询问提出了答案而引起了联想，而是由于我的脸比一般的人都显得苍白。我的手也是这样。我的双手和我的脸都比一般的人要显得苍白，这是我的工作造成的后果。我知道当我把我的职业说出来的时候，夏就像我曾经有过的其他的每一个朋友一般直接地误解了我的意思。在他的想象中，我的工作是一种为了美化一般女子的容貌的工作，譬如，在婚礼的节日上，为将出嫁的新娘端丽她们的颜面；所以，当我说我的工作并没有假期，即使是星期天也常常是忙碌的，他就更加信以为真了。星期天或者假日，总有那么多的新娘。但我的工作并非为新娘化妆，我的工作是为那些已经没有了生命的人作最后的修饰，使他们在将离人世的最后一刻显得心平气和与温柔。在过往的日子里，我也曾经把我的职业对我的朋友提及，当他们稍有误会时我立刻加以更正辩析，让他们了解我是怎样的一个人，但我的诚实使我失去了几乎所有的朋友，是我使他们害怕了，仿佛坐在他们对面喝着咖啡的我竟也是他们心目中恐惧的幽灵了。这我是不怪他们的，对于生命中不可知的神秘面我们天生就有原始的胆怯。我没有在对夏的问题提出答案时加以解释，一则是由于我怕他也会因此惊惧，我是不可以再由于自己的奇异职业而使我周遭的朋友感到不安的，这样我将更不能原谅我自己；其次是由于我原是一个不懂得表达自己的意思的人，而且长期以来，我同时习惯了保持沉默。

但你的脸却是那么朴素。

他说。

当夏这样说的时候，我已经知道这就是我们之间感情路上不祥的预兆了。但那时候，夏是那么地快乐，因为我是一个不为自己化妆的女子而快乐，但我的心中充满了忧愁。我不知道，在这个世界上，谁将是为我的脸化妆的一个人，是怡芬姑母吗？我和怡芬姑母一样，我们共同的愿望乃是在我们有生之年，不要为我们自己至爱的亲人化妆。我不知道在不祥的预兆冒升之后，我为什么继续和夏一起常常漫游，也许，我毕竟是一个人，我是没有能力控制自己而终于一步一步走向命运所指引我走的道路上去；对于我的种种行为，我实在无法作出一个合理的解释，我想，人难道不是这样子吗，人的行为有许多都是令自己也莫名其妙的。

可以参观一下你的工作吗？

夏问。

应该没有问题。

我说。

他们会介意吗？

他问。

恐怕没有一个会介意的。

我说。

夏所以说要参观一下我的工作，是因为每一个星期日的早上我必须回到我的工作的地方去工作，而他在这个日子里并没有任何的事情可以做。他说他愿意陪我上我工作的地方，既然去了，为什么不留下来看看呢。他说他想看看那些新娘和送嫁的女子们热闹的情形，也想看看我怎样把她们打扮得花容月貌，或者化妍为丑。我毫不考虑地答应了。我知道命运已经把我带向起步跑的白线前面，而这注定是必会发生的事情，所以，我在一间小小的咖啡室里等夏来，然后我们一起到我工作的地方去。到了那个地方，一切就会明白了。夏就会知道他一直以为我为他而洒的香水，其实不过是附在我身体上的防腐剂的气味罢了；他也会知道，我常常穿素白的衣服，并不是因为这是我特意追求纯洁的表征，而是为了方便我出入我工作的那个地方。附在我身上的一种奇异的药水气味，已经在我的躯体上蚀骨了，我曾经用过种种的方法把它们驱除，直到后来，我终于放弃了我的努力，我甚至不再闻得那股特殊的气息。夏却是一无所知的，他曾经对我说：你用的是多么奇特的一种香水。但一切不久就会水落石出。我一直是一名能够修理一个典雅发型的技师，我也是个能束一个美丽出色的领结的巧手,但这些又有什么用呢,看我的双手,它们曾为多少沉默不语的人修剪过发髭,又为多少严肃庄重的颈项整理过他们的领结。这双手,夏能容忍我为他理发吗,能容忍我为他细心打一条领带吗?这样的一双手,本来是温暖的,但在人们的眼中已经变成冰冷,这样的一双手,本来适合怀抱新生的婴儿的,但在人们的眼中已经变成触抚骷髅的白骨了。

怡芬姑母把她的技艺传授给我,也许有甚多的理由。人们从她平日的言谈中可以探测得清清楚楚。不错,像这般的一种技艺,是一生一世也不怕失业的一种技艺,而且收入甚丰,像我这样一个读书不多,知识程度低的女子,有什么能力到这个狼吞虎咽、弱肉强食的世界上去和别的人竞争呢。怡芬姑母把她的毕生绝学传授给我,完全是因为我是她的亲侄女儿的缘故。她工作的时候,从来不让任何一个人参观,直到她正式地收我为她的门徒,才让我追随她的左右,跟着她一点一点地学习,即便独自对着赤裸而冰冷的尸体也不觉得害怕。甚至那些碎裂得四分五散的部分、爆裂的头颅,我已学会了把它们拼凑缝接起来,仿佛这不过是在制作一件戏服。我从小失去父母,由怡芬姑母把我抚养长大。奇怪的是,我终于渐渐地变得愈来愈像我的姑母,甚至是她的沉默寡言,她的苍白的手脸,她步行时慢吞吞的姿态,我都愈来愈像她。有时候我不禁感到怀疑,我究竟是不是我自己,我或者竟是另外的一个怡芬姑母,我们两个人其实就是一个人,我就是怡芬姑母的一个延续。

从今以后,你将不愁衣食了。

怡芬姑母说。

你也不必像别的女子那般，要靠别的人来养活你了。

她说。

怡芬姑母这样说，我其实是不明白她的意思的。我不知道为什么跟着她学会了这一种技能，就可以不愁衣食，不必像别的女子要靠别的人来养活自己，难道世界上就没有其他的行业可以令我也不愁衣食，不必靠别的人来养活么。但我是这么没有什么知识的一个女子，在这个世界上，我是必定不能和别的女子竞争的，所以，怡芬姑母才特别传授了她的特技给我，她完全是为了我好。事实上，像我们这样的工作，整个城市的人，谁不需要我们的帮助呢，不管是什么人，穷的还是富的，大官还是乞丐，只要命运的手把他们带领到我们这里来，我们就是他们最终的安慰，我们会使他们的容颜显得心平气和，使他们显得无比的温柔。我和怡芬姑母都各自有各自的愿望，除了自己的愿望以外，我们尚有一个共同的愿望，那就是希望在我们有生之年，都不必为我们至爱的亲人化妆。所以，上一个星期之内，我是那么地哀伤，我隐隐约约知道有一件凄凉的事情发生了，而这件事，却是发生在我年轻的兄弟的身上。据我所知，我年轻的兄弟结识了一位声色性情令人赞羡的女子，而且是才貌双全的，他们彼此是那么地快乐，我想，这真是一件幸福的大喜事，然而快乐毕竟是过得太快一点了，我不久就知道那可爱的女子不明不白地和一个她并不倾心的人结了婚。为什么两个本来相爱的人不能结婚，却被逼要苦苦相思一生呢？我年轻的兄弟变成了另外一个人了，他曾经这么说：我不要活了。我不知道应该怎么办，难道我竟要为我年轻的兄弟化妆吗？

我不要活了。

我年轻的兄弟说。

我完全不明白事情为什么会发展成那样，我年轻的兄弟也不明白。如果她说，我不喜欢你了，那我年轻的兄弟无话可说的。但两个人明明相爱，既不是为了报恩，又不是经济上的困难，而在这么文明的现代社会，还有被父母逼了出嫁的女子吗？长长的一生为什么就对命运低头了呢？唉，但愿在我们有生之年，都不必为我们至爱的亲人化妆。不过，谁能说得准呢，怡芬姑母在正式收我为徒，传授我绝技的时候曾经对我说过：你必须遵从我一件事情，我才能收你为门徒。我不知道为什么怡芬姑母那么郑重其事，她严肃地对我说：当我躺下，你必须亲自为我化妆，不要让任何陌生人触碰我的躯体。我觉得这样的事并不困难，只是奇怪怡芬姑母的执着，譬如我，当我躺下，我的躯体与我，还有什么相干呢？但那是怡芬姑母唯一的一个私自的愿望，我必会帮助她完成，只要我能活到那个适当的时刻和年月。在漫漫的人生路途上，我和怡芬姑母一样，我们其实都没有什么宏大的愿望，怡芬姑母希望我是她的化妆师，而我，我只希望凭我的技艺，能够创造一个"最安详的死者"出来，他将比所有的死者更温柔，更心平气和，仿佛死亡真的是最佳的安息。其实，即使我果然成功了，也不过是我在人世上无聊时借以杀死时间的一种游戏罢了。世界上的一切岂不毫无意义，我的努力其实是一场徒劳。如果我创造了"最安详的死者"，我难道希望得到奖赏？死者是一无所知的，死者的家属也不会知道我在死者身上所花的心力，我又不会举行展览会，让公众进来参观分辨化妆师的优劣与创新，更加没有人会为死者的化妆作不同的评述、比较、研究和开讨论会。即使有，又怎样呢？也不过是蜜蜂蚂蚁的喧嚷。我的工作，只是斗室中我个人的一项游戏而已。但我为什么又作出了我的愿望呢，这大概就是支持我继续我的工作的一种动力了，因为我的工作是寂寞而孤独的，既没有对手，也没有观众，当然更没有掌声。当我工作的时候，我只听见我自己低低地呼吸，满室躺着男男女女，只有我自己独自低低地呼吸，我甚至可以感到我的心在哀愁或者叹息，当别人的心都停止了悲鸣的时候，我的心就更加响亮了。昨天，我想为一双为情自杀的年轻人化妆，当我凝视那个沉睡了的男孩的脸时，我忽然觉得这正是我创造"最安详的死者"的对象。他闭着眼睛，轻轻地合上了嘴唇，他的左额上有一个淡淡的疤痕，他那样地睡着，仿佛真的不过是在安详睡觉。这么多年，我所化妆过的脸何止千万，许多的脸都是愁眉苦脸的，大部分的十分狰狞，对于这些面谱，我一一为他们作了最适当的修正，该缝补的缝补，该掩饰的掩饰，使他们变得无限的温柔。但我昨天遇见的男孩，他的容颜有一种说不出的平静，难道说他的自杀竟是一件快乐的事情？但我不相信这种表面的姿态，我觉得他的行为是一种极端懦弱的行为，一个没有勇气向命运反击的人，从我自己出发，应该是我不屑一顾的。我不但打消了把他创造为一个"最安详的死者"的念头，同时拒绝为他化妆，我把他和那个和他一起愚蠢地认命的女孩一起移交给怡芬姑母，让她去为他们因喝剧烈的毒液而烫烧的面颊细细地粉饰。

　　没有人不知道怡芬姑母的往事，因为有一些人曾经是现场的目击者。那时候怡芬姑母仍然年轻，喜欢一面工作一面唱歌，并且和躺在她前面的死者说话，仿佛他们都是她的朋友。至于怡芬姑母变得沉默寡言，那就是后来的事了。怡芬姑母习惯把她心里的一切话都讲给她沉睡了的朋友们听，她从来不写日记，她的话就是她每天的日记，沉睡在她前面的那些人都是人类中最优秀的听众，他们可以长时间地听她娓娓细说，而且，又是第一等的保密者。怡芬姑母会告诉他们她如何结识了一个男子，而他们在一起的时候就像所有的恋人们在一起那样地快乐，偶然中间也不乏遥远而断续的、时阴时晴的日子。那时候，怡芬姑母每星期一次上一间美容学校学化妆术，风雨不改，经年不辍，她几乎把所有老师的技艺都学齐了，甚至当学校方面告诉她她已经没有什么可以再学的时候，她仍然坚持要老师们看看还有什么新的技术可以传给她。她对化妆的兴趣如此浓厚，几乎是天生的因素，以致她的朋友都以为她将来必定要开什么大规模的美容院。但她没有，她只把她的学问贡献在沉睡在她前面的人的躯体上。而这样的事情，她年轻的恋人是不知道的，他一直以为爱美是女孩子的天性，她不过是比较喜好脂粉罢了。直到这么的一天，她带他到她工作的地方去看看，指着躺在一边的死者，告诉他，这是一种非常孤独而寂寞的工作，但是在这样的一个地方，并没有人世间的是是非非，一切的妒忌、仇恨和名利的争执都已不存在；当他们落入阴暗之中，他们将一个个变得心平气和而温柔。他是那么地惊恐，他从来没想到她是这样的一个女子，从事这样的一种职业，他曾经爱她，愿意为她做任何事，他起过誓，说无论如何都不会离弃她，他们必定白头偕老，他们的爱情至死不渝。不过，竟在一群不会说话、没有能力呼吸的死者的面前，他的勇气与胆量完全消失了，他失声大叫，掉头拔脚而逃，推开了所有的门，一路上有许多人看见他失魂落魄地奔跑。以后，怡芬姑母再也没有见过他了。人们只听见她独自在一间斗室里，对她沉默的朋友们说：他不是说爱我的么，他不是说不会离弃我的么，而他为什么忽然这么惊恐呢。后来，怡芬姑母就变得逐渐沉默寡言起来，或者，她要说的话也已经说尽，或者，她不必再说，她沉默的朋友都知道关于她的故事，有些话的确是不必多说的。怡芬姑母在开始把她的绝技传授给我的时候，也对我讲过她的往事，她选择了我，而没有选择我年轻的兄弟，虽然有另外的一个原因，但主要的却是，我并非一个胆怯的人。

你害怕吗？

她问。

我并不害怕。

我说。

你胆怯吗？

她问。

我并不胆怯。

我说。

是因为我并不害怕。所以怡芬姑母选择了我作她的继承人。她有一个预感，我的命运或者和她的命运相同，至于我们怎么会变得愈来愈相像，这是我们都无法解释的事情，而开始的原因也许是由于我们都不害怕。我们毫不畏惧。当怡芬姑母把她的往事告诉我的时候，她说：但我总相信，在这个世界上，必定有像我们一般，并不畏惧的人。那时候，怡芬姑母还没有到达完全沉默寡言的程度，她让我站在她的身边，看她怎样为一张倔强的嘴唇涂上红色，又为一只久睁的眼睛轻轻抚摸，请他安息。那时候，她仍断断续续地对她的一群沉睡了的朋友说话：而你，你为什么害怕了呢。为什么在恋爱中的人却对爱那么没有信心，在爱里竟没有勇气呢。在怡芬姑母的沉睡的朋友中，也不乏胆怯而懦弱的家伙，他们则更加沉默了，怡芬姑母很知道她的朋友们的一些故事，她有时候一面为一个额上垂着刘海的女子敷粉一面告诉我：唉唉，这是一个何等懦弱的女子呀，只为了要做一个名义上美丽的孝顺女儿，竟把她心爱的人舍弃了。怡芬姑母知道这边的一个女子是为了报恩，那边的女子是为了认命，都把自己无助地交在命运的手里，仿佛她们并不是一个活生生有感情有思想的人，而是一件件商品。

这真是可怕的工作呀。

我的朋友说。

是为死的人化妆吗，我的天呀。

我的朋友说。

我并不害怕，是我的朋友害怕，他们因为我的眼睛常常凝视死者的眼睛而不喜欢我的眼睛，他们又因为我的手常常抚触死者的手而不喜欢我的手。起先他们只是不喜欢，渐渐地他们简直就是害怕了，而且，他们起先不喜欢和感到害怕的只是我的眼睛和我的手，但到了后来，他们不喜欢和感到害怕的已经蔓延到我的整体，我看着他们一个一个从我的身边离去，仿佛动物面对烈焰，田农骤遇飞蝗。我说：为什么你们要害怕呢，在这个世界上，总得有人做这样的工作，难道我的工作做得不够好，不称职？但我渐渐就安于我的现状了；对于我的孤独，我也习惯了。总有那么多的人，追寻一些温暖甜蜜的东西，他们喜欢的永远是星星与花朵。但在星星与花朵之中，怎样才显得出一个人坚定的步伐呢。我如今几乎没有朋友了，他们从我的手感觉到另一个深邃国度的冰冷，他们从我的眼看见无数沉默浮游的精灵，于是，他们感到害怕了。即使我的手是温暖的，我的眼睛是会流泪的，我的心是热的，他们并不回顾。我也开始像我的怡芬姑母那样，只剩下沉睡在我的面前的死者成为我的朋友了。我奇怪我在静寂的时候居然会对他们说：你们知道吗，明天早上，我会带一个叫做夏的人到这里来探访你们。夏问过：你们会介意吗？我说，你们并不介意，你们是真的不介意吧。到了明天，夏就会到这个地方来了。我想，我是知道这事情的结局是怎样的。因为我的命运已经和怡芬姑母的命运重叠为一了。我想，我当会看到夏踏进这个地方时魂飞魄散的样子，唉，我们竟以不同的方式彼此令彼此魂飞魄散。对于将要发生的事情，我并不惊恐，我从种种的预兆中已经知道结局的场面。夏说：你的脸却是那么朴素。是的，我的脸是那么朴素，一张朴素的脸并没有力量令一个人对一切变得无所畏惧。

　　我曾经想过转换一种职业，难道我不能像别的女子那样做一些别的工作吗？我已经没有可能当教师、护士，或者写字楼的秘书或文员，但我难道不能到商店去当售货员，到面包店去卖面包，甚至是当一名清洁女佣？像我这样的一个女子，只要求一日的餐宿，难道无处可以容身？说实在的，凭我的一手技艺，我真的可以当那些新娘的美容师，但我不敢想象，当我为一张嘴唇涂上唇膏时，嘴唇忽然裂开而显出一个微笑时，我会怎么想，太多的记忆使我不能从事这一项与我非常相称的职业。只是，如果我转换了一份工作，我的苍白的手脸会改变它们的颜色吗，我的满身蚀骨的防腐剂的药味会完全彻底消失吗？那时，对于夏，我又该把我目前正在从事的工作绝对地隐瞒吗？对一个我们至亲的人隐瞒过往的事，是不忠诚的，世界上仍有无数的女子，千方百计地掩饰她们愧失了的贞节和虚长了的年岁，这都是我所鄙视的人物。我必定会对夏说，我长时期的工作，一直是在为一些沉睡了的死者化妆。而他必须知道、面对，我是这样的一个女子。所以，我身上并没有奇异的香水气味，而是防腐剂的药水味；我常常穿白色的衣裳也并非由于我刻意追求纯洁的形象，而是我必须如此才能方便出入我工作的地方。但这些只不过是大海中的一些水珠罢了。当夏知道我的手长时期触抚那些沉睡的死者，他还会牵着我的手和我一起跃过急流的涧溪吗？他会让我为他修剪头发，为他打一个领结吗？他会容忍我的视线凝定在他的脸上吗？他会毫不恐惧地在我的面前躺下来吗？我想他会害怕，他会非常地害怕，他就像我的那些朋友，起先是惊讶，然后是不喜欢，结果就是害怕而掉转脸去。

怡芬姑母说：如果是由于爱，那还有什么畏惧的呢。但我知道，许多人的所谓爱，表面上是非常刚强、坚韧，事实上却异常得懦弱、萎缩；充了气的勇气，不过是一层糖衣。

怡芬姑母说：也许夏不是一个胆怯的人，所以，这也是为什么我一直对我的职业不作进一步解释的缘故，当然，另外一个原因完全由于我是一个不擅于表达自己思想的人，我可能叙说得不好，可能选错了环境、气候、时间和温度，这都会把我想表达的意思扭曲。我不对夏解释我的工作并非是为新娘添妆，其实也正是对他的一种考验，我要观察他看见我工作对象时的反应，如果他害怕，那么他就是害怕了。如果他拔脚而逃，让我告诉我那些沉睡的朋友，其实一切就从来没有发生。

可以参观一下你工作的情形吗？

他问。

应该没有问题。

我说。

所以，如今我坐在咖啡室的一个角落等夏来。我曾经在这个时刻仔细地思想，也许我这样对夏是不公平的，如果他对我所从事的行业感到害怕，而这又有什么过错呢？为什么他要特别勇敢，为什么一个人对死者的恐惧竟要和爱情上的胆怯有关，那可能是两件完全不相干的事情。我年纪很小的时候，我的父母都已经亡故了，我是由怡芬姑母把我抚养长大的，我，以及我年轻的兄弟，都是没有父母的孤儿，我对父母的身世和他们的往事所知甚少，一切我稍后知悉的事都是怡芬姑母告诉我的，我记得她说过，我的父亲正是从事为死者化妆的一个人，他后来娶了我的母亲。当他打算和我母亲结婚的时候，曾经问她：你害怕吗？但我母亲说：并不害怕。我想，我所以也不害怕，是因为我像我的母亲，我身体内的血液原是她的血液。怡芬姑母说，我母亲在她的记忆中是永生的，因为她这么说过：因为爱，所以并不害怕。也许是这样，我不记得我母亲的模样和声音，但她隐隐约约地在我的记忆中也是永生的。可是我想，如果我母亲说了因为爱而不害怕的话，只因为她是我的母亲，我没有理由要求世界上的每一个人都如此。或者，我还应该责备自己从小接受了这样的命运，从事如此令人难以忍受的职业。世界上哪一个男子不喜爱那些温柔、暖和、甜美的女子呢？而那些女子也该从事一些亲切、婉约、典雅的工作。但我的工作是冰冷而阴森、暮气沉沉的，我想我整个人早已也染上了那样的一种雾霭。那么，为什么一个明亮如太阳似的男子要结识这样一个郁暗的女子呢？当他躺在她的身边，难道不会想起这是一个经常和尸体相处的一个人，而她的双手，触及他的肌肤时，会不会令他想起，这竟是一双长期轻抚死者的手呢。唉唉，像我这样的一个女子，原是不适宜与任何人恋爱的。我想一切的过失皆自我而起，我何不离开这里，回到我工作的地方去，世界上从来没有一个我认识的人叫做夏，而他也将忘记曾经结识过一个女子，是一名为新娘添妆的美容师。不过一切又仿佛太迟了，我看见夏，透过玻璃，从马路的对面走过来。他手里抱着的是什么呢？这么大的一束花。今天是什么日子，有人生日吗？我看着夏从咖啡室的门口进来，发现我坐在这边幽暗的角落里。外面的阳光非常灿烂，他把阳光带进来了，因为他的白色的衬衫反映了那种光亮。他像他的名字，永远是夏天。

喂，星期日快乐。

他说。

这些花都是送给你的。

他说。

他的确是快乐的，于是他坐下来喝咖啡。我们有过那么多快乐的日子。但快乐又是什么呢，快乐总是过得很快的。我的心是那么地忧愁。从这里走过去，不过是三百步路的光景，我们就可以到达我工作的地方。然后，就像许多年前发生过的事情一样，一个失魂落魄的男子从那扇大门里飞跑出来，所有好奇的眼睛都跟踪着他，直至他完全消失。怡芬姑母说：也许，在这个世界上，仍有真正具备勇气而不畏惧的人。但我知道这不过是一种假设，当夏从对面的马路走过来的时候，手抱一束巨大的花朵，我又已经知道，因为这正是不祥的预兆。唉唉，像我这样的一个女子，其实是不适宜与任何人恋爱的，或者，我该对我的那些沉睡了的朋友说：我们其实不都是一样的吗？几十年不过匆匆一瞥，无论是为了什么因由，原是谁也不必为谁而魂飞魄散的。夏带进咖啡室来的一束巨大的花朵，是非常非常的美丽，他是快乐的，而我心忧伤。他是不知道的，在我们这个行业之中，花朵，就是诀别的意思。

一九八二年一月

【选文出处】

柏青. 高职语文与人文基础[M]. 北京：中国文史出版社，2014.

 阅读提示

《像我这样的一个女子》看似写了一个爱情故事，实际上借助爱情故事表达了对社会职业偏见的担忧。主人公是一位火葬场的整容师，对于这个令人毛骨悚然的职业，她不但不害怕，而且充满热爱。主人公热爱生命，为每一个失去生命的人感到惋惜，因此也就善待每一个死者。她的理想是要让那些失去生命的人变成安详的死者，有尊严地离开世界。这种慈悲和善良体现了对生命的尊重，也把殡仪化妆师的职业价值变得无比高贵。但是，尽管她自己对这个职业充满信心，但是，她无法改变社会的职业偏见。社会对殡仪化妆师的歧视形成了她的交往障碍，这使得她对自己的爱情充满担忧。夏是一位阳光少年，与"我"相爱，但是，出于对社会偏见的顾虑，"我"始终没有告诉夏自己所做的工作。在和夏相约参观自己工作场所的时候，"我"的担忧陡然上升。"我"悲观地认为，按照社会的普遍观念，夏在得知我给死人化妆的那一刻，也会落荒而逃。"像我这样的一个女子，其实是不适宜与任何人恋爱的"，成为主人公的心结。小说以主人公在咖啡馆等待男朋友夏到来前的短暂时刻的心理活动为线索，将父母的故事和怡芬姑母的故事与自己对爱情的担忧融汇在一起，使现实故事变成内心担忧的依据。为情自杀的少年表达了主人公对生命的珍惜，怡芬姑母的悲剧则为"我"的担忧提供了佐证。而父母因为爱所以不怕的爱情故事，仿佛又为故事提供了另一种可能。小说反复强调"像我这样的一个女子，其实是不适宜与任何人恋爱的"，只是一种心情，但不一定能成为事实。因为，小说不是以全知视角反映一个事实，而是用一个自知视角表达一种心情。因此，这是一种不可靠的叙事。"我"和夏的结局也许是分手，但也有可能结合。小说则将分手的可能性加大，充满了悲剧甚至是绝望的情调，实际上表达的是对社会职业偏见的无奈和愤懑。

 思考与练习

1. 为什么主人公说"像我这样的一个女子，是不适宜与任何人恋爱的"？
2. 从叙事视角和小说内容的角度分析"不适宜与任何人恋爱的"的判断是否可靠？
3. 本文安排了几类人物，这种安排对于表达思想有何作用？
4. 就职业与爱情的问题谈谈你的看法。

河边洗衣服的时光(节选)

李娟

　　李娟，当代作家，祖籍四川遂宁，出生于伊犁哈萨克自治州乌苏市车排子镇。因为外婆九十岁的养母瘫痪了，生活不能自理，还在襁褓中的李娟就跟随七十岁的外婆回到了四川乐至的老家，在那里度过了自己的幼年、童年和少年时期。上高中之后，她和母亲、外婆一起从四川老家搬到了新疆，常年生活在阿勒泰山区，跟随着哈萨克牧民迁徙，做着一些小生意，这期间她也曾到过都市去打工。她是一个深受现代文明熏染又同时跋涉在游牧文明中的写作者，而她本人的写作既融入了当地的文化风情，也是游离在牧区的汉人写作。著有《阿勒泰的角落》《冬牧场》《羊道》等。本文选自《阿勒泰的角落》。

　　听说这林子里蛇也很多，幸亏我从来没碰上过。

　　另外这林子里活着的小东西实在很多的，可是要刻意去留心它们，又一个也找不到了。林子密得似乎比黑夜更能够隐蔽一些东西。我也确在河边发现过很多很多的秘密，但后来居然全忘记了！唯一记得的只有——那些是秘密……真不愧是秘密呀，连人的记忆都能够隐瞒过去。

　　还有那么多的，各种各样的美丽植物，有许多都能开出令人惊异的小花。那些小花瓣的独特形状和细致的纹路图案，只有小孩子们的心思才能想象得出来，只有他们的小手才画得出。花开成这样，一定都有着它自己长时间的并且经历曲折的美好意愿吧？

　　再仔细地看，会发现这些小花们和周围的大环境虽然一眼看去很协调，其实，朵朵都在强调不同之处。似乎它们都很有些得意的小聪明，都暗自坚持着自己的想法。

《河边洗衣服的时光》

但是由于它们太过天真了而太过微弱；又由于太过固执，而太过耀眼。它们更像是一串串带着明显情绪色彩的叹号、问号和省略号，标在浑然圆满的自然界的暗处……真的，我从没见过一朵花是简单的，从没有见过一朵花是平凡的。这真是令人惊奇啊！究竟是什么样的力量和心思，让这个世界既能产生磅礴的群山、海洋和森林，也能细致地开出这样一朵朵小花儿？

这些花儿，用花瓣团团握住一把秘密。又耐心地，以形状和色彩巧妙地区分开雄蕊和雌蕊。凑得很近很近地去看一朵花，会发现它大部分都是由某种"透明质地"构成的：粉红色的透明，淡青的透明，浅黄的透明……那些不透明的地方，则轻微地、提醒似地闪着光芒。这光芒映照在那些透明的地方，相互间又折射出另外一些带有些微影像的光芒……一朵花所能闪烁出的光，也许连一指远的地方都照不亮，但却是它所呈现出的种种美丽中，最神秘诱人的一部分。

更奇妙的是花还有香气，就算是没有香气的花，也会散发清郁的、深深浅浅的绿色气息：浅绿色的令人身心轻盈，深绿色的令人想要进入睡眠……哎！花为什么会有香气呢？花能散发香气，多么像一个人能够自信地说出爱情呀！真羡慕花儿。但我对这些花儿们的了解也只不过是以自己的想法进行胡乱揣测而已。花的世界向我透露的东西只有它或明显或深藏的美丽。并且就用这美丽，封死了一切通向它的道路。我们多么不了解花呀！尤其是想到，远在人类诞生之前，世上就有花了，人类消亡以后，花仍将一成不变开遍天涯……便深深感觉到孤独的力量是多么深重巨大。我们和世界无关……

……………

  在河边，说是从没人经过，偶尔也会碰到一个。我不知道他是谁，我当然不知道他是谁。但是他在对岸冲我大声地喊着什么，水流哗啦啦地响个不停，我站起身认真地听，又撩起裙子，踩进水里想过河。但是他很快就说完转身走了。我怔怔地站在河中央，不知道自己刚刚错过了什么。

  还有的人在对岸饮马，再骑着马涉水过来。他上了岸走进树林里，一会儿就消失了。我想循着湿湿的马蹄印子跟过去看一看，但又想到这可能是一条令人通往消失之处的路，便忍不住有些害怕。再回头看这条河，觉得这条河也正在流向一个使之消失的地方。

  而我是一个最大的消失处，整个世界在我这里消失，无论我看见了什么，它们都永不复现了。也就是说，我再也说不出来了，我所能说出来的，绝不是我想说的那些。当我说给别人时，那人从我口里得到的又被加以他自己的想法，成为更加遥远的事物。于是，所谓"真实"，就在人间拥挤的话语中一点点远去……我说出的每一句话，到头来都封住了我的本意。

  真吃力。不说了。

  就这样，在河边洗衣服的时光里，身体自由了，想法也就自由了。自由一旦漫开，就无边无际，收不回来了。常常是想到了最后，已经分不清快乐和悲伤。只是自由。只是自由。

【选文出处】

  李娟. 阿勒泰的角落[M]. 北京：新星出版社，2013.

 **阅读提示**

李娟是一个来自社会底层的女子，在清贫、寂寞与漂泊中长大。成年之后的她做过裁缝，当过流水线工人。艰辛而枯燥的日子并没有泯灭她对生活与细节的感受力，对于身边的人、事、物、景保持一种息息相通的感情，她的写作难能可贵地保留了一种亲切的素质，一种越来越少的可贵素质。与自然万物和日常生活的融合使她的文字充满了灵性、想象力和一种幽默感，苦难就这样轻易地消解在了轻松而有所隐忍的描述中。

作为一名长于细心观察而又善于思考回味的作者，李娟在阅读大自然、阅读生活时，也有不少颇为深刻的收获。当她来到河边，感受到人与人的疏离，又觉得河流也正流向消失之处时，用自己的方式思考着自我与他者的关系，思考着人类沟通的需求与障碍，思考着人类与自然存在的本质等大问题，思考着这些我们每个人都很难说清的问题。

 思考与练习

1. 作者说"而我是一个最大的消失处，整个世界在我这里消失"，如何理解这句话？

2. 放飞心灵，模仿本文写一篇1000字左右的散文，如：操场断想、走在校园的林荫道上……

六 外国文学

俄狄浦斯王（节选）

索福克勒斯

《俄狄浦斯王》是古希腊三大悲剧家之一的索福克勒斯创作的著名悲剧，约公元前431年演出，取材于古希腊神话。当时是雅典民主制的鼎盛时期。作者出身于雅典富商家庭，曾经两次当选为将军。作品还有《安提戈涅》《俄狄浦斯在科洛诺斯》《埃阿斯》《特刺喀斯少女》等。亚里士多德认为，《俄狄浦斯王》是"十全十美悲剧"，因为"一切发现中最好的是从情节本身产生的"。

古希腊悲剧起源于对酒神狄俄尼索斯的祭祀仪式。

十一、退场

传报人自宫中上。

传报人　我邦最受尊敬的长老们啊，你们将听见多么惨的事情，将看见多么惨的景象，你们将是多么忧愁，如果你们效忠你们的种族，依然关心拉布达科斯的家室。我认为即使是伊斯忒耳和法息斯河也洗不干净这个家，它既隐藏着一些灾祸，又要把另一些暴露在光天化日之下，这些都不是无心，而是有意作出来的。自己招来的苦难总是最使人痛心啊！

《俄狄浦斯王》

歌队长　我们先前知道的苦难也并不是不可悲啊！此外，你还有什么苦难要说？

传报人　我的话可以一下子说完，一下子听完：高贵的伊俄卡斯忒已经死了。

歌队长　不幸的人呀！她是怎么死的？

传报人　她自杀了。这件事最惨痛的地方你们感觉不到，因为你们没有亲眼看见。我记得多少，告诉你多少。

　　她发了疯，穿过门廊，双手抓着头发，直向她的新床跑去；她进了卧房，砰的关上门，呼唤那早已死了的拉伊俄斯的名字，想念她早年所生的儿子，说拉伊俄斯死在他手中，留下作母亲的给他的儿子生一些不幸的儿女。她为她的床榻而悲叹，她多么不幸，在那上面生了两种人，给丈夫生丈夫，给儿子生儿女。她后来是怎样死的，我就不知道了；因为俄狄浦斯大喊大叫冲进宫去，我们没法看完她的悲剧，而转眼望着他横冲直闯。他跑来跑去，叫我们给他一把剑，还问哪里去找他的妻子，又说不是妻子，是母亲，他和他儿女共有的母亲。他在疯狂中得到了一位天神的指点；因为我们这些靠近他的人都没有给他指路。好象有谁在引导，他大叫一声，朝着那双扇门冲去，把弄弯了的门杠从承孔里一下推开，冲进了卧房。

　　我们随即看见王后在里面吊着，脖子缠在那摆动的绳子上。国王看见了，发出可怕的喊声，多么可怜！他随即解开那活套。等那不幸的人躺在地上时，我们就看见那可怕的景象：国王从她袍子上摘下两只她佩带着的金别针，举起来朝着自己的眼珠刺去，并且这样嚷道："你们再也看不见我所受的灾难，我所造的罪恶了！你们看够了你们不应当看的人，不认识我想认识的人；你们从此黑暗无光！"

  他这样悲叹的时候，屡次举起金别针朝着眼睛狠狠刺去；每刺一下，那血红的眼珠里流出的血便打湿了他的胡子，那血不是一滴滴的滴，而是许多黑的血点，雹子般一齐下降。这场祸事是两个人惹出来的，不只一人受难，而是夫妻共同受难。他们旧时代的幸福在从前倒是真正的幸福；但如今，悲哀，毁灭，死亡，耻辱和一切有名称的灾难都落到他们身上了。

歌队长 现在那不幸的人的痛苦是不是已经缓和一点了？
传报人 他大声叫人把宫门打开，让全体忒拜人看看他父亲的凶手，他母亲的——我不便说那不干净的话；他愿出外流亡，不愿留下，免得这个家在他的诅咒之下有了灾祸。可是他没有力气，没有人带领；那样的苦恼不是人所能忍受的。他会给你看的；现在宫门打开了，你立刻可以看见那样一个景象，即使是不喜欢看的人也会发生怜悯之情的。

      众侍从带领俄狄浦斯自宫中上。

歌 队 (哀歌)这苦难啊，叫人看了害怕！我所看见的最可怕的苦难啊！可怜的人呀，是什么疯狂缠磨着你？是哪一位神跳得比最远的跳跃还要远，落到了你这不幸的生命上？

  哎呀，哎呀，不幸的人啊！我想问你许多事，打听许多事，观察许多事，可是我不能望你一眼；

俄狄浦斯	你吓得我发抖啊！
俄狄浦斯	哎呀呀，我多么不幸啊！我这不幸的人哪里去呢？我的声音轻飘飘的飞到哪里去了？命运啊，你跳到哪里去了？
歌队长	跳到可怕的灾难中去了，不可叫人听见，不可叫人看见。
俄狄浦斯	(第一曲首节)黑暗之云啊，你真可怕，你来势凶猛，无法抵抗，是太顺的风把你吹来的。
	哎呀，哎呀！
	这些刺伤了我，这些灾难的回忆伤了我。
歌队	难怪你在这样大的灾难中悲叹这双重的痛苦，忍受这双重的痛苦。
俄狄浦斯	(第一曲次节)啊，朋友，你依然是我的忠实伴侣，还有耐心照看一个瞎眼的人。
	哎呀，哎呀！
	我知道你在这里，我虽然眼睛瞎了，还能清楚的辨别你的声音。
歌队	你这作了可怕的事的人啊，你怎么忍心弄瞎了自己的眼睛？是哪一位天神怂恿你的？
俄狄浦斯	(第二曲首节)是阿波罗，朋友们，是阿波罗使这些凶恶的，凶恶的灾难实现的；但是刺瞎了这两只眼睛的不是别人的手，而是我自己的，我多么不幸啊！什么东西看来都没有趣味，又何必看呢？
歌队	事情正象你所说的。
俄狄浦斯	朋友们，还有什么可看的，什么可爱的，还有什么问候使我听了高兴呢？朋友们，快把我这

完全毁了的，最该诅咒的，最为天神所憎恨的人带出，带出境外吧！

歌队　你的感觉和你的命运同样可怜，但愿我从来不知道你这人。

俄狄浦斯　(第二曲次节)那在牧场上把我脚上残忍的铁镣解下的人，那把我从凶杀里救活的人——不论他是谁——真是该死，因为他作的是一件不使人感激的事。假如我那时候死了，也不至于使我和我的朋友们这样痛苦了。

歌队　但愿如此！

俄狄浦斯　那么我不至于成为杀父的凶手，不至于被人称为我母亲的丈夫；但如今，我是天神所弃绝的人，是不清洁的母亲的儿子，并且是，哎呀，我父亲的共同播种的人。如果还有什么更严重的灾难，也应该归俄狄浦斯忍受啊。

歌队　我不能说你的意见对；你最好死去，胜过瞎着眼睛活着。(哀歌完)

俄狄浦斯　别说这件事作得不妙，别劝告我了。假如我到冥土的时候还看得见，不知当用什么样的眼睛去看我父亲和我不幸的母亲，既然我曾对他们作出死有余辜的罪行。我看着这样生出的儿女顺眼吗？不，不顺眼；就连这城堡，这望楼，神们的神圣的偶像，我看着也不顺眼；因为我，忒拜城最高贵而又最不幸的人，已经丧失观看的权利了；我曾命令所有的人把那不清洁的人赶出去，即使他是天神所宣布的罪人，拉伊俄斯的儿子。我既然暴露了这样的污点，还能集中眼光看这些人吗？不，不能；如果有方法可以闭塞耳中的听觉，我一定把这可怜的身体封起来，使我不闻不见；当心神不为忧愁所扰乱时是多么舒畅啊！

唉，喀泰戎，你为什么收容我？为什么不把我捉来杀了，免得我在人们面前暴露我的身世？波吕玻斯啊，科任托斯啊，还有你这被称为我祖先的古老的家啊，你们把我抚养成人，皮肤多么好看，下面却有毒疮在溃烂啊！我现在被发现是个卑贱的人，是卑贱的人所生。

你们三条道路和幽谷啊，像树林和三岔路口的窄路啊，你们从我手中吸饮了我父亲的血，也就是我的血，你们还记得我当着你们作了些什么事，来这里以后又作了些什么事吗？

婚礼啊，婚礼啊，你生了我，生了之后，又给你的孩子生孩子，你造成了父亲，哥哥，儿子，以及新娘，妻子，母亲的乱伦关系，人间最可耻的事。

不应当作的事就不应当拿来讲。看在天神面上，块把我藏在远处，或是把我杀死，或是把我丢到海里，你们不会在那里再看见我了。来呀，牵一牵这可怜的人吧；答应我，别害怕，因为我的罪除了自己担当而外，别人是不会沾染的。

歌队长　克瑞翁来得巧，正好满足你的要求，不论你要他给你作什么事，或者给你什么劝告，如今只有他代你作这地方的保护人。

俄狄浦斯　唉，我对他说什么好呢？我怎能合理的要求他相信我呢？我先前太对不住他了。

　　　　　　　　　克瑞翁自观众右方上。

克瑞翁　俄狄浦斯，我不是来讥笑你的，也不是来责备你过去的罪过的。

　　　（向众侍从）尽管你们不再重视凡人的子孙，也得尊重我们的主宰赫利俄斯的养育万物之光，为此，不要把这一种为大地、圣雨和阳光所厌恶的污染，赤裸的摆出来。快把他带进宫去！只有亲属才能看，才能听亲属的苦难，这样才合乎宗教上的规矩。

俄狄浦斯　你既然带着最高贵的精神来到我这最坏的人这里，使我的忧虑冰释了，请看在天神面上，答应我一件事，我是为你好，不是为我好而请求啊。

克瑞翁　你对我有什么请求？

俄狄浦斯　赶快把我扔出境外，扔到那没有人向我问好的地方去。

克瑞翁　告诉你吧，如果我不想先问神怎么办，我早就这样作了。

俄狄浦斯　他的神示早就明白的宣布了，要把那杀父的，那不洁的人毁了，我自己就是那人哩。

克瑞翁　神示虽然这样说的，但是在目前的情况下，最好还是去问问怎样办。

俄狄浦斯　你愿去为我这么样不幸的人问问吗？

克瑞翁　我愿意去；你现在要相信神的话。

俄狄浦斯　是的；我还要吩咐你，恳求你把屋里的人埋了，你愿意怎样埋就怎样埋；你会为你姐姐正当的尽这礼仪的。当我在世的时候，不要逼迫我住在我的祖城里，还是让我住在山上吧，那里是因我而著名的喀泰戎，我父母在世的时候曾指定那座山作为我的坟墓，我正好按照要杀我的人的意思死去。但是我有这么一点把握：疾病或别的什么都害不死我；若不是还有奇灾异难，我不会从死亡里被人救活。

　　我的命运要到哪里，就让它到哪里吧。提起我的儿女，克瑞翁，请不必关心我的儿子们；他们是男人，不论在什么地方，都不会缺少衣食；但是我那两个不幸的，可怜的女儿——她们从来没有看见我把自己的食桌支在一边，不陪她们吃饭；凡是我吃的东西，她们都有份——请你照应她们；请特别让我抚摸着她们悲叹我的灾难。答应吧，亲王，精神高贵的人！只要我抚摸着她们，我就会认为她们依然是我的，正象我没有瞎眼的时候一样。

　　　　　二侍从进宫，随即带领安提戈涅和伊斯墨涅自宫中上。

　　啊，这是怎么回事？看在天神的面上，告诉我，我听见的是不是我亲爱的女儿们的哭声？是不是克瑞翁怜悯我，把我的宝贝——我的女儿们送来了？我说得对吗？

克瑞翁　你说得对；这是我安排的，我知道你从前喜欢她们，现在也喜欢她们。

俄狄浦斯　愿你有福！为了报答你把她们送来，愿天神保佑你远胜过他保佑我。

　　(向二女孩)孩儿们，你们在哪里，快到这里来，到你们的同胞手里来，是这双手使你们父亲先前明亮的眼睛变瞎的，啊，孩儿们，这双手是那没有认清楚人，没有了解情况，就通过生身母亲成为你们父亲的人的。我看不见你们了；想起你们日后辛酸的生活——人们会叫你们过那样的生活——我就为你们痛哭。你们能参加什么社会生活，能参加什么节日典礼呢？你们看不见热闹，会哭着回家。等你们到了结婚年龄，孩儿们，有谁来冒挨骂的危险呢？那种辱骂对我的子女和你们的子女都是有害的。什么耻辱你们少得了呢？"你们的父亲杀了他的父亲，把种子撒在生身母亲那里，从自己出生的地方生了你们。"你们会这样挨骂的；谁还会娶你们呢？啊，孩儿们，没有人会；显然你们命中注定不结婚，不生育，憔悴而死。

　　墨诺叩斯的儿子啊，你既是她们唯一的父亲——因为我们，她们的父母，两人都完了——就别坐视她们，你的甥女，在外流浪，没衣没食，没有丈夫，别使她们和我一样受苦受难。看她们这样年轻，孤苦伶仃——在你面前，就不同了——你得可怜她们。

　　啊，高贵的人，同我握手，表示答应吧！

(向二女孩)我的孩儿,假如你们已经懂事了,我一定给你们出许多主意;但是我现在只教你们这样祷告,说机会让你们住在哪里,你们就愿住在哪里,希望你们的生活比你们父亲的快乐。

克瑞翁　你已经哭够了;进宫去吧。
俄狄浦斯　我得服从,尽管心里不痛快。
克瑞翁　万事都要合时宜才好。
俄狄浦斯　你知道不知道我要在什么条件下才进去?
克瑞翁　你说吧,我听了就会知道。
俄狄浦斯　就是把我送出境外。
克瑞翁　你向我请求的事要天神才能答应。
俄狄浦斯　神们最恨我。
克瑞翁　那么你很快就可以满足你的心愿。
俄狄浦斯　你答应了吗?
克瑞翁　不喜欢作的事我不喜欢白说。
俄狄浦斯　现在带我走吧。
克瑞翁　走吧,放了孩子们!
俄狄浦斯　不要从我怀抱中把她们抢走!
克瑞翁　别想占有一切;你所占有的东西没有一生跟着你。

众侍从带领俄狄浦斯进宫,克瑞翁、二女孩和传报人随入。

歌队长　忒拜本邦的居民啊,请看,这就是俄狄浦斯,他道破了那著名的谜语,成为最伟大的人;哪一位公民不曾带着羡慕的眼光注视他的好运?他现在却落到可怕的灾难的波浪中了!

因此,当我们等着瞧那最末的日子的时候,不要说一个凡人是幸福的,在他还没有跨过生命的界限，还没有得到痛苦的解脱之前。

　　歌队自观众右方退场。

【选文出处】

索福克勒斯. 索福克勒斯悲剧五种[M]. 罗念生，译. 上海：上海人民出版社，2016.

阅读提示

　　古希腊戏剧《俄狄浦斯》将悲剧的崇高精神演绎到极致。忒拜城王子俄狄浦斯一出生就因为父亲的罪恶而背负了杀父娶母的命运，这是人伦的大恶，父母将他抛弃。他被邻国国王和王后收养，作为王子被视为己出地宠爱着长大，长成智勇双全的人杰。然而，有人出于嫉妒透露了他不是国王亲生的孩子的秘密，虽然国王和王后没有承认，俄狄浦斯还是到阿波罗的神庙去占问。他问：我是国王和王后亲生的孩子吗？阿波罗没有回答，而是告诉他：你的命运将会杀父娶母。这对俄狄浦斯真是巨大的侮辱，一个英姿勃发的青年王子，竟然背负如此罪恶的命运！俄狄浦斯绝不能让命运得逞。于是，他离国出走了，成为一个一文不名的流浪汉。永远离开双亲不就没有机会犯罪了吗？他无意中走回了母国，在一条小道上与一辆疾驶的车驾发生冲突，一怒之下打死了乘车的老人。当他进入忒拜城后，发现整个城邦笼罩着阴郁的气氛。原来一个叫斯芬克斯的怪兽盘旋在悬崖边，每天让城邦上贡活人给他吃，如果无人能破解他的谜语的话。他的谜语是：什么动物早上四条腿，中午两条腿，晚上三条腿？城邦里没有一个智者能说出答案，所以恐惧挟持了每个人。俄狄浦斯年轻气盛，决意挑战怪兽。当怪兽告知谜语之后，俄狄浦斯马上说出了答案：人。斯芬克斯如他之前所承诺跳崖自尽。城邦被一个英俊的年轻的智者拯救，此讯息传遍全城。同时，还有一个噩耗传来，国王在郊外被一个强盗杀死。于是，俄狄浦斯被推举为新王，娶了现有的王后为妻。俄狄浦斯治国有方，深受国民爱戴。直到20多年后，瘟疫降临忒拜城，神谕指示城中因有人犯了杀父娶母之罪而招致天灾，需惩处凶手方可解救城邦。俄狄浦斯认真地追查罪人，一环扣一环地发现自己就是那个犯下不可饶恕之罪的人。命运何其强大，俄狄浦斯自以为远离了丑恶的宿命，其实他的每一步自以为的远离恰恰是在一步步靠近。多么残酷啊！真相大白后，既是妻子又是母亲的王后自杀了，俄狄浦斯刺瞎双眼自我放逐了。

俄狄浦斯为什么没有自杀？因为，面对如此痛苦、屈辱的真相，死是轻松的解脱。俄狄浦斯必须受尽人间的苦难方才能够安息。俄狄浦斯身为国王，当追查的线索一条一条指向自身的时候，他为什么还坚定地追索下去，恐惧地走向毁灭？虽然知道了结局但没有人痛恨国王，谁都愿意原谅他，因为他是无辜的，而他为什么不请求原谅？为什么不申辩自己的无辜与抗争？因为，俄狄浦斯认为，尽管命运强大又残忍，但实施罪恶的是自己的双手，是自己的鲁莽和所谓的聪明。罪责无可推脱，就让罪恶通过自我惩处而终结吧。此时，俄狄浦斯通过承担成就了作为人的高贵与尊严。命运是强大的，人，是伟大的。

假如俄狄浦斯自杀了，或是把责任推给命运，用自己的无辜获取世人的原谅，那么，这还是悲剧吗？这还崇高吗？

承担，多么了不起的两个字。世间的卑污，个人的罪恶，他人的恶行，现实的残酷，通过它们的衬托，方显出承担的力量。这力量护持着个人的以及人类的尊严。

 思考与练习

1. 这个戏剧中包含几个悲剧呢？
2. 谈谈你对命运的理解。

哈姆雷特(节选)

莎士比亚

《哈姆雷特》是莎士比亚创作的著名悲剧，创作于1601年。莎士比亚(1564—1616)，是英国文艺复兴时期最杰出的戏剧家，也是全世界最伟大的戏剧家之一。莎士比亚的创作量巨大，有悲剧、喜剧、正剧、历史剧、诗歌。他共写有37部戏剧、154首14行诗、两首长诗和其他诗歌。代表作有四大悲剧：《哈姆雷特》《奥赛罗》《李尔王》《麦克白》；四大喜剧：《第十二夜》《仲夏夜之梦》《威尼斯商人》《皆大欢喜》；历史剧：《亨利四世》《亨利六世》《理查二世》等。《哈姆雷特》是一出复仇主题的悲剧，塑造了文学史上人文主义的代表哈姆雷特王子的形象，出现了"一千个读者眼里有一千个哈姆雷特"(There are a thousand Hamlets in a thousand people's eyes.)的现象。

第三幕

第一场　城堡中一室

　　　　国王、王后、波洛涅斯、奥菲利娅、罗森格兰兹及吉尔登斯吞上。

《哈姆雷特》

国王　　　　你们不能用迂回婉转的方法，探出他为什么这样神魂颠倒，让紊乱而危险的疯狂困扰他的安静的生活吗？

罗森格兰兹　他承认他自己有些神经迷惘，可是绝口不肯说为了什么缘故。

吉尔登斯吞　他也不肯虚心接受我们的探问；当我们想要引导他吐露他自己的一些真相的时候，他总是用假作痴呆的神气故意回避。

王后　　　　他对待你们还客气吗？

罗森格兰兹	很有礼貌。
吉尔登斯吞	可是不大自然。
罗森格兰兹	他很吝惜自己的话,可是我们问他话的时候,他回答起来却是毫无拘束。
王后	你们有没有劝诱他找些什么消遣?
罗森格兰兹	娘娘,我们来的时候,刚巧有一班戏子也要到这儿来,给我们赶过了;我们把这消息告诉了他,他听了好像很高兴。现在他们已经到了宫里,我想他已经吩咐他们今晚为他演出了。
波洛涅斯	一点不错;他还叫我来请两位陛下同去看看他们演得怎样哩。
国王	那好极了;我非常高兴听见他对这方面感兴趣。请你们两位还要更进一步鼓起他的兴味,把他的心思移转到这种娱乐上面。
罗森格兰兹	是,陛下。(罗森格兰兹、吉尔登斯吞同下。)
国王	亲爱的乔特鲁德,你也暂时离开我们;因为我们已经暗中差人去唤哈姆莱特到这儿来,让他和奥菲利娅见见面,就像是他们偶然相遇一般。她的父亲跟我两人将要权充一下密探,躲在可以看见他们,却不能被他们看见的地方,注意他们会面的情形,从他的行为上判断他的疯病究竟是不是因为恋爱上的苦闷。
王后	我愿意服从您的意旨。奥菲利娅,但愿你的美貌果然是哈姆莱特疯狂的原因;更愿你的美德能够帮助他恢复原状,使你们两人都能安享尊荣。
奥菲利娅	娘娘,但愿如此。(王后下。)

波洛涅斯　奥菲利娅，你在这儿走走。陛下，我们就去躲起来吧。(向奥菲利娅)你拿这本书去读，他看见你这样用功，就不会疑心你为什么一个人在这儿了。人们往往用至诚的外表和虔敬的行动，掩饰一颗魔鬼般的内心，这样的例子是太多了。

国王　(旁白)啊，这句话是太真实了！它在我的良心上抽了多么重的一鞭！涂脂抹粉的娼妇的脸，还不及掩藏在虚伪的言辞后面的我的行为更丑恶。难堪的重负啊！

波洛涅斯　我听见他来了。我们退下去吧，陛下。(国王及波洛涅斯下。)

　　　　　　哈姆莱特上。

哈姆莱特　生存还是毁灭，这是一个值得考虑的问题；默然忍受命运的暴虐的毒箭，或是挺身反抗人世的无涯的苦难，通过斗争把它们扫清，这两种行为，哪一种更高贵？死了；睡着了；什么都完了；要是在这一种睡眠之中，我们心头的创痛，以及其他无数血肉之躯所不能避免的打击，都可以从此消失，那正是我们求之不得的结局。死了；睡着了；睡着了也许还会做梦；嗯，阻碍就在这儿：因为当我们摆脱了这一具朽腐的皮囊以后，在那死的睡眠里，究竟将要做些什么梦，那不能不使我们踌躇顾虑。人们甘心久困于患难之中，也就是为了这个缘故；谁愿意忍受人世的鞭挞和讥嘲、压迫者的凌辱、傲慢者的冷眼、被轻蔑的爱情的惨痛、法律的迁延、官吏的横暴和费尽辛勤所换来的小人的鄙视，要是他只要用一柄小小的刀子，就可以清算他自己的一生？谁愿意负着这样的重担，在烦劳的生命的压迫下呻吟流汗，倘不是因为惧怕不可知的死后，惧怕那从来不曾有一个旅人回来过的神秘之国，是它迷惑了我们的意志，使我们宁愿忍受目前的折磨，不敢向我们所不知道的痛苦飞去？这样，重重的顾虑使我们全变成了懦夫，决心的赤热的光彩，被审慎的思维盖上了一层灰色，伟大的事业在这一种考虑之下，也会逆流而退，失去了行动的意义。且慢！美丽的奥菲利娅！——女神，在你的祈祷之中，不要忘记替我忏悔我的罪孽。

奥菲利娅　我的好殿下，您这许多天来贵体安好吗？

哈姆莱特　谢谢你，很好，很好，很好。

奥菲利娅　殿下，我有几件您送给我的纪念品，我早就想把它们还给您，请您现在收回去吧。

哈姆莱特　不，我不要；我从来没有给你什么东西。

奥菲利娅　殿下，我记得很清楚您把它们送给了我，那时候您还向我说了许多甜言蜜语，使这些东西格外显得贵重；现在它们的芳香已经消散，请您拿回去吧，因为在有骨气的人看来，送礼的人要是变了心，礼物虽贵，也会失去了价值。拿去吧，殿下。

哈姆莱特　哈哈！你贞洁吗？

奥菲利娅　殿下！

哈姆莱特　你美丽吗？

奥菲利娅　殿下是什么意思？

哈姆莱特　要是你既贞洁又美丽，那么你的贞洁应该断绝跟你的美丽来往。

奥菲利娅　殿下，难道美丽除了贞洁以外，还有什么更好的伴侣吗？

哈姆莱特　嗯，真的；因为美丽可以使贞洁变成淫荡，贞洁却未必能使美丽受它自己的感化；这句话从前像是怪诞之谈，可是现在时间已经把它证实了。我的确曾经爱过你。

奥菲利娅　真的，殿下，您曾经使我相信您爱我。

哈姆莱特　你当初就不应该相信我，因为美德不能熏陶我们罪恶的本性；我没有爱过你。

奥菲利娅　那么我真是受了骗了。

哈姆莱特　进尼姑庵去吧！为什么你要生一群罪人出来呢？我自己还不算是一个顶坏的人，可是我可以指出我的许多过失；一个人有了那些过失，他的母亲还是不要生下他来的好。我很骄傲，有仇必报，富于野心，我的罪恶是那么多，连我的思想也容纳不下，我的想象也不能给它们形象，甚至于我都没有充分的时间可以把它们实行出来。像我这样的家伙，匍匐于天地之间，有什么用处呢？我们都是些十足的坏人，一个也不要相信我们。进尼姑庵去吧。你的父亲呢？

奥菲利娅　在家里，殿下。

哈姆莱特　把他关起来，让他只好在家里发发傻劲。再会！

奥菲利娅　哎哟，天哪！救救他！

哈姆莱特　要是你一定要嫁人，我就把这一个诅咒送给你做嫁妆：尽管你像冰一样坚贞，像雪一样纯洁，

　　　　　　你还是逃不过谗人的诽谤。进尼姑庵去吧，去！再会！或者要是你必须嫁人的话，就嫁给一个傻瓜吧；因为聪明人都明白你们会叫他们变成怎样的怪物。进尼姑庵去吧，去！越快越好。再会！

奥菲利娅　天上的神明啊，让他清醒过来吧！

哈姆莱特　我也知道你们会怎样涂脂抹粉；上帝给了你们一张脸，你们又替自己另外造了一张。你们烟视媚行，淫声浪气，替上帝造下的生物乱取名字，卖弄你们不懂事的风骚。算了吧，我再也不敢领教了，它已经使我发了狂。我说，我们以后再不要结什么婚了；已经结过婚的，除了一个人以外，都可以让他们活下去；没有结婚的不准再结婚，进尼姑庵去吧，去。(下。)

奥菲利娅　啊，一颗多么高贵的心是这样陨落了！朝臣的眼睛、学者的辩舌、军人的利剑、国家所瞩望的一朵娇花；时流的明镜、人伦的雅范、举世注目的中心，这样无可挽回地陨落了！我是一切妇女中间最伤心而不幸的，我曾经从他音乐一般的盟誓中吮吸芬芳的甘蜜，现在却眼看着他的高贵无上的理智，像一串美妙的银铃失去了谐和的音调，无比的青春美貌，在疯狂中凋谢！啊！我好苦，谁料过去的繁华，变作今朝的泥土！(退后。)

　　　　　　　　　　国王及波洛涅斯重上。

国王　　　恋爱！他的精神错乱不像是为了恋爱；他说的

	话虽然有些颠倒，也不像是疯狂。他有些什么心事盘踞在他的灵魂里，我怕它也许会产生危险的结果。为了防免万一起见，我已经当机立断，决定了一个办法：他必须立刻到英国去，向他们追索延宕未纳的贡物；也许他到海外各国游历一趟以后，时时变换的环境，可以替他排解去这一桩使他神思恍惚的心事。你看怎么样？
波洛涅斯	那很好，可是我相信他的烦闷的根本原因，还是为了恋爱上的失意。啊，(奥菲利娅趋前)奥菲利娅！你不用告诉我们哈姆莱特殿下说些什么话，我们全都听见了。陛下，照您的意思办吧；可是您要是认为可以的话，不妨在戏剧终场以后，让他的母后独自一人跟他在一起，恳求他向她吐露他的心事；她必须很坦白地跟他谈谈，我就找一个所在听他们说些什么。要是她也探听不出他的秘密来，您就叫他到英国去，或者凭着您的高见，把他关禁在一个适当的地方。
国王	就是这样吧。大人物的疯狂是不能听其自然的。(同下。)

【选文出处】

莎士比亚. 罗密欧与朱丽叶[M]. 朱生豪，译. 北京：人民文学出版社，2001.

 阅读提示

哈姆雷特，集美德、英俊、聪慧、武艺于一身，贵为王子，被贤德的国王和美丽的王后宠爱，留学德国，是命运之神的宠儿。然而，命运突遭逆转，父亲被叔叔暗杀，叔叔夺得了王位，进而娶母亲为妻。哈姆雷特一下子失去了父亲，也失去了对母亲的信任。父亲的鬼魂告诉了他自己惨死的内幕，并要求他报仇。哈姆雷特通过一场戏剧的演出证实了亡魂所言非虚，同时他通过装疯来保护自己以寻找复仇的机会。然而，他的复仇行动十分拖延，伴随着犹豫和忧郁，为文学批评留下了讨论空间。有人从性格角度进行分析，有人从命运角度进行分析，有人从文化、历史角度进行分析，有人从恋母情结角度进行分析……

哈姆雷特的复仇代价惨重，最动人心魄的牺牲者当属哈姆雷特的爱人，美丽善良的奥菲利娅。哈姆雷特的装疯是他与叔叔周旋的一种策略，然而，失去哈姆雷特的奥菲利娅最后真的疯了，像陨落的花朵漂浮在流水中，永远地告别了人间。

莎士比亚的戏剧语言风格华美壮丽，当你大声朗读的时候，会产生畅快淋漓之感。

 思考与练习

1. 请分析哈姆雷特对母亲的感情。
2. 请分析哈姆雷特为什么犹豫不决。
3. 朗诵哈姆雷特独白的片段。

西西弗的神话

阿尔贝·加缪

阿尔贝·加缪(1913—1960),法国声名卓著的小说家、散文家和剧作家,存在主义文学大师,"荒诞哲学"的代表人物。1957年因"热情而冷静地阐明了当代向人类良知提出的种种问题"而获诺贝尔文学奖,是有史以来最年轻的诺贝尔奖获奖作家之一。加缪在他的小说、戏剧、随笔和论著中,深刻地揭示出人在异己的世界中的孤独、个人与自身的日益异化,以及罪恶和死亡的不可避免。但他在揭示出世界的荒诞的同时却并不绝望和颓丧,他主张要在荒诞中奋起反抗,在绝望中坚持真理和正义。他直面惨淡人生的勇气,他"知其不可而为之"的大无畏精神,使他在第二次世界大战之后不仅在法国,而且在欧洲并最终在全世界,成为他那一代人的代言人和下一代人的精神导师。

《西西弗的神话》是作为思想者的加缪表现"荒诞主义"思考的一本随笔集,包含荒诞推理、荒诞人、荒诞创作和西西弗的神话四个部分,其中西西弗的神话则是作为加缪整个荒诞感的核心思想的象征表现,其余三部分可以看作从不同侧面来阐述和丰富这一核心思想的外延。

诸神惩罚西西弗不断地把巨石滚上山顶,而石头因为它自身的重量又会滚下去。他们完全有理由相信没有比这徒劳而无望的工作更可怕的惩罚了。

如果相信荷马的话,西西弗其实是最聪明、最精明的人。然而,根据另一个版本,他被安排承担公路工人的工作。没看出这有什么矛盾。对于他为什么成为地狱里无用的劳动者,意见很不统一。一开始,他被指控不尊重诸神。他偷走了他们的秘密。埃伊纳是伊索普斯的女儿,她被朱庇特掳走。埃伊纳的父亲对这失踪十分震惊,对西西弗抱怨。西西弗知道这场诱拐的真相，提出条件只要伊索普斯给科林斯城堡供水就告诉他真相。与天国的雷电相比，他更喜欢水的恩赐。因为这个原因他在地狱受罚。荷马还告诉我们，西西弗铐住了死神。冥王不能忍受他荒无而沉默的帝国场景。他派战神去把死神从她的征服者手里解救出来。

还有说法是西西弗在临死前鲁莽地想要测试他妻子的爱。命令她把他未掩埋的尸体抛在广场中心。西西弗在地狱里醒来。在那里，他被这种与人类的爱相对立的顺从激怒了。他从冥王那里得到允许回到世上惩罚他的妻子。但是当他再一次看到这个世界的面孔，舒服的水和阳光，温暖的石头和海洋，他再也不想回到地狱的黑暗中去了。召回、愤怒的信号，警告都无济于事。又过了许多年，他活着，面对海湾的弧线，波光粼粼的海洋，还有大地上的微笑。必须用诸神的命令了。墨丘利来了，抓住这聪明人的衣领，把他从快乐里抓回来，强制地把他带回地狱，在那里他的巨石已经准备好了。

你已经理解了西西弗是荒谬的英雄。他的确是，既因为他的热情，也因为他的痛苦。他对诸神的嘲讽，他对死亡的痛恨，以及他对生命的热爱为他赢得了那不能言说的惩罚，那里整个人都在徒劳地努力。这就是因为热爱这土地而必须付出的代价。关于西西弗在地狱的情况我们一无所知。神话的产生缘于将生命灌输其中的想象。而对于这则神话，人们只看到绷紧了身体来几百次地举起巨石，滚动并把它推上斜坡的整个体力部分；人们看到贴着石头皱起的脸庞和脸颊，沾满泥土碎屑的肩膀，插入的脚，双臂张开有力的开始，还有沾满泥土的双手带来的全部人身保障。

在这由没有深度的时间和不见天日的空间测量的长久劳动结束时，目的就达到了。然后西西弗看着石头马上朝着更低的地方滚下去，在那里，他不得不把它重新滚上山顶。他回到山脚下。就在他回去的时候，一个暂停，西西弗吸引了我。那张贴近石头劳苦的面孔本身已经变成石头了。我看到他回到山下，迈着沉重而整齐的步子，走向他永远不知道尽头的痛苦。那一小时的行程，像是休息的机会，像他的痛苦一样会再来的，那是意识的一小时。每个瞬间，当他离开山顶，渐渐沉没在诸神的悲剧，他是高于他的命运的。他比那巨石更坚硬。

如果这神话是悲剧，那是因为它的主角有意识。的确，如果每一步成功的希望都支撑着他，那么他的痛苦又在哪里呢？今天的工人，在他的生命里，每天要完成同样的任务，和这命运一样荒谬。然而只有在偶尔它变得有意识的时候它才是悲剧的。西西弗，是诸神里的无产阶级，没有权力而且反叛，他知道自己整个悲惨状态的程度；这就是他下山时想的东西。给他带来痛苦的清醒同时也给他的胜利加了冕。没有不能被嘲讽凌驾的命运。

如果因此下山有时是悲伤的，它也可以是快乐的。这个词并不过分。我再一次幻想西西弗回到他的石头那里，然后悲痛就开始了。当大地的景象过于紧密地依附于回忆的时候，当快乐的呼声变得太急切的时候，感伤就在人们心底产生了：这是巨石的胜利，这是巨石本身。无边的悲痛过于沉重，让人承担不起。这是我们的客西马尼之夜。但是被承认之后，令人心碎的真理就消失了。因此俄狄浦斯一开始不知道这点的时候就顺从了命运。但是他从他知道的那一刻起,他的悲剧就开始了。而同时,盲目而绝望地,他意识到把他和世界联系起来的唯一纽带就是女孩冰冷的手。然后可怕的评论涌现出来:"撇开这许多的苦难,我的年迈和灵魂的高贵让我得出结论,这一切都很好。"因此,索福克勒斯的俄狄浦斯,像陀思妥耶夫斯基的基连洛夫一样,给荒谬的胜利提供了诀窍。古代的智慧肯定了现代的英雄主义。

人们发现荒谬,却没有被吸引去写个幸福手册。"什么!以这么狭隘的方式……?"然而只有一个世界。幸福和荒谬是大地的双生子。他们不可分。说幸福一定源于那个荒谬的发现是错误的。偶尔荒谬感也缘于幸福。"我得出结论,一切都很好,"俄狄浦斯说,而那个论断是神圣不可侵犯的。它回响在人类狂野而有限的宇宙里。它告诉我们,一切都没有,也从不曾穷尽过。它把一个神从这个世界驱逐出去,而他来的时候带着不满和对徒劳痛苦的偏爱。它把命运变成人类自己的问题,这问题必须在人间解决。

西西弗所有沉默的欢乐都包含在那里了。他的命运属于他,他的石头是他的东西。同样,荒谬者,当他思考自己的痛苦时,就让一切神像沉默了。在突然恢复沉默的宇宙里,大地上飘荡的无数微弱声音都涌出来了。没有意识的秘密呼唤,各种面孔的邀请,它们是胜利必须的倒转和代价。不存在没有阴影的太阳,也必须了解黑夜。荒谬者说是的,而他的努力从此就没有休止了。如果有个人的命运,就没有更高的天命了,或者至少有他认为不可避免而又卑鄙的命运。至于其他,他知道他是自己生活的主人。在人们回顾自己人生的那个微妙瞬间,西西弗回到他的石头那里,微微转身,他思考着那一系列构成他的命运而互不关联的动作，那是他创造的，通过他回忆的眼睛连接起来，很快就被他的死亡封印。因此，相信着人类世界的整个人类本源，盲人想知道谁说过黑夜没有尽头，他还在忙碌，石头还在摆动。

我把西西弗留在山脚下！人们总会再次发现自己的负担。都是西西弗教给人们否定神灵并举起石头的更高的忠诚。他，那样，认为一切都好。从此，这个没有主宰的宇宙，对于他来说，似乎既不枯燥也不是徒劳的。石头的每一个微粒，笼罩在夜色中的山上每个矿物碎片本身就构成了一个世界。朝山顶的挣扎就足以填满一个人的心脏。人们必须想象西西弗是快乐的。

【选文出处】

加缪. 西西弗的神话[M]. 刘琼歌，译. 北京：光明日报出版社，2009.

 阅读提示

或者因为无止境的平庸，或者因为被迫承受命运的不公，诸多原因让人们感受到存在的荒诞。荒诞成为现代人经常遭遇到的感受。存在主义大师加缪就认为世界是荒诞的。他曾经因为无法忍受荒诞探讨过人是否应该自杀或者是利用借口在精神上逃避，从而可以对荒诞视而不见。但是，加缪最终选择了挑战，既然人生注定要面对荒诞，荒诞便成为无法逃避的命运。当荒诞变成生活本身时，正确的选择就是面对，并且战胜它。这种认识是通过西西弗的神话的启发进一步明晰的。

西西弗是神话中的受难者，一个被诸神惩罚不断将石头推向山顶却徒劳无功的神话人物，他的境遇当然是荒诞的。但加缪却从这种日复一日的苦役中看出了如何面对荒诞的态度。他先叙述了西西弗的遭遇，将西西弗塑造成为一个敢于蔑视天神权威、热爱生活而且有正义感的人物，天神因此惩罚他本来就是荒诞的，而惩罚的手段则更加荒诞。一般人认为西西弗是不幸的，但加缪却认为西西弗是幸福的。因为他在西西弗永不停歇的坚持中看到了他挑战荒诞的精神，他把西西弗称作荒诞的英雄。这是因为，西西弗的生活本身是荒诞的，勇敢地面对荒诞，就可以称之为英雄。

　　为了说明这一切，加缪从三个方面展开论述。一是从形象上将西西弗描绘为硬汉，说明他比石头更坚硬。二是探讨西西弗为什么能够这样坚硬，这是因为他认识到了荒诞的事实。因为能够从理性上认识到荒诞的存在，才能主动地选择对待荒诞的态度和方法。加缪是在认识到荒诞后开始蔑视它，认识到荒诞的不可避免便不再害怕它，于是他主宰了荒诞，也主宰了自己。三是说明当一个人能够主宰自己命运，将荒诞当作主宰的对象时，他就是快乐的。所以，西西弗也是幸福的。全文从一个流传千古的神话中，引申出生存哲学的意义，将一个神话人物的遭遇看成是人类境遇的象征，以此阐明自己关于如何面对荒诞的观点，形象而有逻辑性地表达了自己的思想，这是本文最值得学习的地方。

思考与练习

1. 查阅有关资料，了解加缪的作品和思想。
2. 加缪为什么认为西西弗受到的惩罚是荒诞的？
3. 加缪是如何论述西西弗是一个荒诞的英雄的？
4. 每个人都会产生不同程度的荒诞感，对此，应该如何对待？

米 龙 老 爹

莫泊桑

莫泊桑（1850—1893），法国 19 世纪末重要的批判现实主义作家，与俄国契诃夫、美国欧·亨利并称为"世界三大短篇小说巨匠"。代表作品有《项链》《羊脂球》和《我的叔叔于勒》等。

莫泊桑出生于法国一个没落贵族家庭，曾参加普法战争，且此经历成为他日后创作的重要主题。他一生创作了六部长篇小说、三百五十九篇中短篇小说及三部游记，是法国文学史上短篇小说创作数量最大、成就最高的作家之一。他的短篇所描绘的生活面极为广泛，实际上构成了十九世纪下半期法国社会一幅全面的风俗画，更重要的是，他把现实主义短篇小说的艺术提高到了一个前所未有的水平，他在文学史上的重要地位主要就是由他短篇小说的成就所奠定的。

一个月以来，烈日在田地上展开了炙人的火焰。喜笑颜开的生活都在这种火雨下面出现了，绿油油的田野一望无际，蔚蓝的天色一直和地平线相接。那些在平原上四处散布的诺曼底省的田庄，在远处看来像是一些围在细而长的山毛榉树的圈子里的小树林子。然而走到跟前，等到有人打开了天井边的那扇被虫蛀坏的栅栏门，却自信是看见了一个广阔无边的花园，因为所有那些像农夫的躯体一样骨干嶙峋的古老苹果树正都开着花。乌黑钩曲的老树干在天井里排列成行，在天空之下展开它们那些雪白而且粉红的光彩照人的圆顶。花的香气和敞开的马房里的浓厚气味以及正在发酵的兽肥的蒸气混在一块儿——兽肥的上面歇满了成群的母鸡。

已经是日中了。那一家人正在门前的梨树的阴影下面吃午饭：男女家长，四个孩子，两个女长工和三个男长工。他们几乎没有说话。他们吃着菜羹，随后他们揭开了那盘做荤菜的马铃薯煨咸肉。

一个女长工不时立起身来，走到储藏饮食物品的房里，去斟满那只盛苹果酒的大罐子。男人，年约40的强健汉子，端详他房屋边的一枝赤裸裸的没有结实的葡萄藤，它曲折得像一条蛇，在屋檐下面沿着墙伸展。

末了他说："老爹这枝葡萄，今年发芽的时候并不迟，也许可以结果子了。"妇人也回过头来端详，却一个字也不说。

那枝葡萄，正种在老爹从前被人枪杀的地方。

那是1870年打仗时候的事。普鲁士人占领了整个地方。法国的裴兑尔白将军正领着北军和他们抵抗。

普军的参谋处正驻扎在这个田庄上。庄主是个年老的农人，名叫彼德的米龙老爹，竭力款待他们，安置他们。

一个月以来，普军的先头部队留在这个村落里做侦察工作。法军却在相距十法里内外一带地方静伏不动；然而每天夜晚，普兵总有好些骑兵失踪。

凡是那些分途到附近各处去巡逻的人，若是他们只是两三个成为一组出发的，都从没有转来过。

到早上，有人在一块地里，一个天井旁边，一条壕沟里，寻着了他们的尸首。他们的马也伸着腿倒在大路上，项颈被人一刀割开了。

这类的暗杀举动，仿佛是被一些同样的人干的，然而普兵没有法子破案。

地方上感到恐怖了。许多乡下人，每每因为一个简单的告发就被普兵枪决了，妇女们也被他们拘禁起来了，他们原来想用恐吓手段使儿童们有所透露，结果却什么也没有发现。

但是某一天早上，他们瞧见了米龙老爹躺在自己马房里，脸上有一道刀伤。

两个刺穿了肚子的普国骑兵在一个和这庄子相距三公里远的地方被人寻着了。其中的一个，手里还握着他那把血迹模糊的马刀。可见他曾经格斗过的，自卫过的。

一场军事审判立刻在这庄子前面的露天里开庭了，那老头子被人带过来了。

他的年龄是68岁。身材矮瘦，脊梁是略带弯曲的，两只大手简直像一对蟹螯。一头稀疏得像是乳鸭羽绒样的乱发，头皮随处可见。项颈上的枯黄而起皱的皮肤显出好些粗的静脉管，一直延到腮骨边失踪却又在鬓脚边出现。在本地，他是一个以难于妥协和吝啬出名的人。

他们教他站在一张由厨房搬到外面的小桌子跟前，前后左右有四个普兵看守。五个军官和团长坐在他的对面。

团长用法国话发言了：

"米龙老爹，自从到了这里以后，我们对于您，除了夸奖以外真没有一句闲话。在我们看来，您对于我们始终是殷勤的，并且甚至可以说是很关心的。但是您今日却有一件很可怕的事被人告发了，自然非问个明白不成。您脸上带的那道伤是怎样来的呢？"

那个乡下人一个字也不回答。

团长接着又说：

"您现在不说话,这就定了您的罪,米龙老爹,但是我要您回答我,您听见没有?您知道今天早上在伽尔卫尔附近寻着的那两个骑兵是谁杀的吗?"

那老翁干脆地答道:

"是我。"

团长吃了一惊,缄默了一会,双眼盯着这个被逮捕的人了。米龙老爹用他那种乡下人发呆的神气安闲自在地待着,双眼如同向他那个教区的神父说话似的低着没有抬起来。唯一可以看出他心里慌张的,就是他如同喉管完全被人扼住了一般,显而易见地在那儿不断地咽口水。

这老翁的一家人:儿子约翰,儿媳妇和两个孙子,都惊惶失措地立在他后面十步内外的地方。

团长接着又说:

"您可也知道这一月以来,每天早上,我们部队里那些被人在田里寻着的侦察兵是被谁杀了的吗?"

老翁用同样的乡愚式的安闲自在态度回答:

"是我。"

"全都是您杀的吗?"

"全都是,对呀,都是我。"

"您一个人?"

"我一个人。"

"您是怎样动手干的,告诉我吧。"

这一回,那汉子现出了心焦的样子,因为事情非得多说话不可,这显然使他为难。他吃着嘴说:

"我现在哪儿还知道?我该怎么干就怎么干。"

团长接着说:

"我通知您,您非全盘告诉我们不可。您很可以立刻就打定主意。您从前怎样开始的呢？"

那汉子向着他那些立在后面注意的家属不放心地瞧了一眼，又迟疑了一会儿，后来突然打定了主意：

"我记得那是某一天夜晚，你们到这里来的第二天夜晚，也许在10点钟光景。您和您的弟兄们，用过我250多个金法郎的草料和一条牛两只羊。我当时想道：他们就是接连再来拿我一百个，我一样要向他们讨回来。并且那时候我心上还有别样的盘算，等会儿我再对您说。我望见了你们有一个骑兵坐在我的仓后面的壕沟边抽烟斗。我取下了我的镰刀，蹑着脚从后面掩过去，使他听不见一点声音。蓦地一下，只有一下，我就如同割下一把小麦似的割下了他的脑袋，他当时连说一下'喔'的功夫都没有。您只需在水荡里去寻：您就会发现他和一块顶住栅栏门的石头一齐装在一只装煤的口袋里。

"我那时就有了我的打算。我剥下了他全身的服装，从靴子剥到帽子，后来一齐送到了那个名叫马丁的树林子里的石灰窑的地道后面藏好。"

那老翁不做声了。那些感到惊惶的军官面面相觑了。后来讯问又开始了，下文就是他们所得的口供。

那汉子干了这次谋杀敌兵的勾当，心里就存着这个观念："杀些普鲁士人吧！"他像一个热忱爱国而又智勇兼备的农人一样憎恨他们。正如他说的一样，他是有他的打算的。他等了几天。

普军听凭他自由来去，随意出入，因为他对于战胜者的退让是用很多的服从和殷勤态度表示的，他并且由于和普兵常有往来学会了几句必要的德国话。现在，他每天傍晚总看见有些传令兵出发，他听明白那些骑兵要去的村落名称以后，就在某一个夜晚出门了。

他由他的天井里走出来，溜到了树林里，进了石灰窑，再钻到了窑里那条长地道的末端，最后在地上寻着了那个死兵的服装，就把自己穿戴停当。

后来他在田里徘徊一阵，为了免得被人发觉，他沿着那些土坎子爬着走，他听见极小的声响，就像一个偷着打猎的人一样放心不下。

到他认为钟点已经到了的时候，便向着大路前进，后来就躲在矮树丛里。他依然等着。末了，在夜半光景，一阵马蹄的"大走"声音在路面的硬土上响起来了。为了判度前面来的是否只有一个单独的骑兵，这汉子先把耳朵贴在地上，随后他就准备起来。

骑兵带着一些紧要文件用"大走"步儿走过来了。那汉子睁眼张耳地走过去。等到相隔不过十来步，米龙老爹就横在大路上像受了伤似地爬着走，一面用德国话喊着："救命呀！救命呀！"骑兵勒住了马，认明白那是一个失了坐骑的德国兵，以为他是受了伤的，于是滚鞍下马，毫不疑虑地走近前来，他刚刚俯着身躯去看这个素不认识的人，肚皮当中却吃了米龙老爹的马刀的弯弯儿的长刃。他倒下来了，立刻死了，最后仅仅颤抖着挣扎了几下。

于是这个诺曼底人感到一种老农式的无声快乐因而心花怒发了，自己站起来了，并且为了闹着玩儿又割断了那尸首的头颈。随后他把尸首拖到壕沟边就扔在那里面。

那匹安静的马等候他的主人。米龙老爹骑了上去，教它用"大颠"的步儿穿过平原走开了。

一小时以后，他又看见两个归营的骑兵并辔而来。他一直对准他们赶过去，又用德国话喊着："救人！救人"那两个普兵认明了军服,让他走近前来,绝没有一点疑忌。于是他,老翁,像弹丸一般在他们两人之间溜过去,一马刀一手枪,同时干翻了他们两个人。

随后他又宰了那两匹马,那都是德国马!然后从容地回到了石灰窑,把自己骑过的那匹马藏在那阴暗的地道中间。他在那里脱掉军服,重新披上了他自己那套破衣裳,末了回家爬到床上,一直睡到第二天早晨。

他有四天没有出门,等候那场业已开始侦查的公案的结束,但是,第五天,他又出去了,并且又用相同的计略杀了两个普兵。从此他不再住手了,每天夜晚,他总逛到外面去找机会,骑着马在月光下面驰过荒废无人的田地,时而在这里,时而在那里,如同一个迷路的德国骑兵,一个专门猎取人头的猎人似的,杀过了一些普鲁士人。每次,工作完了以后,这个年老的骑士任凭那些尸首横在大路上,自己却回到了石灰窑,藏起了自己的坐骑和军服。

第二天日中光景,他安闲地带些清水和草料去喂那匹藏在地道中间的马,为了要它担负重大的工作,他是不惜工本的。

但是,被审的前一天,那两个被他袭击的人,其中有一个有了戒备,并且在乡下老翁的脸上割了一刀。

然而他把那两个一齐杀死了!他依然又转来藏好了那匹马,换好了他的破衣裳,但是回家的时候,他衰弱得精疲力竭了,只能勉强拖着脚步走到了马房跟前,再也不能回到房子里。

有人在马房里发现了他浑身是血,躺在那些麦秸上面……

口供完了之后,他突然抬起头自负地瞧着那些普鲁士军官。

那团长抚弄着自己的髭须,向他问:

"您再没有旁的话要说吗?"

"没有。再也没有,帐算清了:我一共杀了 16 个,一个不多,一个不少。"

"您可知道自己快要死吗?"

"我没有向您要求赦免。"

"您当过兵吗?"

"当过,我从前打过仗。并且从前也就是你们杀了我的爹,他老人家是一世皇帝的部下。我还应该算到上一个月,你们又在艾弗勒附近杀了我的小儿子法朗索阿。从前你们欠了我的帐,现在我讨清楚了。我们现在是收支两讫。"

军官们彼此面面相觑了。

"八个算是替我的爹讨还了帐。八个算是替我儿子讨还的。我们是收支两讫了。我本不要找你们惹事,我!我不认识你们!我也不知道你们是从哪儿来的。现在你们已经在我家里,并且要这样,要那样,像在你们自己家里一般。我如今在那些人身上复了仇。我一点也不后悔。"老翁接着又说。

老翁挺起了关节不良的脊梁,并且用一种谦逊的英雄姿态在胸前叉起了两只胳膊。

那几个普鲁士人低声谈了好半天。其中有一个上尉,他也在上一个月有一个儿子阵亡,这时,他替这个志气高尚的穷汉辩护。

于是团长站起来走到米龙老爹身边,并且低声向他说:"听明白,老头儿,也许有个法子救您性命,就是要……"

但是那老翁绝不细听,向着战胜的军官竖直了两只眼睛，这时候，一阵微风搅动了他头颅上的那些稀少的头发，他那副带着刀伤的瘦脸儿突然大起收缩显出一副怕人的难看样子，他终于鼓起了他的胸膛，向那普鲁士人劈面唾了一些唾沫。

团长呆了，扬起一只手，而那汉子又向他脸上唾了第二次。

所有的军官都站起了，并且同时喊出了好些道命令。

不到一分钟，那个始终安闲自在的老翁被人推到了墙边，那时候他才向着他的长子约翰，他的儿媳妇和他的两个孙子微笑了一阵，他们都惶惑万分地望着他，他终于立刻被人枪决了。

【选文出处】

高小方. 大学语文：大专版[M]. 北京：高等教育出版社，2012.

 阅读提示

《米龙老爹》是莫泊桑的短篇小说代表作之一，它发表于1883年5月22日的《高卢人民日报》，它的背景是1870年爆发的普法战争。当时，法国的大部分领土被普鲁士军队所占。面临民族危机，统治阶级妥协投降、苟且偷生，而下层人民则起来反抗，表现出崇高的爱国主义思想。有感于这些鲜明的对照，莫泊桑创作了许多以普法战争为题材的小说。《米龙老爹》讲述了一个普通法国农民孤胆杀敌的故事，成功塑造了一个机智勇敢、大义凛然的农民英雄形象，讴歌了法国人民抗击侵略者和维护民族尊严的爱国主义精神。

本文通过冷静客观的描述，含蓄地表现出作者的主观倾向，以逼真的肖像描写和细节描写塑造人物，采用倒叙、双重人称叙述等手法，成功塑造了爱国主义者米龙老爹的英雄形象。通过对他机智勇敢、视死如归、仇恨侵略者的思想性格的描写，表现出了法国人民英勇抗战、维护民族尊严的爱国主义精神。

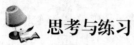 **思考与练习**

1. 开篇即是一段景物描写，这些文字在全文中有何意义？
2. 结合文章描述，分析米龙老爹的英雄形象是如何一点点塑造起来的？

钟　　摆

欧·亨利

欧·亨利(1862—1910)，美国短篇小说家，与契诃夫和莫泊桑并列称为"世界三大短篇小说巨匠"，曾被评论界誉为曼哈顿桂冠散文作家和美国现代短篇小说之父，他的作品有"美国生活的百科全书"之誉。其主要作品有《麦琪的礼物》《警察与赞美诗》《最后一片叶子》《二十年后》等。

"八十一号大街到了——让他们下去吧。"穿着蓝色制服的牧羊人大声嚷着。

一群市民像绵羊一样你推我挤地走了下去，又一群你推我挤地拥了上来。叮——叮！曼哈顿高架电车公司的运牲口车咔哒咔哒开走了。而约翰·帕金斯则不由自主地随着重获自由的羊群般的人流走下车站的楼梯。

约翰慢悠悠地朝家中走去。这样慢悠悠地，是由于在他日常生活的词典里，压根就没有"或许"之类的词。对于一个住在公寓里面，结婚已经两年了的人来说，还能有什么出乎意料的事等着他呢。他一边走着，一边郁闷又自嘲地想着这将又会是单调乏味的一天，一如往常。

凯蒂一定会在门口迎接他，给他一个带着冷霜和奶油糖果味的吻。而他一定会脱掉外套，坐在一张简陋的长椅上看报纸，晚报上刊登着俄国人和日本人的屠杀[1]，排版也像平常一样沉闷乏味。到了晚餐，准会有炖肉，有加了"保证不会损坏皮革"调味汁的沙拉[2]，还有炖大黄和一瓶草莓果酱，瓶子标签上大言不惭地标着用料纯正，果酱都羞红了脸。吃完晚餐，凯蒂还会给他看用各色碎布缝成的被单上的新补丁,那是送冰人从他的活结领带的一头上剪下来给她的。七点半钟,他们会在家具上铺上报纸,好接住天花板上掉下的石灰屑,住在楼上的胖子这会儿又开始锻炼身体了。八点整,住在走廊对面的希奇和穆尼,这对没人请的歌舞杂耍团里的搭档因为酒精的作用又开始精神错乱,幻想着哈默斯坦[3]带着每周五百美元薪水的合约来找他们,兴奋得把椅子都踢翻。接着,风井对面窗子里的先生又会拿出他的长笛;每晚都要漏的煤气也会悄悄地溜出去,在大街上嬉闹着;送饭菜的升降机滑脱了轨道;看门人又会把赞诺维茨基太太的五个孩子赶过鸭绿江去[4];穿着香槟色的鞋子,牵着一条斯凯狗的女士又轻快地下楼来,在她的门铃和信箱上贴上她星期四用的名字——于是,弗罗格摩尔公寓每晚的例行活动就这样开始了。

约翰·帕金斯知道这些事情会一桩桩地接着来。他也知道,到了八点一刻的时候,他会鼓足勇气伸手拿他的帽子,而他的妻子则会抱怨着说:

"我倒想知道,你这会儿想要去哪儿,约翰·帕金斯?"

"到麦克洛斯基那里去,"他准会这么回答,"跟那些家伙打一两盘台球。"

近来,约翰·帕金斯养成了这样的习惯。总要玩到十点或是十一点才会回家。有时凯蒂睡着了,有时却还在等着,准备将婚姻精心锻造的钢链在她怒火的熔炉里再熔掉一点镀金层。而将来等丘比特和他住在弗罗格摩尔公寓里的受害人一同站在道义的法庭上的时候,他必须要为这些事情负责。

可今天晚上,当约翰·帕金斯回到家里时,他却遭遇到了平常生活的剧变。没有凯蒂那充满柔情,带着糖果味的吻等着他。三个房间里乱糟糟的，仿佛预示着大事不妙。她的东西堆得满地都是。地板中间扔着鞋子，梳妆台和椅子上横七竖八地堆着卷发钳、发结、睡衣和粉盒之类的东西——这可不像是凯蒂的风格。约翰的心突然一沉，因为他看到梳子齿上缠着一团她的棕色鬈发。她一定是碰上了非常紧急的事，平时她总会小心地把这些掉下来的头发收在壁炉架上的小蓝瓶子里，想要到时候凑在一起做成女人们格外钟爱的"发垫"。

煤气喷嘴上有一根绳子显眼地挂着一张折好的纸条。约翰一把扯下来。正是妻子留下的，上面写着：

亲爱的约翰：

我刚收到电报，说妈妈病得很厉害。我要搭四点半的火车，山姆会到车站接我。冰箱里有冻羊肉。希望她这次不会又是扁桃体发炎。记得给送奶人五角钱。去年春天她的病就犯得很严重呢。别忘了写信给煤气公司，告诉他们煤气表出了些问题。你的袜子放在最上面的抽屉里。明天我会写信给你的。

凯蒂

在他们婚姻生活的两个年头中，他从没和凯蒂分开过一个晚上。约翰呆呆地把字条一遍又一遍地看。一成不变的日常生活突然起了变化，他突然茫然了。

椅子背上是她做饭时总会穿着的红底黑点的睡衣，一副空荡荡、可怜巴巴的样子。她平时穿的衣服也在匆忙之间扔得满地都是。一小袋她最爱吃的奶油糖果丢在那儿，连袋口都没来得及打开。一份日报懒洋洋地趴在地板上，火车时刻表被剪去了，留下了一个长方形的口子。房间里的每一样东西都在诉说着缺失，最重要的东西没了，灵魂和生活都离开了。约翰·帕金斯站在这些遗留下来的死气沉沉的东西当中，心里感到一阵忧伤。

他开始尽力收拾房间。当他碰到凯蒂的衣服时，突然有了一阵恐惧的感觉。他从没想过，如果没有了凯蒂，生活会是什么样子。她已经完完全全融入了他的生活，就像他呼吸的空气一样——不能缺少，但却常常被他忽略。现在，她就这样离开了，消失了，事先没有丝毫迹象，彻彻底底地消失了，就好像从来就没存在过一样。当然，也许就只有几天，最多不超过一两个星期，但对他来说，死神仿佛已经朝他平静安宁的家伸出了一个手指头。

约翰从冰箱里拖出了冻羊肉，煮了些咖啡，面对着草莓果酱不知羞耻地承诺用料纯正的承诺标签坐了下来，孤零零地吃晚餐。炖肉和加了像鞋油一样的褐色调味料的沙拉的影子在他眼前晃动着，这时候也成了他失去的幸福中的亮点。他的家已经散了，扁桃体发炎的丈母娘把他的家庭守护神一脚踢飞了。孤独地吃完晚餐，约翰在靠近大街的窗边坐下来。

他不想抽烟。窗外，城市的喧闹在引诱着他，叫他加入纵情享乐的行列。这个晚上属于他自己，他大可以跑出去，像一个快活的单身汉那样无拘无束，寻欢作乐，没有人会盘问他要去哪儿。只要他愿意，他可以放肆地畅饮，四处游荡，尽情享乐直到天亮；没有气冲冲的凯蒂在等着他，让他感觉扫兴。只要他乐意，他大可以在麦克洛斯基那儿和他那帮吵闹的朋友打台球，一直玩到曙光女神让电灯泡失去了光彩。婚姻的绳索束缚着他，他已经厌倦了弗罗格摩尔公寓里的生活，现在绳索终于松开了。凯蒂走了。

约翰·帕金斯不习惯分析自己的感情。但是当他坐在没有了凯蒂，十英尺宽十英尺长的客厅里时，他却准确地找到了让他觉得忧伤的症结所在。他现在终于明白，凯蒂是他获得幸福生活所不可缺少的。日复一日枯燥的家庭生活让他对她的感情变得麻木，现在她走了，他却突然醒悟。总要等到歌声甜美的鸟儿已经飞走了，我们才能意识到它的歌声有多么美妙——类似的词语华丽寓意深远的谚语、说教和寓言难道不是反复地向我们强调过这些吗？

"我真是一个彻头彻尾的混蛋，"约翰·帕金斯这样想着，"居然一直这样对待凯蒂。每天晚上出去打台球，和那帮家伙胡闹，不肯待在家里陪她。可怜的凯蒂总是孤零零的一个人，没什么乐趣，我还这样对她！约翰·帕金斯，你真是个最差劲的人。我要好好补偿一下这个小姑娘。我要带她出去走走，让她见识消遣一下。从现在开始，我就要和麦克洛斯基那帮家伙一刀两断。"

是的，窗外城市的喧闹在引诱着约翰·帕金斯，叫他跟着莫墨斯一起纵情享乐。在麦克洛斯基那儿，那帮家伙正悠闲地将台球击进袋子里。消磨着每晚的时光，可是，无论是寻欢作乐还是球杆喀哒的声音，都不再能吸引怅然若失、懊恼不已的帕金斯。他失去了他曾经漫不经心，甚至还有一些轻视的东西，现在他想把它找回来。从前有个叫亚当的人，被天使从果园里赶了出去，可能懊恼不已的帕金斯就是他的后裔吧。

靠约翰·帕金斯的右手边有一把椅子。椅背上搭着的是凯蒂的蓝色衬衫，多少还保留着她的轮廓。衣袖中间有些小的皱纹，那是她为了他的安逸享乐操劳时手臂运动造成的。衬衫上还散发着野风信子袭人的香气。约翰拿起衬衫，认真地盯着这件无动于衷的薄纱衣服看了半天。凯蒂从不会这样无动于衷。泪水——是的，是泪水——充满了约翰·帕金斯的眼睛。等她回来，一切都会不同。他要弥补他所有的过失。没有她，生活还有什么意义呢？

这时门突然开了。凯蒂拎着一个小提包走了进来。约翰愣愣地看着她。

"哎呀！真高兴回家来，"凯蒂说，"妈妈的病不太严重。山姆在车站接我，他说她只不过是稍微发作了一段时间，他们发完电报之后不久她就全好了。因此我就搭下一班火车回来了。我现在真想喝上一杯咖啡。"

弗罗格摩尔公寓三楼靠前房间的生活机器又恢复了它正常的状态，只是没有人听到它的齿轮咔嗒咔嗒的运转声。只是皮带滑脱，弹簧碰歪，但调整了一下齿轮，轮子又沿着原来的轨道重新转了起来。

约翰·帕金斯看了看钟，正好是八点一刻。他伸手拿起帽子，向门口走去。

"我倒很想知道，你这会儿想到哪儿去，约翰·帕金斯？"凯蒂抱怨地问。

"到麦克洛斯基那儿去，"约翰说道，"跟那些家伙打一两盘台球去。"

【选文出处】

亨利. 欧·亨利中短篇小说集[M]. 孙倩, 译. 哈尔滨：北方文艺出版社，2013.

【注释】

[1] 俄国人和日本人的屠杀：指 1904 至 1905 年的日俄战争。

[2] "保证不会损坏皮革"：原文是鞋油广告上的字句。

[3] 哈默斯坦：指叔侄同名的奥斯卡·哈默斯坦，原籍德国，叔于 1863 年移居纽约，创办曼哈顿歌剧院；侄系作曲家。

[4] 看门人又会把赞诺维茨基太太的五个孩子赶过鸭绿江去：日俄战争时期，鸭绿江畔曾有激烈的战事。赞诺维茨基是俄罗斯人的姓，"看门人"英文为 janitor，与"日本人"的英文 Japanese 首字母相同。

阅读提示

《钟摆》描述了一个普通公民约翰的乏味的生活中，妻子凯蒂突然离家后，他内心的所有感受与变化。而出人意料的是，这一系列种种充满懊悔的感受最终也未能改变约翰的真实作为，那就是约翰还是和往常一样，不陪伴在妻子身旁而是和狐朋狗友酗酒闹事。

首先介绍一下《钟摆》里面的人物及其象征意味。约翰·帕金斯，是故事中的主角，普通的小公民，结婚已经两年，生活在弗罗格摩尔公寓。他的妻子凯蒂，从故事所说的"整洁有序""小心翼翼"等，会看出凯蒂是一个心思细腻又懂得生活的女人。麦克洛斯基是约翰的朋友，真正意义上来讲应该是打台球的狐朋狗友。麦克洛斯基在故事中象征一伙人，是约翰晚上出去与之消遣的一帮人。这帮人以麦克洛斯基为代表，也是故事的一个重要点。他们代表了约翰内心的转折和变化，以及最后的无动于衷。约翰这个人物更像小市民，但他的个性更加古板，他的生活状态更多时候是郁郁寡欢的，但确实又是玩世不恭的，不难看出他的生活枯燥乏味。他们生活在弗罗格摩尔公寓，这个公寓的生活每天都在循环往复，比如做健身操的、八点整掀翻桌椅的、吹笛子的、养只狗的……约翰实际上是和这群人并无太大差别的，每晚八点一刻都会有"我想到麦克洛斯基那儿去，跟那些家伙打上一两盘台球"。而故事就是这样展开的，他已经习惯了按部就班、不停循环有行事规律的生活，可这一个晚上，眼前是一场他生活中从未经历过的惊天巨变——妻子不见了。这个事件突然出现在这样一个男人的生活中，必定是他无论如何也不会想到的。然而，正恰恰是这样一个古板无趣的男人才会萌生那么多的胡思乱想。他感到恐惧和手足无措，他会觉得房间里的每一样东西都象征一种缺憾和元气的丧失，象征灵魂与生命的脱离。他必定会泛起不可名状的哀伤。

作者在描写人物内心的时候是以空间顺序做依托和推进的，将先看到的散落在地上的衣服、家具、摆设，到收拾房间而产生联想的妻子的衣物、冰箱的食物。另外，这样的一个人物必定会懊悔和反思，他会发现妻子对他的重要性，他会觉得妻子的离去就意味着家庭风雨飘摇。他开始怨恨自己，觉得自己糊涂至极，以前不应该那样对待凯蒂，每晚不是去打台球就是酗酒闹事。约翰此时的心理出现了转折，他开始反省自己以往循环往复的生活和习惯，人物到了这样一个高潮也许是会做出很大改变的。但是我们不难发现，言语的巨人行动的矮子往往都是这样的，想的总是特别特别的多，而更多地总是在于懊悔、难过、忧愁。他并没有心思和想法去解决自己的这一问题，而是坐以待毙。于是在妻子突然开门回来后，约翰还是像以往一样，到了八点一刻，拿起帽子向门口走去。是的，他还是像以往一样去找麦克洛斯基。

这篇小说的结构层次并不复杂，反倒很单一。从简单的妻子离家这件事，反映出主人公种种心态和想法。故事的发展，更多是因为作者设置的背景——弗罗格摩尔公寓。这是当时社会的一种平民生活状态，没有任何惊喜和不同，每一天都是乏味而循环的。所以，一切的个人想法在这样一个生活环境及背景之下变得理所当然。然而，像约翰那样的人，也正是这个原因，哪怕内心经过波涛汹涌的斗争和反思，也终究还是未能改变自己的做法。这是必然的结果，是故事发展必然的结局。

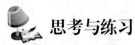 **思考与练习**

1. 文章的题目"钟摆"有什么象征意义?
2. 你有没有发生过和"约翰"类似的情况,你是怎么做的?《钟摆》对你有什么启示?

苦　恼

契诃夫

安东·巴甫洛维奇·契诃夫(1860—1904),俄国十九世纪末伟大的批判现实主义的代表作家。他在自己的小说、戏剧中深刻揭露了俄罗斯社会生活的阴暗面,尖锐地抨击了当时社会种种弊端,无情地讽刺了小市民的庸俗和卑劣心理。契诃夫的小说言简意赅、冷峻客观、独树一帜。他与莫泊桑、欧·亨利并列称为"世界三大短篇小说巨匠"。短篇小说代表作有《小公务员之死》《变色龙》《凡卡》《草原》《第六病室》《带阁楼的房子》《带小狗的女人》等,戏剧名作有《三姊妹》《樱桃园》等。

我向谁去诉说我的悲伤？[1]……

暮色昏暗。大片的湿雪绕着刚点亮的街灯懒洋洋地飘飞,落在房顶、马背、肩膀、帽子上,积成又软又薄的一层。车夫约纳·波塔波夫周身雪白,像是一个幽灵。他在赶车座位上坐着,一动也不动,身子往前伛着,伛到了活人的身子所能伛到的最大限度。即使有一个大雪堆倒在他的身上,仿佛他也会觉得不必把身上的雪抖掉似的……他那匹小马也是一身白,也是一动都不动。它那呆呆不动的姿态、它那瘦骨嶙峋的身架、它那棍子般直挺挺的腿,使它活像那种花一个戈比就能买到的马形蜜糖饼干。它多半在想心思。不论是谁,只要被人从犁头上硬拉开,从熟悉的灰色景致里硬拉开,硬给丢到这儿来,丢到这个充满古怪的亮光、不停的喧嚣、熙攘的行人的旋涡当中来,那他就不会不想心事……

约纳和他的瘦马已经有很久停在那个地方没动了。他们还在午饭以前就从大车店里出来，至今还没拉到一趟生意。可是现在傍晚的暗影已经笼罩全城。街灯的黯淡的光已经变得明亮生动，街上也变得热闹起来了。

"赶车的，到维堡区去！"约纳听见了喊声，"赶车的！"

约纳猛地哆嗦一下，从沾着雪花的睫毛里望出去，看见一个军人，穿一件带风帽的军大衣。

"到维堡区去！"军人又喊了一遍，"你睡着了还是怎么的？到维堡区去！"

为了表示同意，约纳就抖动一下缰绳，于是从马背上和他肩膀上就有大片的雪撒下来……那个军人坐上了雪橇。车夫吧哒着嘴唇叫马往前走，然后像天鹅似的伸长了脖子，微微欠起身子，与其说是由于必要，不如说是出于习惯地挥动一下鞭子。那匹瘦马也伸长脖子，弯起它那像棍子一样的腿，迟疑地离开原地走动起来了……

"你往哪儿闯，鬼东西！"约纳立刻听见那一团团川流不息的黑影当中发出了喊叫声，"鬼把你支使到哪儿去啊？靠右走！"

"你连赶车都不会！靠右走！"军人生气地说。

一个赶轿式马车的车夫破口大骂。一个行人恶狠狠地瞪他一眼，抖掉自己衣袖上的雪，行人刚刚穿过马路，肩膀撞在那匹瘦马的脸上。约纳在赶车座位上局促不安，像是坐在针尖上似的，往两旁撑开胳膊肘，不住转动眼珠，就跟有鬼附了体一样，仿佛他不明白自己是在什么地方，也不知道为什么在那儿似的。

"这些家伙真是混蛋！"那个军人打趣地说，"他们简直是故意来撞你，或者故意要扑到马蹄底下去。他们这是互相串通好的。"

约纳回过头去瞧着乘客，努动他的嘴唇……他分明想要说话，然而从他的喉咙里却没有吐出一个字来，只发出咝咝的声音。

"什么？"军人问。

约纳撇着嘴苦笑一下，嗓子眼用一下劲，这才沙哑地说出口：

"老爷，那个，我的儿子……这个星期死了。"

"哦！……他是害什么病死的？"

约纳掉转整个身子朝着乘客说：

"谁知道呢！多半是得了热病吧……他在医院里躺了三天就死了……这是上帝的旨意哟。"

"你拐弯啊，魔鬼！"黑地里发出了喊叫声，"你瞎了眼还是怎么的，老狗！用眼睛瞧着！"

"赶你的车吧，赶你的车吧……"乘客说，"照这样走下去，明天也到不了。快点走！"

车夫就又伸长脖子，微微欠起身子，用一种稳重的优雅姿势挥动他的鞭子。后来他有好几次回过头去看他的乘客，可是乘客闭上眼睛，分明不愿意再听了。他把乘客拉到维堡区以后，就把雪橇赶到一家饭馆旁边停下来，坐在赶车座位上伛下腰，又不动了……湿雪又把他和他的瘦马涂得满身是白。一个钟头过去，又一个钟头过去了……

人行道上有三个年轻人路过，把套靴踩得很响，互相诟骂，其中两个人又高又瘦，第三个却矮而驼背。

"赶车的，到警察桥去！"那个驼子用破锣般的声音说，"一共三个人……二十戈比！"

约纳抖动缰绳,吧哒嘴唇。二十戈比的价钱是不公道的,然而他顾不上讲价了……一个卢布也罢,五戈比也罢,如今在他都是一样,只要有乘客就行……那几个青年人就互相推搡着,嘴里骂声不绝,走到雪橇跟前,三个人一齐抢到座位上去。这就有一个问题需要解决:该哪两个坐着,哪一个站着呢?经过长久的吵骂、变卦、责难以后,他们总算做出了决定:应该让驼子站着,因为他最矮。

"好,走吧!"驼子站在那儿,用破锣般的嗓音说,对着约纳的后脑壳喷气,"快点跑!嘿,老兄,瞧瞧你的这顶帽子!全彼得堡也找不出比这更糟的了……"

"嘻嘻,……嘻嘻……"约纳笑着说,"凑合着戴吧……"

"喂,你少废话,赶车!莫非你要照这样走一路?是吗?要给你一个脖儿拐吗?……"

"我的脑袋痛得要炸开了……"一个高个子说,"昨天在杜克马索夫家里,我跟瓦西卡一块儿喝了四瓶白兰地。"

"我不明白,你何必胡说呢?"另一个高个子愤愤地说,"他胡说八道,就跟畜生似的。"

"要是我说了假话,就叫上帝惩罚我!我说的是实情……"

"要说这是实情,那么,虱子能咳嗽也是实情了。"

"嘻嘻!"约纳笑道,"这些老爷真快活!"

"呸,见你的鬼!……"驼子愤慨地说,"你到底赶不赶车,老不死的?难道就这样赶车?你抽它一鞭子!唷,魔鬼!唷!使劲抽它!"

约纳感到他背后驼子的扭动的身子和颤动的声音。他听见那些骂他的话,看到这几个人,孤单的感觉就逐渐从他的胸中消散了。驼子骂个不停,诌出一长串稀奇古怪的骂人话，直骂得透不过气来，连连咳嗽。那两个高个子讲起一个叫娜杰日达·彼得罗夫娜的女人。约纳不住地回过头去看他们。正好他们的谈话短暂地停顿一下，他就再次回过头去，嘟嘟哝哝说：

"我的……那个……我的儿子这个星期死了！"

"大家都要死的……"驼子咳了一阵，擦擦嘴唇，叹口气说，"得了，你赶车吧，你赶车吧！诸位先生，照这样的走法我再也受不住了！他什么时候才会把我们拉到呢？"

"那你就稍微鼓励他一下……给他一个脖儿拐！"

"老不死的，你听见没有？真的，我要揍你的脖子了！……跟你们这班人讲客气，那还不如索性走路的好！……你听见没有，老龙[2]？莫非你根本就不把我们的话放在心上？"

约纳与其说是感到，不如说是听到他的后脑勺上"啪"的一响。

"嘻嘻……"他笑道，"这些快活的老爷……愿上帝保佑你们！"

"赶车的，你有老婆吗？"高个子问。

"我？嘻嘻……这些快活的老爷！我的老婆现在成了烂泥地罗……哈哈哈！……在坟墓里！……现在我的儿子也死了，可我还活着……这真是怪事，死神认错门了……它原本应该来找我，却去找了我的儿子……"

约纳回转身，想讲一讲他儿子是怎样死的，可是这时候驼子轻松地呼出一口气，声明说，谢天谢地，他们终于到了。约纳收下二十戈比以后，久久地看着那几个游荡的人的背影，后来他们走进一个黑暗的大门口，不见了。他又孤身一人，寂寞又向他侵袭过来……他的苦恼刚淡忘了不久，如今重又出现，更有力地撕扯他的胸膛。约纳的眼睛不安而痛苦地打量街道两旁川流不息的人群：在这成千上万的人当中有没有一个人愿意听他倾诉衷曲呢？然而人群奔走不停，谁都没有注意到他，更没有注意到他的苦恼……那种苦恼是广大无垠的。如果约纳的胸膛裂开，那种苦恼滚滚地涌出来，那它仿佛就会淹没全世界，可是话虽如此，它却是人们看不见的。这种苦恼竟包藏在这么一个渺小的躯壳里，就连白天打着火把也看不见……

约纳瞧见一个扫院子的仆人拿着一个小蒲包，就决定跟他攀谈一下。

"老哥，现在几点钟了？"他问。

"九点多钟……你停在这儿干什么？把你的雪橇赶开！"

约纳把雪橇赶到几步以外去，伛下腰，听凭苦恼来折磨他……他觉得向别人诉说也没有用了……可是五分钟还没过完，他就挺直身子，摇着头，仿佛感到一阵剧烈的疼痛似的；他拉了拉缰绳……他受不住了。

"回大车店去，"他想，"回大车店去！"

那匹瘦马仿佛领会了他的想法，就小跑起来。大约过了一个半钟头，约纳已经在一个肮脏的大火炉旁边坐着了。炉台上，地板上，长凳上，人们鼾声四起。空气又臭又闷。约纳瞧着那些睡熟的人，搔了搔自己的身子，后悔不该这么早就回来……

"连买燕麦[3]的钱都还没挣到呢，"他想，"这就是我会这么苦恼的缘故了。一个人要是会料理自己的事……让自己吃得饱饱的，自己的马也吃得饱饱的，那他就会永远心平气和……"

墙角上有一个年轻的车夫站起来,带着睡意嗽一嗽喉咙,往水桶那边走去。

"你是想喝水吧?"约纳问。

"是啊,想喝水!"

"那就痛痛快快地喝吧……我呢,老弟,我的儿子死了……你听说了吗?这个星期在医院里死掉的……竟有这样的事!"

约纳看一下他的话产生了什么影响,可是一点影响也没看见。那个青年人已经盖好被子,连头蒙上,睡着了。老人就叹气,搔他的身子……如同那个青年人渴望喝水一样,他渴望说话。他的儿子去世快满一个星期了,他却至今还没有跟任何人好好地谈一下这件事……应当有条有理,详详细细地讲一讲才是……应当讲一讲他的儿子怎样生病,怎样痛苦,临终说过些什么话,怎样死掉……应当描摹一下怎样下葬,后来他怎样到医院里去取死人的衣服。他有个女儿阿尼西娅住在乡下……关于她也得讲一讲……是啊,他现在可以讲的还会少吗?听的人应当惊叫,叹息,掉泪……要是能跟娘们儿谈一谈,那就更好。她们虽然都是蠢货,可是听不上两句就会哭起来。

"去看一看马吧,"约纳想,"要睡觉,有的是时间……不用担心,总能睡够的。"

他穿上衣服,走到马房里,他的马就站在那儿。他想起燕麦、草料、天气……关于他的儿子,他独自一人的时候是不能想的……跟别人谈一谈倒还可以,至于想他,描摹他的模样,那太可怕,他受不了……

"你在吃草吗？"约纳问他的马说，看见了它的发亮的眼睛，"好，吃吧，吃吧……既然买燕麦的钱没有挣到，那咱们就吃草好了……是啊……我已经太老，不能赶车了……该由我的儿子来赶车才对，我不行了……他才是个地道的马车夫……只要他活着就好了……"

约纳沉默了一会儿，继续说：

"就是这样嘛，我的小母马……库兹马·约内奇不在了……他下世了……他无缘无故死了……比方说，你现在有个小驹子，你就是这个小驹子的亲娘……忽然，比方说，这个小驹子下世了……你不是要伤心吗？"

那匹瘦马嚼着草料，听着，向它主人的手上呵气。

约纳讲得入了迷，就把他心里的话统统对它讲了……

【选文出处】

契诃夫. 契诃夫小说全集[M]. 汝龙，译. 北京：人民文学出版社，2016.

【注释】

[1] 引自宗教诗《约瑟夫的哭泣和往事》。——俄文本编者注

[2] 老龙：原文是"高雷内奇龙"，俄国神话中的一条怪龙。在此用作骂人的话。

[3] 燕麦：马的饲料。

 阅读提示

《苦恼》是俄国作家安东·巴甫洛维奇·契诃夫创作的短篇小说，发表于1886年。

契诃夫的青少年时代是在贫困中度过的，因此他对下层人民生活的苦难和不幸深有体会。19世纪80年代初，他开始了创作生涯，到写作《苦恼》时，社会责任感已经日益增强，民族倾向也更加鲜明。

19世纪沙俄社会，贫富悬殊、等级分明、人情冷漠。小说写的是一位名叫约纳的车夫，一心想跟别人谈谈他才死不久的儿子，减

轻一些内心的伤痛，可几次三番没有人听他的，结果他只好把满腹心事向他的小马诉说。小说用以小见大的手法反映社会现实。这是一件发生在社会底层的微不足道的小事，作者借此表现出社会下层小人物悲惨无援的处境和苦恼孤寂的心态，强烈地渲染出沙皇俄国的世态炎凉，反映出当时社会的黑暗和人与人关系的自私、冷漠。

造成约纳苦恼的军官、夜游青年和年轻车夫这类小人物，是契诃夫笔下的匆忙过客和赶路的人，其特殊意义在于借"没有人理会别人的苦"来揭示人心的隔膜和现实的冷漠。小人物拒绝约纳诉说苦恼的经历，意味深长，令人深思：人们都在忙碌着，"有谁可曾真正关心那些渴望关心的人，有时这种渴求的标准很低很低，只是给他一对耳朵，听他倾诉；给他一种目光，寄寓关切、同情和理解""人们似乎都太忙碌了，每个人都在忙着自己的事情，有谁真正关心别人过得怎样，心情如何？""即使朋友相见，也只是寒暄客套了事。在这种氛围背景下，自己的大苦恼，对他人来说也不值得一提。"心与心之间的隔膜造成的结果"是人与人之间不能相互沟通，自己之于别人，别人之于自己，都是陌生的，不可理解的"。

小说的开头一句"我向谁去诉说我的悲伤"，表明了作为一个社会文明人，约纳·波塔波夫缺乏自己的独立人格，在发生了儿子不幸死亡的事情之后，他苦于丧子之痛无法缓解，渴求着通过向别人诉说这一苦难的事实，让别人感受自己的伤痛，希冀别人能给自己以生存的安慰。这种对他人情感上的依附状态，正是"人自我的异化"。处在社会生活中的人无法摆脱他人的意见，渴望得到他人的注意与情感交流，并认为在与他人的倾听和交流中自我的意义才能得到证实，而这种情感上的依附也使得如约纳·波塔波夫这一类人在发生了情感上的伤痛时不能正视自己的生存困境，不能反思造成灾难与不幸的缘由，不能在自我内部感觉的关照中得到精神的拯救，而是故步自封，企图通过对苦恼的讲述来获得他者的精神慰藉。这种行为本身是一种人的存在与其本性的疏离，但作为排解痛感的手段本身也无可厚非，只是在当时当地的社会背景下，听众的缺乏使得难以诉说的苦闷愈盛，约纳·波塔波夫也在这种无法排解的情感压抑中失去了自我生存的激情，以至于"如今在他都是一样，只要有乘客就行……"老约纳渴望从他人那里寻求有效的意见和些许的安慰，但是注定只能不断在困境中挣扎，难以超拔。

《苦恼》层次清楚。写了约纳四次向他人倾诉，四次碰壁，最后只好走进马棚，对马诉说。每一次碰壁，之后便是苦恼；而每次碰壁后，他的苦恼就随之加深。整个故事看似平铺直叙，其实匠心独运。小说语言简约、凝练，句式结构简单、短小精悍，短句多、不完全句多，大量省略号的运用也使语言含蓄、凝练，产生空灵之美。小说采用了现实主义客观描写手法，强调作者在创作中的客观态度。通篇没有作者主观的说教，但读者却从作者抑郁的描述中，看到人间的冷酷和世态炎凉、入木三分、令人叫绝。这正是契诃夫"态度越是客观，所产生的印象就越有力"的现实主义的成功体现。

 思考与练习

  1. 在日常生活中，你最大的苦恼是什么？当遇到苦恼的时候，你会选择什么方式来化解苦恼？

  2. 当你最好的朋友遇到苦恼并准备向你倾诉的时候，你会选择什么样的方式帮他(她)化解苦恼？

  3. 请对比阅读契诃夫《苦恼》与鲁迅《祝福》中祥林嫂向人们讲述"阿毛之死"的片段，认真体味作者写作深意。

猎人笔记(节选)

屠格涅夫

伊凡·谢尔盖耶维奇·屠格涅夫(1818—1883),19世纪俄罗斯著名作家。他出身于奥廖尔省一个世袭贵族之家,1833年进入莫斯科大学文学系,一年后转入彼得堡大学哲学系语文专业,毕业后赴德国柏林大学攻读哲学、历史、希腊文与拉丁文,被视为当时俄罗斯的"欧化"知识分子。他一生著作丰富,长篇小说有《罗亭》《贵族之家》《前夜》《父与子》等,中篇小说有《阿霞》《初恋》等,故事、散文集有《猎人笔记》《文学与生活回忆录》《散文诗集》等。屠格涅夫的作品因涌动着强烈的时代脉搏,被誉为19世纪40至60年代俄罗斯的"社会编年史"。

树林与草原(节选)

《树林与草原》

荷枪带狗去打猎,本身就是一件绝妙的事;就算您生来就不喜欢打猎,但您总是喜欢大自然的;因此,您不能不羡慕我们这些打猎的……那您就听我说说吧。

比如,您可知道,在春天里,黎明前乘车出猎何等惬意?您走到台阶上……黑灰色的天上有些地方还闪烁着星星;湿润的轻风有时会像细微的波浪一般飘过来;可以听见低沉而隐约的夜的絮语声;一棵棵笼罩在阴影中的树发出轻轻的响声。车毯铺好了,装茶炊的小箱子也放到了脚下。两匹拉套的马蜷缩着,打着响鼻,雄赳赳地倒换着四条腿;一对刚刚睡醒的白鹅静悄悄、慢腾腾地穿过大路。篱笆那边,花园里,更夫安静地在打鼾;每一个声音似乎都停在一动不动的空气中,停住不动。您坐上马车;几匹马一齐举步,马车隆隆响起来……您的马车走动了——马车过了教堂,下了坡,往右转弯——从堤上穿过……池塘上刚刚开始起雾。您觉得有点冷,就用大衣领子把脸遮住;渐渐打起瞌睡。马蹄踩到水洼里,发出很响的啪唧声;车夫吹起口哨。但这时您的马车已经走出四五俄里……天边渐渐红了;寒鸦渐渐醒来,很不灵活地在桦树林里来来回回地飞着;麻雀在黑乎乎的麦秸垛旁边吱吱喳喳叫着。空中越来越亮,道路更清楚了,天色越来越明净,云彩越来越白,田野越来越绿了。许多农舍里点起松明,松明发出红红的火光,可以听到大门里面那带有睡意的人语声。这时候朝霞燃烧起来;瞧吧,一条条金黄色光带伸向天空,山谷里升起一团团雾气;云雀嘹亮地歌唱着,黎明前的风吹动了——于是红红的太阳冉冉升起来。阳光像急流一般涌来;您的心像鸟儿一般跳跃起来。清新,悦目,可爱!四周都可以看得很远。瞧,那片树林过去是一个村子;再远些是另一个村子,那村子里有一座白色教堂,那山坡上有一片不大的桦树林;再过去是一片沼地,那就是您要去的地方……快点儿,马呀,快点儿!大步往前跑吧!……只有三俄里,不会再多了。太阳很快升起来;天上一点儿云彩也没有了……天气将是极好的。一群牲口出了村子,迎着您走来。您爬上山坡……又是一片什么样的景象!一条河蜿蜒伸展有十来俄里,透过朝雾可以隐隐看到蓝蓝的河水;河那边是一片片翠绿的草地;草地过去是一道道慢坡的山冈;远处有凤头麦鸡咯咯叫着在沼地上空盘旋;透过散布在空气中的带水分的阳光,远方的景物清清楚楚地显露出来……不像夏天那样。胸膛呼吸得多么舒畅,四肢动作多么带劲儿,一个人沉浸在春天清新的气息中,浑身多么矫健!……

啊，夏天的七月的早晨！除了打猎的人，谁又能体会到黎明时漫步在灌木丛中有多么愉快？您的足迹在露珠晶莹、发了白的草地上留下的是绿色的印子。您用手拨开湿漉漉的灌木丛，夜里蕴积的暖气会向您直扑过来；整个空气中充满野蒿清新的苦味儿、荞麦和三叶草的甜味儿；远处是一片橡树林，在阳光下亮闪闪的，红红的；这时还是凉爽的，但是已经感觉出渐渐要热起来了。闻着太多的香气，头脑晕晕乎乎的。灌木丛没有尽头……只是远处有黄黄的、已经成熟的黑麦，几块像长带似的红红的荞麦地。瞧，一辆大车轧轧响起来；一个汉子缓步走来，不等太阳升上来，就把马拴到树荫下……您同他打过招呼，就走开去……您后面响起镰刀叮当声。太阳越升越高。草地很快就干了。天已经热起来。过了一个钟头，又一个钟头……天边渐渐暗起来；一动不动的空气热烘烘的。

…………

哦，您瞧，黄昏来临了。晚霞像火一样燃烧起来，映红了半边天。太阳就要落山了。近处的空气不知为什么格外清澈，像玻璃一样；远处弥漫着柔和的、看来似乎很温暖的雾气；红红的落日余晖和露水一起落到不久前还洒满淡金色阳光的林中空地上；一株株大树，一丛丛树棵子，一个个干草垛投射出长长的阴影……太阳落山了；一颗星在落日的火海里燃烧起来，不停地颤抖着……瞧，那火海渐渐白了；天空渐渐蓝了；一个个阴影渐渐隐去，暮霭渐渐在空中弥漫开来。该回家了，回到您过夜的村子里的小屋里去了。您背起枪，不顾疲劳，快步往回走……这时夜色渐渐浓了；二十步之外已经什么也看不见了；狗在黑暗中隐隐发白。瞧，在一丛丛黑黑的灌木上方，天边模模糊糊地亮了……这是什么？是失火吗？……不，这是月亮要升上来了。下面，往右边看，村子里的灯火已经亮了……这不是，您过夜的小屋终于到了。您从小小的窗户里可以看到铺了白桌布的桌子、点着的蜡烛、饭菜……

要么您吩咐套上竞走马车，到树林里去打松鸡。乘车走在狭窄的路上，看着两边像墙一般的高高的黑麦，那是很愉快的。麦穗轻轻地打着您的脸，矢车菊不时挂住您的腿，鹌鹑在周围叫着，马懒洋洋地小步跑着。树林到了。又荫凉又宁静。一株株挺拔的白杨树高高地在您头顶上絮絮低语着；白桦树那长长的、耷拉下来的树枝轻轻晃动着；一株强壮的橡树站在美丽的椴树旁边，像一名卫士。您的马车在绿草如茵、阴影斑驳的小路上走着；老大的黄苍蝇一动不动地停在金黄色的空气中，又突然飞了开去；小虫儿成群成群地飞舞盘旋着，在阴影里亮闪闪的，在阳光中黑乎乎的；鸟儿安静地歌唱着。知更鸟亮开金嗓子，那声音带有天真而絮叨的欢乐意味儿，和铃兰的香气十分协调。再往前，再往前，往树林深处去……树林一下子没有声音了……心中顿时感到说不出的宁静；而且周围的一切都带有睡意，静悄悄的。可是，瞧，一阵风吹来了，树梢哗哗响起来，好像下落的波浪。有些地方，穿过褐色落叶，长出高高的青草；一个个蘑菇各自戴着自己的帽子站着。一只雪兔突然跳出来，狗高声叫着急忙追上去……

　　…………

而在清晨严寒、白天有点冷的晴朗的秋日里，白桦树像神话中的树一般，金光闪闪，在淡蓝色的天空中炫耀着优美的身姿。这时候低低的太阳已经没有暖意，然而却比夏天的太阳更加明亮。小片的白杨树林是透亮的，似乎觉得落光了树叶是轻松愉快的。洼地里还有白白的霜，轻风徐徐吹动，驱赶着打了皱的落叶，——这时候河里欢快地翻腾着青青的波浪，有节奏地冲击着悠闲的鸭子和鹅；远处的水磨轧轧响着，那水磨被柳树遮住了一半；一群鸽子在水磨上空迅速地盘旋着，在明亮的空气中闪耀着斑斓的色彩⋯⋯

夏天有雾的日子也是很好的，虽然打猎的人并不喜欢这样的日子。在这样的日子无法打猎：有时鸟儿就从您的脚下飞起来，一转眼就消失在白茫茫的、动也不动的雾中。然而周围多么宁静，真是静极了！什么都醒来了，什么都静默无声。您从树旁走过，树动也不动，一副悠闲自在的神气。透过均匀地散布在空中的薄雾，您看到前面有黑郁郁的、长长的一大片。您以为那是远处的树林；等您渐渐走近了，树林却变成长在田畦上的高高的一排野蒿。在您的头顶上，您的周围——到处都是雾⋯⋯可是，瞧，风轻轻吹动了，一小块淡蓝色的天透过越来越稀、似乎在冒烟的雾气模模糊糊显露出来，金黄的阳光一下子闯进来，像长长的流水似的倾泻下来，照射着田野，钻进树林，——可是一会儿一切又被罩住了。这种搏斗要持续很久。但是当光明终于胜利，已经晒热的最后一股股雾气时而摇摇滚滚，像桌布似的铺开，时而缭绕上升，渐渐消失在蓝蓝的、散发着柔和的光辉的高空中的时候，这一天会渐渐变得多么壮丽，多么晴朗呀⋯⋯

⋯⋯⋯⋯⋯⋯

在冬日里，就踩着高高的雪堆追逐兔子，呼吸寒冷刺骨的空气，柔软的雪那耀眼而细碎的光芒使您不由得眯起眼睛，欣赏着红红的树林之上那天空的碧色！……到了早春的日子，这时候周围一切都亮闪闪，冰雪开始消融了，透过融雪的浓重的水气，可以闻到温暖的土地气息。在雪融尽了的地方，在斜射的阳光下，云雀悠然自得地歌唱着，流水欢乐地喧闹着、咆哮着，从这条山沟涌向另一条山沟……

不过，该结束了。正好我说到春天：春天里容易别离，春天里，就是幸福的人也很想到远方去……再见吧，我的读者；祝您永远称心如意。

【选文出处】

屠格涅夫. 猎人笔记[M]. 力冈，译. 北京：中国书籍出版社，2016.

阅读提示

《猎人笔记》包括 25 篇特写，大都写于 20 世纪 40 年代末至 50 年代初，写了对俄罗斯农民的赞颂，为俄罗斯文学人物形象系列中增添了充满诗意的农民形象。同时，《猎人笔记》中还有大量对俄罗斯中部地区美丽的自然风光的描写，将美丽的自然和勤劳善良的农民有机地结合在一起。《猎人笔记》是用优美的散文写成故事，在全书 25 个故事中，"猎人"形象贯穿始终，多采用"猎人视角"的第一人称叙述，展现了猎人眼中的自然和人。

《树林和草原》是《猎人笔记》中唯一的一篇没有具体人物和情节而只有对大自然的热情洋溢的抒写作品，也是《猎人笔记》中的压卷之作。这也表示了屠格涅夫对俄罗斯秀美的自然风光的热爱与赞美。

在《树林和草原》一文中，屠格涅夫借由一个猎人的眼光和嘴，引入了第二人称"您"，以一种亲切自然的对话方式展开全文的叙述，如"荷枪带狗去打猎，本身就是一件绝妙的事；就算您生来就不喜欢打猎，但您总是喜欢大自然的；因此，您不能不美慕我们这些打猎的……那您就听我说说吧。"接下来，作者按照"春夏秋冬"四季的先后顺序对俄罗斯中部地区的自然风貌展开生动细致的描写，同时，把猎人打猎时的行动糅合在自然描写中，有机地将人与自然融为一体。

屠格涅夫本人十分擅长描绘俄罗斯大地的美景。他的这一才华在《树林和草原》一文中得以淋漓尽致展现，我们在阅读本文的时候似乎可以通过屠格涅夫的生动笔触直接感受到俄罗斯大地的草原、森林、白雪和动物等。因此，一切提示都属多余了，我们要做的就是直接去读屠格涅夫的《树林和草原》，进而去阅读整部《猎人笔记》，去体验、去感受吧。

 思考与练习

1. 你是如何理解"人与自然"的关系的？
2. 请以"受伤的地球"为主题，谈谈你的看法。
3. 请以你家乡的自然风景为对象，写一篇散文，要把自己的所见所闻和感受融入文中。

白求恩临终"遗嘱"

白求恩

  诺尔曼·白求恩(1890—1939),加拿大共产党员,国际主义战士,著名胸外科医师。1890年出生于加拿大一个牧师家庭。1916年毕业于多伦多大学医学院。1935年被选为美国胸外科学会会员、理事。他的胸外科医术在加拿大、英国和美国医学界享有盛誉。

  1938年,白求恩率领一个由加拿大人和美国人组成的医疗队来到中国延安,援助中国人民反法西斯斗争。1939年11月1日,白求恩为救治伤员,手术刀划破手套,左手中指受伤、感染病毒并转为败血症。11月12日清晨,医治无效逝世。

亲爱的聂司令员:

  今天我感觉身体非常不好,也许我要和你们永别了!请你给加拿大共产党总书记蒂姆·布克写一封信,地址是加拿大多伦多城威灵顿街十号。同时,抄送国际援华委员会和加拿大民主联盟会。告诉他们,我在这里十分快乐,我惟一的希望就是能够多做贡献。

  也要写信给美国共产党总书记白劳德,并寄上一把缴获的战刀。这些信可以用中文写成,寄到那边去翻译。随信把我的照片、日记、文件寄过去,由蒂姆·布克处置。所有这些东西都装在一个箱子里,用林赛先生送给我的那18美金作寄费。这个箱子必须很坚固,用皮带捆住锁好,外加三条绳子。将我永世不变的友爱送给蒂姆·布克以及所有我的加拿大和美国的同志们。

  请求国际援华委员会给我的离婚妻子坎贝尔夫人拨一笔生活款子,分期给也可以。我对她应负的责任很重,决不能因为没钱而把她遗弃了。还要告诉她，我是十分内疚的，并且曾经是快乐的。

两张行军床、两双英国皮鞋，你和聂夫人留用吧。

马靴、马裤，请转交吕司令。

贺将军，也要给他一些纪念品。

两个箱子，给叶部长；18种器械，给游副部长；

15种器械，给杜医生；

卫生学校的江校长，让他任意挑选两种物品作纪念。

打字机和绷带给郎同志。

手表和蚊帐给潘同志。

一箱子食品和文学书籍送给董同志，算我对他和他的夫人、孩子们的新年礼物。

给我的小鬼和马夫每人一床毯子，另送小鬼一双日本皮鞋。照相机给沙飞。

贮水池等给摄影队。

医学书籍和小闹钟给卫生学校。

每年要买250磅奎宁和300磅铁剂，用来治疗疟疾患者和贫血病患者。千万不要再到保定、天津一带去购买药品，那边的价钱要比沪、港贵两倍。

最近两年，是我平生最愉快、最有意义的日子。在这里，我还有很多话要对同志们说，可我不能再写下去了。让我把千百倍的谢忱送给你和千百万亲爱的同志们。

白求恩

【选文出处】

云峰. 让钢铁将军泪流满面 白求恩遗嘱全文[J]. 党史纵横，2007(10).

阅读提示

1939年11月11日，身体已经极度衰弱的白求恩，用他颤抖的手，给晋察冀军区聂荣臻司令员写下了一份语言质朴、念人感动的遗言。

11月12日清晨5时20分，诺尔曼·白求恩大夫为了中国人民的解放事业和世界反法西斯的正义斗争，献出了他宝贵的生命。12月21日，毛泽东同志写了《纪念白求恩》一文，号召中国人民学习白求恩同志的共产主义精神和国际主义精神。

全文嘱托语言周密细致，展示诚心。遗嘱开始即说明自己感觉身体不好，直言"永别"，暗示此文属于遗嘱的性质。紧接着是嘱托身边的人向自己的领导人写信，写信意图一目了然：一是表达自己到中国来所做的事情，心情舒畅，不枉此行；再是向自己的组织和领导做出政治上的交待，表现出一名优秀共产党员的组织性和自觉性。他在向身边人作嘱托的时候，连信件语言、遗物的装运等细节都考虑得很周到，可见他考虑问题的周密细致！白求恩同志的嘱托，还体现出他的真诚与高尚品格，他向自己的领导要说的千言万语，只用一句话来概括了，"告诉他们，我在这里十分快乐，我唯一的希望就是能够多做贡献。"他向组织的唯一请求是给他离婚的妻子拨一笔生活款子，并借此表达自己对妻子的内疚之情。这些话虽然点到即止，但也非常真诚和坦诚，表现出白求恩同志高尚的人格。

馈赠语言至善至美，展示爱心。白求恩同志在遗嘱中说得最多的就是馈赠的话。从馈赠的遗物看，有行军床、皮鞋、马靴、马裤、箱子、医疗器械、打字机、食品、手表、蚊帐、毯子、照相机、小闹钟、文学书籍等，他都赠送给了自己所敬重、所热爱的同志，不留一样物品作为自己的殉葬物，足见他是一位真正的"毫不利己、专门利人"的人！

告诫语言情真意切，展示真心。白求恩同志连自己去世之后的事情都牵肠挂肚，他为解放区购买药品事情用心良苦，感人肺腑。一位为中国解放区着想，为中国人民的解放事业殚精竭虑、毫不利己、专门利人的国际共产主义战士形象跃然而出。

白求恩同志把他在中国的抗日解放区最艰苦卓绝、最艰难困苦、最惊心动魄的两年时光,说成"是我平生最愉快、最有意义的日子",对不远万里到中国来无怨无悔。

白求恩同志的这篇遗嘱,言之谆谆,意之切切,催人泪下!人称"钢铁将军"的聂荣臻司令员读到此遗嘱泪流满面。

 思考与练习

1. 从此篇遗嘱可以看出白求恩是一个什么样的人?
2. 如果我们的生命只有最后三天,此时,你最想对这个世界说些什么?
3. 在现代社会,如何撰写遗嘱才有法律效力?

哈佛校长的开学典礼致辞

福斯特

福斯特,全名凯瑟琳·德鲁·吉尔平·福斯特(Catharine Drew Gilpin Faust),美国历史学家,是哈佛大学历史上第一位女校长,也是自1672年以来第一位没有哈佛学习经历的哈佛校长。

2017年8月29日,福斯特在一年一度的新生大会上发表了演讲,这是这位女校长任职十年来最后一次为新生做演讲。2017年6月,她已正式向学校提出辞职,将于2018年6月卸任。在这次演讲中,她又重提了大学教育的意义和责任,大学是关于知识和对真理的追求;大学要保持高度的多样性。

致2021届哈佛新生:

欢迎你们,2021届毕业班的同学们。我很高兴曾在新生参观日见过你们中的很多人,我也很欣喜其中有1702人选择在哈佛度过你们未来的四年时光。你们就是哈佛的现在和未来。

此时此刻,你们掀开了人生新篇章。这不仅对你们的人生意义重大,对国家和世界也至关重要。最近几周,我们听到了全球核战的威胁,我们看到了极端天气的恐怖。西班牙、芬兰、比利时和阿富汗的恐怖主义正在蔓延,而美国大学城里的仇恨色彩、种族主义、反犹太主义和暴力事件也同样让人不寒而栗。

在这样一个关键时刻,大学教育应该是什么?大学教育意味着什么?大学本身到底是什么?在这样一个充满挑战和不安的时刻,我们如何看待大学的责任,也就是我们肩负的责任?

首先，大学是关于对知识和真理的追求。

我们相信真理和人类不懈追求真理力量。我们坚信教育和学习，是人类进步的动力和民主政府的基石。哈佛作为一所研究型大学，意味着它的教员们正致力于在他们广泛的领域里不断拓展知识的边界。而当你开始学习，我们邀请你成为探索之旅的一员，在教室、实验室、图书馆和博物馆的广阔天地里。

像去年40%左右的毕业生那样，你最终可能会完成一份毕业论文。那可能是你感兴趣的一个项目，你独立研究的一个问题，又或者你会花一个夏天成为本科生研究组的一员，与其他学生研究员一起待在校园，和研究教师密切合作，探索各领域新知。无论是科学工程还是社会科学，是市场组织还是社区参与，是全球健康还是人文艺术。

我们相信，追求真理的过程需要经过持续不断的测试和评估，经过无数次的论证、挑战和辩论。我们从不故作自满地相信一切万无一失。真理既是渴望，也是灵感。

我们知道知识的探索永无止境，所以我们必须拥抱新想法和新观点，尝试新可能，即使偶尔犯错。这要求我们所有人具备勇气、慷慨和谦逊的品质，愿意参与到伟大的辩论中去。

作为知识分子群体，应该开放地吸纳别人的想法，有理有据地改变自己的观点。但我们希望在你们每个人身上不仅仅培养这些重要的智力能力，同时还有其他至关重要的人类潜能，如判断力、评估力，以及在新的事实面前，虚心学习和自我成长的能力。

正是在这个一年一度的欢迎新生大会上，前艺术与科学学院院长，已故的杰里米·诺尔斯，形容他所认为的高等教育的最重要目标就是，让毕业生学会明辨是非。你在不断的挑战和被挑战中学到了这种能力，在面对各种分歧和异议中找到自己的方向。

这让我想到了我今天要强调的大学的第二点基本特征。在接下来的四年里，你将会遇到许多最重要的想法，都不会来自教授、实验室、书本或在线任务，它们将来自现在坐在你旁边的人。

你提出的许多问题，你学会回避的困难，你接受的新观点，都将源于你和他人的互动。这就是为什么你的班级有必要代表最广泛的背景、经验和兴趣，覆盖最广泛的地理来源、社会环境、民族、种族、宗教、性别认同、性取向和政治立场。

在 2017 年，我们有可能通过在线教育，积累足够的知识，通过足够的考试，以获得大学学位。但为什么我们要求你们所有人离开自己的生活圈，搬到马萨诸塞州，那些满载着随身行李的车，那些热泪盈眶被迫和你道别的家人，我们为什么要这么做？

我们这样做是因为我们相信校园的力量，那是一种必不可少的教育力量。但这个校园必须好好组建，才不会只简单地向你展示已知的东西，或是那些生活经历和长相和你一样的人。正是它的多样性，它的陌生元素，它的不同之处，使在哈佛的经历非同凡响，我相信终有一天你会发现。

我们很高兴地欢迎你们，2021 届毕业生，因为你们自己就是伟大的教育家，注定会互相引导。当然，同时也帮助我们老师，因为你们的多样性，因为你们带来不同的色彩。当招生办公室决定录取你时，是因为他们需要你的声音，你在这个百家争鸣之地所贡献的一种声音。所以不要保持沉默。(请不要在网上虚度你的光阴，就像你不曾来过这!)和其他人融入一起。

  尽量多地发言,这样别人才能向你学习。尽可能地多听，这样你就能从他们身上学习。不要害怕犯错的风险，不要害怕承认你的错误，这是学习和成长的最佳途径。同时也慷慨地倾听他人，这样他们也会冒险。将你的同学圈作为你在哈佛最大的礼物和机会。帮助我们在哈佛建立一个因多样而更加灿烂而不是分化的典范。

  现在，让我简要地介绍一下我刚才提到的两个当前问题。在接下来的一年里，你将会听到很多关于我所描述的对多样性的承诺，因为它已经在广为人知的诉讼案中受到了直接的挑战。

  正是这个申请流程，才导致了你的选择，并创造了现在这群了不起的人，我们很高兴能欢迎你们2021届的毕业生。我们也将继续坚定地捍卫我们的招生流程和秉承多样性的重要性。这是我们教育理念的基础，也给学生提供难得的机会，去超越所熟悉的事物，向新的和新的可能性敞开大门。

  你也很可能会听到很多关于哈佛终极俱乐部、兄弟会和女生联谊会的消息，以及一项在你们班级即将生效的政策。事实上，已经有人在新生参观日后的问答环节里，问了我这个问题，所以我知道你们中有很多人也在思考这个问题。这项新政策也同样是出自我们提供教育体验的承诺，以证明每个学生在哈佛的重要地位，并鼓励学生向不一样的同学学习。

  在哈佛的四年里，我们希望你能超越你之前的自己。

我们希望你去探索那些你所忽略的领域,并培养在多种不同的环境中成长的能力,这样你很可能在未来的岁月中发现新的自己。我们的这些计划使住宿区的生活学习环境充满生气。在3月的时候,会随机将所有人安排到三年生活学习社区。这些计划也明确声明,那些歧视性、排他性、压倒性的团体组织与我们的教育理念和教育目标是背道而驰的。

在这个重要时刻,你加入了哈佛,为了我们的国家和我们的大学。现在,你已经成为哈佛大学将近400年的实验的一个重要组成部分。我们必须确保它继续致力于对真理的严格而理性的追求。我们必须确保这个校园的每一个成员的才能都受到充分的欢迎和完全的发挥。

让我们每个人都尽自己的力量,让哈佛成为相互尊重的地方,让我们所有人都成为最好的自己。面对全国各地不断涌现的仇恨和暴力事件,我们需要以一种不同的方式团结在一起。在破裂和分化的时代,让我们努力成为团结的典范。我们从来没有像此刻一样期待这所大学的未来。

欢迎来到哈佛。

【选文出处】

新浪教育. 哈佛传奇女校长开学演讲[EB/OL]. (2017-08-31)[2019-04-20]. http://edu.sina.cn/zl/2017-08-31/zl-ifykpysa2168278.d.html?from=wap.

 阅读提示

哈佛大学诞生于1636年,在几百年的发展中,它一直在致力于培养有"哈佛特色"的人才。追求真理是哈佛大学贯穿始终的核心精神。追求真理的过程需要经过持续不断的测试和评估,经过无数次的论证、挑战和辩论。

知识的探索是永无止境的,所以我们所有的人都要具备勇气、慷慨和谦逊的品质，开放吸纳不同的观点。福斯特在2017年新生演讲中如是说。她认为新知识来自无尽的探讨、辩论、思考和一种怀疑精神。在这里，不同的人聚集在一起，从已知的世界出发去探究和发现自身未知的东西。这就要求每个人能够与他人对话，了解自己的局限，同时整合不同的知识。因此，每一个哈佛学生都应该有包容和协作的精神。他们不仅要包容不同的知识，还要包容不同的社会环境、民族、种族、宗教的政治立场。正是多样性和陌生元素，才让哈佛变得不同凡响。

包容的精神可以打开一个人的视野，培养创造性思维，从而能够作出批判性的决定。

可以看出，哈佛大学要培养的是有怀疑精神、包容性强、有创造力和有勇气的人。正如福斯特在2015年清华大学的演讲中提到的，哈佛学生被选中，"不是因为过去的辉煌成就，而是因为未来的创造潜力；不是因为已有的知识，而是因为即将施展的想象力"。

 思考与练习

1. 谈谈你理解的"大学教育"，试着描绘你心目中理想的大学。
2. 结合你个人实际情况，为你自己设计一份大学成长规划